Franz Lebsanft, Monika Wingender *(Hrsg.)*

Die Sprachpolitik des Europarats

Die Sprachpolitik des Europarats

Die ›Europäische Charta der Regional- oder Minderheitensprachen‹ aus linguistischer und juristischer Sicht

Herausgegeben von
Franz Lebsanft und Monika Wingender

De Gruyter

ISBN 978-3-11-027653-4
e-ISBN 978-3-11-027669-5

Library of Congress Cataloging-in-Publication Data

A CIP catalog record for this book has been applied for at the Library of Congress.

Bibliografische Information der Deutschen Nationalbibliothek

Die Deutsche Nationalbibliothek verzeichnet diese Publikation in der Deutschen Nationalbibliografie; detaillierte bibliografische Daten sind im Internet über http://dnb.d-nb.de abrufbar.

Satz: Anne Real, Bonn und Natallia Savitskaya, Gießen
Druck: Hubert & Co. GmbH & Co. KG, Göttingen
∞ Gedruckt auf säurefreiem Papier

Printed in Germany

www.degruyter.com

Vorwort

Im Oktober 2010 fand an der Rheinischen Friedrich-Wilhelms-Universität Bonn eine internationale Tagung zur »Europäischen Charta der Regional- oder Minderheitensprachen« statt, die Rechtsexperten und Linguisten aus ganz verschiedenen Disziplinen und Ländern des »alten« und »neuen« Europas zusammenführte. Der vorliegende Band enthält die Akten dieses Kolloquiums, das unter Beteiligung der Universitäten Bonn und Gießen, des Gießener Zentrums Östliches Europa und des Instituts VII/Romanistik der Philosophischen Fakultät Bonn durchgeführt wurde.

Die Herausgeber danken der Fritz Thyssen Stiftung (Köln) und der Philosophischen Fakultät Bonn, ohne deren substantielle Förderung die Tagung nicht möglich gewesen wäre. Felix Tacke und allen anderen Mitarbeitern am Lehrstuhl für romanische Sprachwissenschaft (Bonn) gebührt großer Dank für die perfekte Tagungsorganisation, die hervorragende Bedingungen für intensive und produktive Diskussionen schuf, deren Ergebnisse in die Druckfassungen der Vorträge eingegangen sind.

Wir danken Walter de Gruyter für die verlegerische Betreuung des Bandes. Die Drucklegung lag in den zuverlässigen und unermüdlichen Händen von Anne Real und Felix Tacke in Bonn und von Natallia Savitskaya in Gießen.

Bonn und Gießen, im Oktober 2011

Franz Lebsanft und Monika Wingender

Inhalt

Franz Lebsanft (Bonn) / Monika Wingender (Gießen)

Einleitung

»Einreise-Verbot für Ungarns Staatschef« titelte die *Süddeutsche* am 21.8.2009 einen Bericht über politische Spannungen zwischen der Slowakei und Ungarn, deren Höhepunkt in der Weigerung der Slowaken gipfelte, den ungarischen Staatspräsidenten Solyom in der slowakischen Grenzstadt Komárno (ung.: Komárom, dt: Komom) auf Einladung eines Privatvereins der ungarischen Minderheit an einer »patriotischen Feier« teilnehmen zu lassen, bei der es um die Errichtung eines Denkmals für den ungarischen Nationalheiligen Stephan I. ging, der im Jahr 1001 zum ersten König von Ungarn gekrönt wurde. Zwischen beiden Ländern werde seit längerem eine Kontroverse ausgetragen, die sich aus »althergebrachten Gegensätzen« nähre (gemeint ist der Vertrag von Trianon vom 4.6.1920) und sich »neuerlich an einem Gesetz zum Schutz der slowakischen Sprache entzündet« habe. Wenige Tage später, am 25.8.2009, entwarf das *Handelsblatt* zunächst das »unvorstellbare Szenario«, dass die Bundesregierung in Berlin der dänischen Königin die Einreise nach Deutschland verweigern würde, weil diese die dänische Minderheit in Schleswig-Holstein besuchen wolle, um dann effektvoll darauf zu verweisen, dass sich »weiter östlich an der Donau, an der Grenzlinie zwischen Ungarn und der Slowakei« ein solcher Vorfall ereignet habe. In der Tat war im Vorfeld der jüngsten politischen Eskalation im Juli 2009 das *Gesetz Nr. 270 über die Staatssprache in der Slowakischen Republik vom 15. November 1995* in einer Weise novelliert worden, die von Ungarn als Diskriminierung der ungarischen Minderheit in dem nördlichen Nachbarstaat betrachtet wird. Diese Novellierung trat am 1.9.2009 unter starkem Protest der ungarischen Minderheit in Kraft.[1] Seitdem haben die bilateralen Spannungen trotz verschiedentlich unternommener Anläufe zur Deeskalation zugenommen. Inzwischen ist sogar ein von Ungarn angestrengtes Verfahren vor dem Europäischen Gerichtshof (EuGH) in Luxemburg anhängig, das zur Zeit, im September 2011, noch nicht entschieden ist. In seiner Klageschrift beantragt Ungarn festzustellen, dass die Slowakei mit ihrem Einreiseverbot gegen das EU-Recht auf Freizügigkeit verstoßen habe.[2] Was das slowakische *Staatssprachegesetz* betrifft, so veranlasste die ungarische Kritik unterdessen die Regie-

---

1 S. in slowakischer Sprache den Text und seine Novellierung in der Gesetzessammlung unter <http://www.zbierka.sk>.

2 S. die am 8.7.2010 eingereichte Klageschrift (*Rechtssache C-364/10*) in der Datenbank des EuGH, <http://curia.europa.eu> in französischer und slowakischer Sprache (1.10.2011), im *Amtsblatt der Europäischen Union* 6.11.2010, C 301: 5–6 auf deutsch.

rung der Slowakei dazu, vom Europarat eine rechtliche Prüfung zu erbitten. Das entsprechende Gutachten der sog. »Venedig-Kommission« vom 15. bis zum 16. Oktober, das die gesetzlichen Regelungen zum Schutz des Slowakischen mit denjenigen des *Gesetzes Nr. 184/1999 betreffend den Gebrauch der Minderheitensprachen*[3] gegeneinander abwog, kam zu dem Schluss, dass der nach Ansicht der Autoren vollkommen berechtigte gesetzliche Schutz des Slowakischen zu weit gehe, da er die Verpflichtungen zu dessen Gebrauch nicht auf diejenigen Situationen beschränke, in denen die öffentliche Ordnung das tatsächlich erforderlich mache.[4] Daraufhin hat die Slowakei im Februar 2011 gewisse Abschwächungen an ihrem Staatssprachegesetz vorgenommen.[5]

Im Gegensatz zu der Ahnungslosigkeit selbst reputierter deutscher Zeitungen bezüglich der Langlebigkeit und Virulenz europäischer Sprachkonflikte ist sich der 1949 gegründete Europarat mit Sitz in Straßburg, der sich die Verwirklichung der Menschenrechte, die Verteidigung der kulturellen Vielfalt und die friedliche Regelung politischer und gesellschaftlicher Probleme auf die Fahnen geschrieben hat, des erheblichen Potentials alter und neuer Sprachnationalismen bewusst. Um diesen Tendenzen entgegenzuwirken, legte die supranationale Organisation 1992 die *Europäische Charta der Regional- oder Minderheitensprachen* (ECRM) zur Unterzeichnung auf, die nach der Ratifizierung durch eine Reihe von Staaten im Jahr 1998 in Kraft trat. Inzwischen haben 25 von 47 Mitgliedsstaaten die ECRM ratifiziert – zuletzt Polen, wo der Vertrag seit dem 1.6.2009 gültig ist, sowie am 21.9.2010 Bosnien und Herzegowina– und somit vertraglich eingegangene Verpflichtungen in nationales Recht übernommen.[6] Zu diesen Staaten gehört im Übrigen auch – wie die »Venedig-Kommission« in ihrem Gutachten ebenfalls in Erinnerung rief – die Slowakei, wo die ECRM seit Januar 2002 gültig ist.[7]

Wenn 25 von 47 Mitgliedsstaaten des Europarats die ECRM ratifiziert haben (Armenien, Bosnien und Herzegowina, Dänemark, Deutschland, Finnland, Kroatien, Liechtenstein, Luxemburg, Montenegro, Niederlande, Norwegen, Österreich, Polen, Rumänien, Schweiz, Schweden, Serbien, Slowakei, Slowenien, Spanien, Tschechische Republik, Ukraine, Ungarn, Vereinigtes Königreich, Zypern), dann bedeutet das allerdings im Umkehrschluss, dass immerhin 22 Staaten diesen Schritt bisher nicht vollzogen haben. Nach dem derzeitigen Stand haben acht Staaten die Charta nur unterzeichnet (Aserbaidschan, Frank-

---

3 S. den Text in slowakischer Sprache in der Gesetzessammlung unter <http://www.zbierka.sk>.

4 S. das Gutachten *CDL-AD (2010) 035* des offiziell »Europäische Kommission für Demokratie durch Recht« genannten Gremiums in englischer und französischer Sprache unter <http://venice.coe.int>; vgl. dazu Pan / Pfeil (2011).

5 S. in slowakischer Sprache die Novellierung des Gesetzes über die Staatssprache vom 2. Februar 2011 in der Gesetzessammlung unter <http://www.zbierka.sk>.

6 S. den Vertragstext der ECRM sowie Informationen zum Ratifizierungsstand auf der Internetseite des Europarats unter <http://conventions.coe.int/treaty>.

7 Die Anwendung der Charta u.a. in der Slowakei behandelt ein sich im Druck befindliches Handbuch zur ECRM in allen derzeitigen Ratifizierungsstaaten, s. Lebsanft / Wingender (Hrsg., i.Dr.).

reich, Island, Italien, Malta, Mazedonien, Moldawien, Russland), 14 Staaten hingegen haben nicht einmal dies getan (Albanien, Andorra, Belgien, Bulgarien, Estland, Georgien, Griechenland, Irland, Lettland, Litauen, Monaco, Portugal, San Marino, Türkei).

Die ECRM verpflichtet die Staaten, in vergleichsweise frei wählbarer Weise, Regional- oder Minderheitensprachen in den Bereichen Bildung, Recht, Verwaltung, Dienstleistungen, Medien, Kultur, Wirtschaft und Gesellschaft sowie grenzüberschreitendem Austausch zu fördern. Die Fortschritte werden in vertraglich vorgesehenen Berichtszyklen überprüft, an denen die Staaten, Nicht-Regierungs-Organisationen, der Sachverständigenausschuss des Europarats und dessen Ministerkomitee beteiligt sind und die (ggf.) zu Empfehlungen an die Staaten führen, um die Situation der betroffenen Sprachen zu verbessern. Allerdings sind die möglicherweise vorgeschlagenen Maßnahmen nicht mit rechtlichen Sanktionen bewehrt.[8]

Aus theoretischer Sicht stellt sich die ECRM als ein sprachplanerisches Instrument dar, das sich in ein hierarchisch gegliedertes Dispositiv möglicher sprachrechtlicher Grundsätze und Regelungen einschreibt. Dieses reicht von der Muttersprache als Menschen- und Bürgerrecht über internationales bis hin zu nationalem Recht, das sich gegebenenfalls in Sprachgesetzen und deren Ausführungsbestimmungen manifestiert. Die Regelungen betreffen vor allem den Sprachstatus, können jedoch auch Fragen des Sprachkorpus berühren. Darüber hinaus zielt die ECRM zudem auf Sprachprestigefragen ab und, da Bildung einer der grundlegenden zu schützenden Bereiche ist, auch auf die Sprachlehr- und -lernplanung. Die Beiträge dieses Bandes analysieren zunächst aus übergreifender juristischer und linguistischer Perspektive,[9] dann im Hinblick auf exemplarisch ausgewählte einzelne Länder[10] bzw. einzelne Sprachen entsprechende Konzepte und Modelle und beurteilen ihre Angemessenheit für ganz unterschiedliche Sprachsituationen im supranationalen Raum »Europa«.[11]

---

8 Der Europarat lässt die Auslegung und Anwendung der ECRM in wissenschaftlichen Kolloquien debattieren, die natürlich auch den Zweck verfolgen, die Deutungshoheit über die ECRM nicht aus den Händen zu geben, s. Conseil de l'Europe (Hrsg., 1998, 1999, 2003). Zu der gleichwohl inzwischen umfangreichen juristischen und linguistischen Literatur zur ECRM s. die einzelnen Beiträge dieses Bandes. Aus übergreifender Perspektive seien exemplarisch der juristische Kommentar zur ECRM von Woehrling (2005), die soziolinguistische Analyse von Viaut (Hrsg., 2006) und die Geschichte der Entstehung der Charta von Guskow (2009) genannt. Unter Einschluss der ECRM behandeln Pan / Pfeil (^{2}2006) in umfassender Weise Minderheitenrechte in Europa; s. dazu auch Neumann (2009).

9 S. die Beiträge von Mahulena Hofmann und Franz Lebsanft.

10 Im Rahmen der Tagung konnten nicht alle 47 Mitgliedsstaaten des Europarates betrachtet werden. Die Auswahl der Fallbeispiele ergibt sich aus den folgenden Ausführungen. Es sei nochmals (s. Fußnote 7) auf das sich im Druck befindliche Handbuch zur ECRM verwiesen, das alle derzeitigen Ratifizierungsstaaten behandelt, s. Lebsanft / Wingender (Hrsg., i.Dr.).

11 Die Gesamtheit der sprachpolitischen Situation der europäischen Sprachen, freilich weitgehend noch ohne Berücksichtigung der Einwirkung der ECRM, behandeln Ammon / Haarmann (Hrsg., 2008), Janich / Greule (Hrsg., 2002), Okuka (Hrsg., 2002). In den kürz-

Die ECRM wurde in den frühen Jahren nach dem Zerfall der Blöcke 1989/1991 vorgelegt. In dieser frühen Phase hat sie zunächst fast nur in den ehemaligen »westlichen«, vor dem »Eisernen Vorhang« liegenden Staaten – beispielhaft werden in diesem Band die beiden Ratifizierungsstaaten Finnland sowie Großbritannien und Nordirland behandelt[12] – Wirksamkeit entfalten können, doch traf und trifft sie auch im ehemaligen europäischen »Westen« auf erhebliche Widerstände, wie die hier aufgegriffenen Fälle zweier alter Kernländer der Europäischen Union bis heute zeigen. So hat Belgien die ECRM nicht einmal unterzeichnet, Italien hingegen ist immerhin ein Signatarstaat.[13] Im Zuge der Osterweiterung der Europäischen Union gewann die ECRM neue Bedeutung, denn ihre Unterzeichnung und Ratifizierung galt als von Brüssel eingefordertes Zeichen der Demokratisierung der ehemaligen »Ostblock«-Staaten und Gesellschaften.[14] Im Weiteren wurden dadurch vielfältige sprach- und minderheitsrechtliche Aktivitäten auch bei anderen östlichen Mitgliedstaaten des Europarates ausgelöst. Unser Band greift die unterschiedlichen Vertragssituationen der Nichtunterzeichnung (Georgien und Türkei)[15] und der Ratifizierung (Polen und Ukraine)[16] auf. Die ECRM und die mit ihr verbundenen Aushandlungsprozesse gewinnen besondere Relevanz in Bezug auf den Zerfall der multinationalen Staatenverbände und der Gründung von sprachbasierten Staaten, wobei sich das zuvor bestehende Verhältnis dominierender zu dominierten Sprachen ins Gegenteil verkehren konnte.[17] Hier stellt das Russische einen besonders komplexen Fall dar, den dieser Band daher eigens behandelt.[18] Die ehemals dominierende *lingua franca* Russisch ist in allen 14 UdSSR-Nachfolgestaaten außerhalb der Russischen Föderation jetzt selbst in die Rolle der Minderheitensprache geraten, die zwar sicherlich keiner Korpusförderung bedarf, wohl aber des positiven Rechtsschutzes, wurde doch dem Russischen mancherorts (zunächst) jeglicher Status verwehrt.

Obwohl die ECRM nicht mit rechtlichen Sanktionen bewehrt ist, sondern den Vertragsstaaten gegebenenfalls »nur« Empfehlungen des Ministerkomitees des Europarats einhandelt, entfaltet sie, wie die Analysen dieses Bandes zeigen,

---

lich erschienenen Handbüchern von Hinrichs (Hrsg., 2010) und Kortmann / van der Auwera (Hrsg., 2011) werden Aspekte der ECRM in einzelnen Beiträgen berücksichtigt.

12 S. die Beiträge von Pirkko Nuolijärvi und Roswitha Fischer.

13 S. die Beiträge von Felix Tacke und Daniela Pirazzini. Wir klammern den prototypischen Fall des Signatarstaats Frankreich, dessen Verfassungsrat eine ins Auge gefasste Ratifizierung für verfassungswidrig erklärt hat, aus, da er bereits verschiedentlich analysiert worden ist, s. z.B. Willwer (2006).

14 Eine erste Bestandsaufnahme der Sprachenpolitik neuer Mitgliedsstaaten der EU leisteten 2004 zwei Faszikel der katalanischen Zeitschrift *Noves SL.*

15 S. die Beiträge von Tomasz Wicherkiewicz und Ruth Bartholomä.

16 S. die Beiträge von Katarzyna Wiśniewiecka-Brückner und Alain Viaut.

17 Der eingangs angesprochene Konflikt zwischen der Slowakei und Ungarn betrifft natürlich *auch* eine solche Umkehrung der Dominanz, denn im ehemaligen »Oberungarn« – der heutigen Slowakei – war das Ungarische die dominierende, das Slowakische die dominierte Sprache.

18 S. den Beitrag von Monika Wingender.

eine erhebliche politische Wirkung. Die Ratifizierung, so verdeutlichen die Beiträge, ist ebenso ein Indiz für den selbstbewussten Willen von Staaten, das Miteinander von Mehrheits- und Minderheitensprachen friedlich und einvernehmlich zu regeln – dies zeigt letztlich auch das einleitend angesprochene Einlenken der Slowakei bezüglich ihres Staatssprachegesetzes –, wie die Nicht-Ratifizierung in den beiden Modi der Nur-Unterzeichnung oder des Ignorierens der ECRM ein beunruhigendes Indiz für die offenbar z.T. wenigstens berechtigte Sorge europäischer Staaten um den Bestand ihrer auf einer rigide verteidigten Mehrheitssprache essentiell fundierten staatlichen Integrität ist. Dies ist ein ernsthafter Befund auch auf dem Hintergrund der Tatsache, dass – wie in diesem Band ebenfalls herausgearbeitet wird – die ECRM die neuen und in vielen Fällen nicht minder virulenten Sprachkonfliktsituationen, die auf der europäischen Arbeitsmigration seit den 1950er Jahren beruhen, ganz bewusst noch überhaupt nicht in den Blick nimmt. Ob der Europarat angesichts vieler ungelöster alter Sprachprobleme auf diese neue Sprachenvielfalt unseres Kontinents angemessen reagieren wird, ist eine Frage, deren Beantwortung mit Spannung erwartet werden darf.

Bibliographie

Quellen

Conseil de l'Europe (Hrsg.): *Conférence internationale sur la Charte Européenne des Langues Régionales ou Minoritaires: conférence, Strasbourg (France), 26–27 Mars 1998*, Strasbourg: Conseil de l'Europe 1998.

Conseil de l'Europe (Hrsg.): *Mise en œuvre de la Charte Européenne des Langues Régionales ou Minoritaires: conférence, Innsbruck (Autriche), 14–15 décembre 1998*, Strasbourg: Conseil de l'Europe 1999.

Conseil de l'Europe (Hrsg.): *La Charte Européenne des Langues Régionales ou Minoritaires et la France – quelle(s) langue(s) pour la République? Le dilemme »diversité/unicité«*, Strasbourg: Conseil de l'Europe 2003.

Slovenskej republiky: »Zákon Národnej rady Slovenskej republiky z 15. novembra 1995 o štátnom jazyku Slovenskej republiky«. In: *Zbierka zákonov 270/1995*: 1999–2002. < http://www.zbierka.sk> (1.10.2011).

Slovenskej republiky: »Zákon z 10. júla 1999 o používaní jazykov národnostných menšín«. In: *Zbierka zákonov 184/1999*: 1418–1419. <http://www.zbierka.sk> (1.10. 2011).

Slovenskej republiky: »Zákon z 30. júna 2009, ktorým sa mení a dopĺňa zákon Národnej rady Slovenskej republiky č. 270/1995 Z. z. o štátnom jazyku Slovenskej republiky v znení neskorších predpisov a o zmene a doplnení niektorých zákonov«. In: *Zbierka zákonov 318/2009*: 2362–2367.

Slovenskej republiky: »Zákon z 2. februára 2011, ktorým sa mení a dopĺňa zákon Národnej rady Slovenskej republiky č. 270/1995 Z. z. o štátnom jazyku Slovenskej republiky v znení neskorších predpisov«. In: *Zbierka zákonov 35/2011*: 388–389. <http://www.zbierka.sk> (1.10.2011).

Literatur

Ammon, Ulrich / Haarmann, Harald (Hrsg.): *Lexikon der Sprachen des Europäischen Westens* [= *Wieser Enzyklopädie des Europäischen Westens*, 1], Klagenfurt: Wieser Verlag 2008.

Guskow, Meike: *Entstehung und Geschichte der Europäischen Charta der Regional- oder Minderheitensprachen*, Frankfurt am Main u.a.: Lang 2009.

Hinrichs, Uwe (Hrsg.): *Handbuch der Eurolinguistik*, Wiesbaden: Harrassowitz 2010.

Janich, Nina / Greule, Albrecht (Hrsg.): *Sprachkulturen in Europa. Ein internationales Handbuch*, Tübingen: Narr 2002.

Kortmann, Bernd / van der Auwera, Johan (Hrsg.): *The Languages and Linguistics of Europe. A Comprehensive Guide*, Berlin/Boston: de Gruyter 2011.

»La política lingüística en els nous estats membres de la Unió Europea I und II«. In: *Noves SL. Revista de Sociolingüística, Primavera-Estiu 2004 und Tardor 2004*, bzw. <http://www6.gencat.cat/llengcat/noves/hemeroteca/index.htm> (1.10.2011).

Lebsanft, Franz / Wingender, Monika (Hrsg.): *Die Europäische Charta der Regional- oder Minderheitensprachen. Ein Handbuch*, Berlin: de Gruyter, i.Dr.

Neumann, Andreas: *Sprachensterben in Europa. Rechtliche Maßnahmen zur Erhaltung von Minderheitensprachen*, Wien: Braumüller 2009.

Okuka, Milos (Hrsg.): *Wieser Enzyklopädie des Europäischen Ostens: Lexikon der Sprachen des Europäischen Ostens*, Klagenfurt: Wieser 2002.

Pan, Christoph / Pfeil, Beate Sybille (Hrsg.): *Minderheitenrechte in Europa. Handbuch der europäischen Volksgruppen*, 2 Bde., Wien: Springer ^{2}2006.

Pan, Christoph / Pfeil, Beate Sybille: »Das Staatssprachegesetz der Slowakei und das Gutachten des Europarats«. In: *Europäisches Journal für Minderheitenfragen*, 4, 2011: 21–31.

Viaut, Alain (Hrsg.): »La Charte Européenne des Langues Régionales ou Minoritaires et la territorialité linguistique«. In: *Lengas*, 59, 2006: 7–122.

Willwer, Jochen: *Die Europäische Charta der Regional- und Minderheitensprachen in der Sprachpolitik Frankreichs und der Schweiz*, Stuttgart: ibidem 2006.

Woehrling, Jean-Marie: *La Charte Européenne des Langues Régionales ou Minoritaires: un commentaire analytique*, Strasbourg: Conseil de l'Europe 2005.

Juristische und linguistische Grundlagen der ECRM

Mahulena Hofmann (Luxembourg/Prag)

Die ECRM aus rechtswissenschaftlicher Sicht

Begriffe und Maßnahmen auf dem Prüfstand

From the legal perspective, the *European Charter for Regional or Minority Languages* has successfully ›proved its mettle‹: It belongs to that category of the Council of Europe's treaties which offers a systemic and quantifying approach to specific, sometimes politically sensitive issues. The Charter not only enables its Contracting Parties to compare with the solutions of other European countries, but also gives the speakers of regional or minority languages and their NGOs an important instrument for the protection of their particular language. The content of the Charter's regulations is undisputed; the generally formulated provisions obtain their precise meaning through the interpretation of the Committee of Experts, composed of one member from each Contracting Party. Some issues connected with the application of the Charter are currently under debate – the obligation to ratify the Charter, the scope of the instrument of ratification, or the short period of the monitoring mechanism. These discussions, however, only stress the fact that the Charter is an effective and easily controllable international treaty.

1. Einführung

Die Initiatoren des wissenschaftlich spannenden und aktuellen Projekts haben ihm den Tagungstitel »Die Europäische Charta der Regional- oder Minderheitensprachen auf dem Prüfstand: Die Sicht der Linguistik und der Rechtswissenschaft« verliehen. Im Falle der Analyse der Charta aus rechtlicher Sicht sollen folgende Gesichtspunkte erörtert werden, die Gegenstand der internationalen Diskussion sind: Warum weigern sich einige Mitgliedsstaaten des Europarats, die Charta zu ratifizieren? Warum müssen die Vertragsparteien den Ratifizierungsurkunden ihrer politischen Vorgänger folgen? Warum unterscheidet die Charta verschiedene Kategorien von Sprachen? Warum ist die Kontrollperiode so kurz? Trägt die Anwendung der Sprachencharta nicht zum Abbröckeln der Nationalstaaten und zu zentrifugalen Bemühungen bei? Diese – aus der etatistischen Sicht gestellten – Fragen sollen um die Betrachtungsperspektive der Nutznießer der Charta – der Regional- oder Minderheitensprachen – ergänzt werden: Was ist der Inhalt der Charta? Trägt dieses rechtliche Dokument zur Unterstützung, Stabilisierung und Entwicklung der Regional- und Minderheitensprachen bei? Mit anderen Worten: Erfüllt die Charta ihren Zweck?

Die Methode der Annäherung an diese Fragen wird die rechtswissenschaftliche sein. Die *Europäische Charta der Regional- oder Minderheitensprachen* (ECRM) ist ein völkerrechtlicher, regionaler und multilateraler Vertrag, dessen Entwurf im Rahmen des Europarats entstanden ist und der aus diesem Grund das Attribut ›Europaratsvertrag‹ tragen kann. Dadurch unterscheidet sie sich von anderen internationalen Dokumenten, wie z.B. Resolutionen, Deklarationen und anderen unverbindlichen Texten. Diese substanzielle Tatsache hat mehrere Folgen: Für denjenigen Staat, der die Charta ratifiziert hat, ist der Text der Charta im Umfang seiner Ratifizierung verbindlich. Das Regime des Beitretens zur Charta oder der Kündigung richtet sich nicht nach der Politik des Staates, sondern nach dem *Wiener Übereinkommen über das Recht der Verträge* (WÜRV) vom 23.5.1969 (vgl. BGBl. II 1985, 927). Auch die Auslegung des Textes der Charta kann nicht beliebig, sondern nur auf der Grundlage der Artikel 31–33 des WÜRV erfolgen – nach Treu und Glauben, in Übereinstimmung mit der gewöhnlichen, seinen Bestimmungen in ihrem Zusammenhang zukommenden Bedeutung, im Lichte seines Ziels und Zwecks, ggf. unter Heranziehung von vorbereitenden Arbeiten und den Umständen des Vertragsabschlusses. Die Verletzung der Bestimmungen der Charta zieht eine völkerrechtliche Verantwortung des Vertragsstaates nach sich; einem Staat, der sich schwerer Verletzungen der Charta schuldig macht, könnten im extremen Fall die Sanktionen nach der Satzung des Europarats drohen (vgl. Art. 8 in Verbindung mit Art. 1; 3 der Satzung des Europarats).

2. Die Erarbeitung der Charta: Die Wurzel ihrer Spezifika

Die Charta reiht sich unter andere verbindliche Instrumente ein, die das europäische Sprachenrecht prägen: Es ist vor allem die *Europäische Konvention zum Schutze der Menschenrechte und Grundfreiheiten* (EMRK) (vom 4.11.1950, BGBl. II 1950, 1054, mit späteren Änderungen), die mit ihren Artikeln 8 und 14 sowie Artikel 2 des Zusatzprotokolls eine erste Basis zum multilateralen europäischen Sprachenrecht gelegt hat. Vor allem die zahlreichen Urteile des Europäischen Gerichtshofs für Menschenrechte zu Sprachfragen haben den Weg zu verbindlichen, durchsetzbaren Regelungen gezeigt. Die Idee, ein spezielles Protokoll zur EMRK zu schaffen, das auf eine detailliertere und kontrollierbarere Weise die Sprachenrechte schützen würde, ist bisher am Widerstand einiger Staaten des Europarats gescheitert. Offen blieb nur die Möglichkeit, ein neues, von der EMRK unabhängiges Abkommen zu konzipieren.

Die Ursprünge der Charta reichen in die achtziger Jahre des 20. Jahrhunderts zurück: Die Entschließung Nr. 928 der *Parlamentarischen Versammlung des Europarats* (PVER), die am 7.10.1981 verabschiedet wurde, hat nach spezifischen Mitteln für die Förderung der lokalen Anwendung der Minderheitensprachen insbesondere im Erziehungs- und Kultusbereich gerufen (vgl. Guskow 2009; Woehrling 2005, 23–24). Auf ihrer Grundlage hat der Europarat im Jahre 1983 angefangen, die regionalen oder Minderheitensprachen in Europa zu inventarisieren. Im Jahre 1984 organisierte der Europarat eine öffentliche Anhörung von Repräsentanten dieser Sprachen, die zeigte, dass mehrere europäische Sprachen ernsthaft bedroht sind. Das Ergebnis dieser Debatte war die Gründung einer Gruppe von Experten durch die *Konferenz der Kommunal- und Regionalbehörden Europas* (CLRAE), die mit der Erarbeitung eines vorläufigen Entwurfs der Charta beauftragt wurde. Die Gruppe arbeitete in den Jahren 1984–1987 und bereitete einen Text vor, der im Oktober 1987 von der CLRAE und ein Jahr später, im Oktober 1988, von der PVER verabschiedet wurde. In diesem Jahr hat das Ministerkomitee einen *Ad-hoc-Sachverständigenausschuss für Regional- und Minderheitensprachen in Europa* (CAHLR) gebildet, der in den Jahren 1989–1992 auf der Grundlage des ursprünglichen Textes einen endgültigen Entwurf erarbeitete, der vom Ministerkomitee auf seiner 478. Sitzung 1992 verabschiedet und am 5.11.1992 zur Unterzeichnung für die Mitgliedsstaaten des Europarats eröffnet wurde; noch im selben Jahr wurde die Charta von elf Staaten unterzeichnet.

Zu ihrem Inkrafttreten und voller rechtlicher Verbindlichkeit benötigte die Charta nach ihrem Artikel 19 fünf Ratifizierungen, Annahmen oder Genehmigungen; diese erfolgten durch Norwegen (1993), Finnland (1994), Ungarn (1995), die Niederlande (1995) und Kroatien (1997). Am 1.5.1998 ist die Charta für diese fünf Staaten sowie für Liechtenstein (rat. 1997) in Kraft getreten.

Drei Jahre nach der Eröffnung der Charta zur Unterzeichnung, am 1.2.1995, wurde ein weiterer, breiter konzipierter und auf die Rechte der nationalen Minderheiten konzentrierter Vertrag, das *Rahmenübereinkommen zum Schutz nationaler Minderheiten* (FCNM), zur Unterzeichnung eröffnet, dessen Artikel 5 und 9–14 sich auf die Spracherhaltung der nationalen Minderheiten auswirken (vgl. Council of Europe 1.2.1995). Während die Charta eindeutig und schon wegen ihrer Entstehungszeit auf die Sprachensituation der westlichen Demokratien gerichtet war, wurde das Rahmenübereinkommen primär für die Regelung der Minderheitenlage der postkommunistischen Staaten geschaffen. Zu seinem Inkrafttreten waren zwölf Ratifizierungen erforderlich (vgl. Art. 28 FCNM); es ist einen Monat vor der Charta, am 1.2.1998, in Kraft getreten.

3. Der Prozess der Ratifizierung der Charta

Zum heutigen Tag (1.3.2011) ist die Charta von 25 der 47 Mitgliedsstaaten des Europarats ratifiziert worden, die Bundesrepublik Deutschland schloss sich dem Kreis der Ratifizierenden im Jahre 1998 an. Acht Staaten haben die Charta unterzeichnet, aber bisher nicht ratifiziert (Aserbaidschan, Frankreich, Island, Italien, Malta, Moldau, Russische Föderation und Mazedonien); nach Artikel 18 des WÜRV sind jedoch diese Staaten zumindest verpflichtet, Ziel und Zweck der Charta nicht zu vereiteln. Einige Staaten blieben selbst der Unterzeichnung fern – vor allem Belgien, Bulgarien, die baltischen Staaten, Georgien, Portugal und die Türkei. Im Vergleich zum Rahmenübereinkommen hat die Charta 14 Vertragsstaaten weniger; der Unterschied liegt vor allem bei den baltischen Staaten sowie bei Portugal und der Russischen Föderation. Ein Staat – Luxemburg – ist Partei der Charta, aber nicht des Rahmenübereinkommens; Belgien,

Griechenland, Frankreich und die Türkei sind in beiden Fällen keine Vertragsparteien.

Der Grund der Zurückhaltung einiger Europaratsmitglieder gegenüber der Charta ist ihre skeptische Haltung zu Minderheitenfragen im Allgemeinen (vgl. Grewe 1997, 65ff.), verknüpft mit dem Fehlen einer autonomen, d.h. vom Europarat unabhängigen Ratifizierungsdebatte in der Gesellschaft: Eine solche gibt es nur in Frankreich, Italien und ein wenig in Georgien. Im Baltikum und in Bulgarien ist dagegen die Charta selbst bei Minderheitenverbänden kaum bekannt, niemand betreibt für sie Lobbying. Sehr verbreitet ist auch die Angst der Regierungen, sich die Kosten und Mühen weiterer, konkreter, detaillierter noch dazu dreijähriger Berichtspflichten aufzubürden: Diese ›Berichtsmüdigkeit‹ stammt aus der Parallelität des Kontrollmechanismus der Charta mit dem Kontrollmechanismus des inhaltlich verwandten Rahmenübereinkommens, aber auch anderer, die Minderheitenproblematik behandelnder völkerrechtlicher Verträge.

Trotz dieser Bedenken wächst die Zahl der Ratifizierungen kontinuierlich: Im Unterschied zum Rahmenübereinkommen, dessen letzte Ratifizierungsurkunde im Jahre 2006 (Montenegro) hinterlegt wurde, haben in der Zeit von 2006 bis 2010 sechs Staaten die Charta ratifiziert, als letzter Staat Bosnien und Herzegowina im September 2010.[1] Eine Besonderheit des Überwachungsmechanismus des Rahmenübereinkommens ist wiederum seine Erstreckung auf Kosovo aufgrund einer Vereinbarung zwischen der *United Nations Interim Administration Mission in Kosovo* (UNMIK) und dem Europarat aus dem Jahre 2004.[2]

Der positive Zustand des Wachstums der Zahl der Vertragsparteien ist u.a. das Ergebnis der Bemühungen der Parlamentarischen Versammlung des Europarats, die seit Mitte der neunziger Jahre die neuen Mitgliedsstaaten des Europarats systematisch auffordert, sich der Charta innerhalb eines Jahres nach ihrem Beitritt zum Europarat anzuschließen (vgl. Parayre 2008, 127). Zu den Staaten, die die Einlösung ihrer Beitrittsverpflichtung bislang schuldig geblieben sind, zählen Albanien, Aserbaidschan, Georgien, Mazedonien, Moldau und die Russische Föderation. Auch in ihrer Resolution Nr. 1548/2007 *Fortschritte des Überwachungsverfahrens der Parlamentarischen Versammlung* vom 18.4.2007 hat die Versammlung – hier jedoch bisher erfolglos – Griechenland, Irland, Lettland und Litauen zur Unterzeichnung und Ratifizierung sowie Island, Italien und Malta zur Ratifizierung der Charta aufgefordert.

Jüngste Bemühungen des Europarats konzentrierten sich auf den größten Staat Europas – die Russische Föderation: Das gemeinsame Programm des Europarats und der Europäischen Union *Minderheiten in Russland: Kultur, Sprache, Medien und Zivilgesellschaft*[3] unterstützte die im Bereich der Spra-

---

1 <http://conventions.coe.int>.

2 <http://www.coe.int/t/dghl/monitoring/minorities/1_AtGlance/PDF_MapMinorities_bil.pdf>.

3 <http://www.jp.coe.int/CEAD/JP/Default.asp?>.

chenrechte der nationalen Minderheiten geltende nationale Gesetzgebung und half bei der Vorbereitung der Ratifikation. Das Programm unterstützte verschiedene Behörden, die potenziell in das Ratifikationsverfahren und die Überwachung der Charta einbezogen werden könnten, und erhöhte das Bewusstsein in der Zivilgesellschaft und bei Minderheitenverbänden für die Vorteile der Charta. Um Information über die Anwendbarkeit der Charta in der Russischen Föderation zu gewinnen, wurde in drei ausgewählten Regionen (Altairegion, Mordwinien und Dagestan) die territorial eingeschränkte vorläufige Anwendung der Charta simuliert.

4. Die ratifizierte Charta als ›Erbe‹ einer neuen Regierung?

Einige Regierungen der Vertragsparteien der Charta fragen sich, ob sie ihren Regional- oder Minderheitensprachen denjenigen Schutz gewährleisten müssen, der in der Ratifizierungsurkunde einer früheren Regierung definiert wurde. Dazu sind einige Bemerkungen erforderlich:

Der substanzielle Text der Charta ist in zwei Teile gegliedert: Im ersten dieser Teile (Teil II) finden sich allgemein konzipierte Bestimmungen, die für alle Regional- oder Minderheitensprachen auf dem Gebiet des Vertragsstaates objektiv gelten; auf ihre Existenz oder den Umfang ihres Schutzes hat die Ratifizierungsurkunde keinen Einfluss, die Pflicht zum Schutz übernimmt der Staat *per se* durch die Ratifizierung. Der zweite Teil (Teil III) beinhaltet sehr detaillierte Regelungen zum Sprachenschutz auf dem Gebiet der Bildung, der Justiz, der Verwaltung und der öffentlichen Dienstleistungsbetriebe, der Medien, der kulturellen Tätigkeiten, des wirtschaftlichen und sozialen Lebens sowie des grenzüberschreitenden Austausches. Um die Verpflichtungen des Staates möglichst realistisch zu halten, sind diese nach Intensität unterteilt und abgestuft. Ein Staat kann zum Zeitpunkt der Ratifizierung z.B. zwischen vollständig *in* der Regional- oder Minderheitensprache durchgeführtem Grundschulunterricht oder nur zweisprachigem Grundschulunterricht oder nur dem Unterricht *der* Regional- oder Minderheitensprache als Fach wählen. Diese Wahl trifft der Staat: In seiner Ratifikationsurkunde bezeichnet er mindestens 35 aus Teil III ausgewählte Absätze oder Buchstaben, die er sich künftig anzuwenden verpflichtet (vgl. Art. 2,2 ECRM). Weiter wählt der Staat das Gebiet aus, auf welchem die Regional- oder Minderheitensprachen gemäß dieser detaillierten Bestimmungen des Teils III geschützt werden sollen; nach Artikel 3 der Charta kann es sich sowohl um sein gesamtes Hoheitsgebiet, aber auch um nur einen Teil davon handeln.

Wichtig ist, dass diese Wahl von dem Vertragsstaat »im Zeitpunkt der Ratifikation« (Art. 2,2; 3,1 ebd.) getroffen wird; diese Auswahl – sowohl der Sprachen als auch der einschlägigen Gebiete – kann »jederzeit danach« um weitere Bestimmungen der Charta sowie Sprachen »erweitert« – nicht aber reduziert –

werden; der Standard des Sprachenschutzes soll dadurch unbedingt wenn nicht erhöht, dann zumindest erhalten bleiben.

In der Periode der Öffnung der Transformationsstaaten gegenüber internationalen Regelungen haben einige Staaten (z.B. die Slowakei, die Ukraine) sehr ambitionierte Ratifizierungsurkunden verfasst. Heute verlauten aus ihren Reihen Bedenken, ob sie im Stande seien, den Anforderungen dieser Ratifizierungsurkunden zu entsprechen, und ob es möglich wäre, die früher angenommenen Verpflichtungen zu modifizieren. Aus rechtlicher Sicht führt jedoch an den übernommenen Verpflichtungen kein Weg vorbei. Nur im extremen Fall, wenn z.B. eine Sprache aufhören würde zu existieren oder nur ein einziger Sprecher übrig bleibt, wäre zu überlegen, ob das WÜRV Anwendung finden könnte: Man könnte sich die Anwendbarkeit von Regeln über die Vertragsänderung mehrseitiger Verträge (vgl. Art. 39 ff. WÜRV) oder im extremen Fall über den Rücktritt von dem Vertrag wegen Unmöglichkeit der Vertragserfüllung (vgl. Art. 61 ebd.) oder grundlegender Änderung der Umstände (vgl. Art. 62 ebd.) als Grundlage vorstellen. Da die Voraussetzungen zur Anwendung dieser Regelungen aber sehr eng sind, wäre ein Erfolg eines solchen Vorgangs mehr als unwahrscheinlich.

Im Regelfall, d.h. einer bloßen politischen Unzufriedenheit mit dem Umfang der durch die frühere Regierung übernommenen Verpflichtungen, bietet die Charta selbst nur die Möglichkeit einer Kündigung (vgl. Art. 22 ECRM), die im politischen Umfeld des Europarats sicher alles andere als positiv aufgenommen würde. Der Ausweg aus dieser Situation ist eine nicht rigide, sondern flexible Auslegung der Bestimmungen der Charta durch den unabhängigen Sachverständigenausschuss des Europarats für die Charta, ein kontinuierlicher Dialog mit den Vertragsstaaten im Verlauf des Monitorings und die Beratung der Staaten, die sich auf die Ratifikation vorbereiten, bei der sorgfältigen Erarbeitung ihrer Ratifikationsurkunden.

5. Warum unterscheidet die Charta verschiedene Kategorien von Sprachen?

Die Charta geht davon aus, dass insbesondere die geschichtlich gewachsenen Regional- oder Minderheitensprachen Europas, von denen einige allmählich zu verschwinden drohen, schutzwürdig sind (vgl. Präambel ECRM). Die Definition dieser Sprachen hat eine quantitative und mehrere abgrenzende Komponenten: Diese Sprachen werden von einer Zahl von Staatsangehörigen gebraucht, die kleiner ist als die der übrigen Bevölkerung; sie unterscheiden sich von der Amtssprache des Staates und ihren Dialekten (vgl. Art. 1a ebd.), obwohl auch sog. »weniger verbreitete Amtssprachen« nach Artikel 3,1 der Charta geschützt werden können. Die Regelung, dass Sprachen von Zuwanderern vom Geltungsbereich der Charta ausgeschlossen sind (vgl. ebd.), ist eine nur durch Linguisten und Historiker auszulegende Bestimmung, z.B. in Hinsicht auf den Schutz verschiedener Roma-Sprachen. Alle diese Sprachen können weiter in sog. territorial gebundene und nicht territorial gebundene Sprachen unterschieden werden; die erste Gruppe umfasst solche Sprachen, die in einem bestimmten geografischen Gebiet gebraucht werden; die zweite Gruppe bezieht sich auf Sprachen, die keinem bestimmten Gebiet innerhalb des Staates zugeordnet werden können.

Diese Definitionen, die von der Sprachenpraxis abgeleitet sind, werfen in der Praxis mehrere Auslegungsfragen auf: Das quantitative Kriterium ist am wenigsten problematisch. Schwieriger ist es, zu bestimmen, ob es sich zum konkreten Zeitpunkt um eine Sprache oder einen Dialekt (z.B. im Falle des Kaschubischen in Polen oder des *Ponašimo* in Tschechien) handelt. Bei den objektiv geltenden Regelungen des Teils II ist es der Sachverständigenausschuss, der im Zusammenspiel mit dem Vertragsstaat über die Frage der Anwendung der Charta auf eine bestimmte Sprache entscheiden muss; bei den subjektiv zu bestimmenden Regelungen des Teils III der Charta ist es der Vertragsstaat, der diese Entscheidung während der Ratifizierung trifft. Diese ist idealerweise Ausdruck eines öffentlichen Diskurses und des schon vor der Ratifizierung bestehenden Schutzniveaus in Politik, Gesetzgebung und Praxis; keinesfalls kann der Vertragsstaat seine bestehenden nationalen und völkerrechtlichen Schutzregelungen senken (vgl. Art. 4,2 ebd.). Der Einwand einer Ungleichbehandlung der Regional- und Minderheitensprachen ist deswegen richtig, aber keinesfalls negativ: Die Ungleichbehandlung geht aus der Situation in dem jeweiligen Staat hervor. Da die Sprachen nach Teil II alle objektiv und unter gleichen Prämissen geschützt sind, betrifft sie aber nur die Sprachen des Teils III.

Im Rahmen des Teils III basiert die Unterscheidung zwischen einzelnen Regional- und Minderheitensprachen auf realistischen Überlegungen: Sie werden in denjenigen Gebieten geschützt, in dem sie von einer Zahl von Menschen gebraucht werden, welche die »Übernahme der in der Charta vorgesehenen Schutz- und Förderungsmaßnahmen rechtfertigt« (Art. 1a ebd.). Die Auswahl wird von dem Vertragsstaat aufgrund seiner Möglichkeiten getroffen; die Vertragsstaaten unterscheiden zwischen den Sprachen in der Regel lange vor der Ratifizierung nicht nur in der eigenen Verfassung (z.B. zwischen Amts- und Nichtamtssprachen), sondern auch in der einfachen Gesetzgebung auf dem Gebiet des Schulwesens oder der Gemeindeordnung. Diese staatliche Entscheidung kann von den Sprechern der Regional- oder Minderheitensprachen während des Ratifizierungsprozesses beeinflusst werden: Die Ratifizierung erfolgt in der Regel öffentlich, aufgrund einer parlamentarischen Zustimmung und kann im Rahmen eines politischen Diskurses erfolgen. Diese Beeinflussungsmöglichkeit bleibt den Sprechern auch später erhalten: Ihre nichtstaatlichen Organisationen können das Verfahren des Monitorings und den Dialog mit dem Europarat zur Durchsetzung ihrer Forderungen nutzen und die Einbeziehung ihrer Sprache in den Schutz nach Teil III erreichen, wie es in der Praxis mehrmals geschah (z.B. die Erweiterung des Schutzes nach Teil III um Romanes im Land Hessen, Bundesrepublik Deutschland) (vgl. *Erklärung der Bundesrepublik*

Deutschland zur Umsetzung der Verpflichtungen der ECRM hinsichtlich Teil II der Charta 26.1.1998).

Selbst wenn nach diesem Prozess gewisse Unterschiede zwischen der Qualität des Sprachenschutzes verschiedener Regional- und Minderheitensprachen bleiben, bedeuten sie jedoch nicht gleich Diskriminierung: Diese würde erfolgen, wenn vergleichbare Sachverhalte – ohne sachliche und vernünftige Rechtfertigung – ungleich behandelt werden (vgl. Grabenwarter [4]2009, 448ff.). Eine Abstufung des Schutzes unter verschiedenen Sprachen kann aber durch objektive Merkmale wie z.B. die Zahl der Sprecher, die Tradition der Sprache oder den Grad ihrer Bedrohung gerechtfertigt sein. Diese Tatsache reflektiert auch der *General Comment Nr. 23* zum vergleichbaren, universellen Recht der Minderheiten, das im Artikel 27 des Internationalen Paktes über bürgerliche und politische Rechte aus dem Jahre 1966 verankert ist (vgl. BGBl. II 1973, 1553): Nach diesem repräsentativen Kommentar zu Artikel 27 aus dem Jahre 1994 sind positive Maßnahmen zum Schutz der Minderheitenrechte, einschließlich Sprachenrechte, zulässig, »solange sie auf die Korrektur der bestehenden Verhältnisse abzielen, welche den Genuss der durch den Pakt garantierten Rechte ausschließen oder verhindern. Sie können zu einer legitimen Unterscheidung führen, unter der Voraussetzung, dass sie auf vernünftigen und objektiven Kriterien basieren« (CCPR/C/21/Rev.1/Add.5). Dies bedeutet, dass der Vertragsstaat nicht wahllos eine Sprache, z.B. aus politischen Gründen, unterstützen, die andere jedoch völlig und grundlos vernachlässigen darf: Für eine Differenzierung müssen einerseits objektive und vernünftige Gründe vorhanden sein, andererseits müssen diese Maßnahmen auf die Beseitigung einer bisherigen Benachteiligung abzielen.

6. Die Kontrollperiode der Charta

Der Kontrollmechanismus der Charta ist im Teil IV geregelt: Die Vertragsparteien sind verpflichtet, bereits ein Jahr nach dem Inkrafttreten der Charta für sie einen ersten Bericht über die Übereinstimmung ihrer Politik mit Teil II der Charta und über die Maßnahmen, die sie in Anwendung der Bestimmungen des Teils III getroffen haben, an den Europarat abzugeben. Weitere Berichte sind regelmäßig in dreijährigen Abständen dem Generalsekretär des Europarats einzureichen (vgl. Art. 15 ECRM). Diese Berichte werden von einem Sachverständigenausschuss detailliert geprüft, dem unabhängige Persönlichkeiten angehören, die vom Ministerkomitee aus einer durch die Vertragsparteien vorgeschlagenen Liste von zumeist drei Kandidaten für eine Periode von sechs Jahren gewählt werden (vgl. Art. 17 ebd.). Aufgrund des Staatsberichts besucht eine Arbeitsgruppe des Sachverständigenausschusses im Rahmen eines Ortsbesuchs die Vertragspartei, um die angegebenen Informationen zu prüfen und persönlichen Kontakt sowohl zu den Sprechern der Regional- und Minderheitensprachen, als auch zu den zuständigen Behörden zu knüpfen. Aufgrund der gewonnenen Informationen bereitet der Sachverständigenausschuss seinen Prüfbericht vor. Zudem sieht die Charta ausdrücklich die Einbeziehung von Nichtregierungsorganisationen (NGOs) aus den Vertragsstaaten vor; die einzigen Voraussetzungen für den Kontakt mit dem Europarat sind, dass diese NGOs »rechtmäßig« in der Vertragspartei gegründet wurden, d.h., nicht illegal sind, und dass sie »in der Vertragspartei« gegründet wurden, d.h., nicht aus Drittländern agieren. Diese Organisationen können dem Sachverständigenausschuss jederzeit Erklärungen zur Politik ihres Staates in Bezug auf seine Verpflichtungen im Teil II der Charta sowie Informationen zur Einhaltung von Verpflichtungen aus Teil III abgeben, die – nach Konsultation der betroffenen Partei – bei der Erarbeitung des Prüfberichts regelmäßig berücksichtigt werden. In der Praxis entstehen nicht selten ganze »Schattenberichte«[4], die ein differenziertes Licht auf die Sprachenpolitik der Vertragspartei werfen.

Der Prüfbericht des Sachverständigenausschusses einschließlich der Vorschläge für zusätzliche Empfehlungen des Ministerkomitees sowie der Stellungnahme der Vertragspartei wird an das Ministerkomitee weitergeleitet. Anschließend erlässt das Ministerkomitee eigene (allgemeine) Empfehlungen an den Vertragsstaat, die in der Regel den Vorschlägen des Sachverständigenausschusses entsprechen. In der Praxis werden diese Empfehlungen durch Konsens aller Mitgliedsstaaten des Europarats, d.h. auch derjenigen, die keine Vertragsparteien der Charta sind, genehmigt (vgl. Art. 9,4 der *Verfahrensordnung des Ministerkomitees*). Schließlich entscheidet das Ministerkomitee über die Veröffentlichung des Berichts (vgl. Art. 16 ECRM). Bei der Entscheidung hierüber hat sich das Konsensprinzip aller Staaten des Europarats durchgesetzt, welches bedeutet, dass die Entscheidung über die Veröffentlichung entsprechend blockiert werden kann.

Die relativ kurze Periode der Überwachung der Umsetzung der Charta zielt darauf ab, den ständigen Kontakt und Dialog des Sachverständigenausschusses mit den Sprechern der Regional- und Minderheitensprachen sowie den Behörden zu halten. Im Unterschied zu einigen anderen Überwachungsmechanismen des Europarats (z.B. aufgrund des Rahmenübereinkommens) gibt es nämlich zwischen den Perioden nur vereinzelt Folgetreffen und Implementierungskonferenzen; der Kontakt findet unmittelbar auf der Grundlage der Charta statt. In der Praxis zeigt sich, dass einige Vertragsstaaten die dreijährige Frist ziemlich ›flexibel‹ auslegen: So sind Verspätungen von bis zu einem halben Jahr der Regelfall und selbst Verspätungen von über einem Jahr bereits zu verzeichnen gewesen.

Die Diskussion unter den Vertragsparteien konzentriert sich dabei auf die Frage, wie starr die Regelung der Charta über die dreijährige Frist ausgelegt werden soll (vgl. Art. 15 ebd.). Eine faktische Verlängerung der Periode könnte jedoch zur Rückhaltigkeit der Berichterstattung führen und den Kontakt mit

---

4 Z.B. *Shadow Report regarding the Initial Periodical Report on the Implementation of the European Charter for Regional or Minority Languages in Romania*, 2011, <http://www.cemo.ro>.

dem Vertragsstaat und den NGOs schwächen; eine formelle Modifizierung von Artikel 15 würde die Änderung der Charta mit der Ratifizierung durch alle Vertragsstaaten verlangen. Um solchen Bedenken Rechnung zu tragen, hat das Ministerkomitee 2009 die Gliederung für die Abfassung der dreijährlichen Staatsberichte vereinfacht (vgl. MIN-LANG 2009, 8). Die Gliederung für den ersten Bericht ein Jahr nach der Ratifizierung wurde nicht geändert. Die Vertragsstaaten sind nunmehr angehalten, sich in der Berichterstattung auf die in den Empfehlungen des Sachverständigenausschusses und des Ministerkomitees betonten Problempunkte zu konzentrieren. Weiter werden die Staaten gebeten, insbesondere über neue Entwicklungen zu berichten. Den Staaten bleibt somit in den späteren Berichten »erspart«, die ganze Fülle von Statistiken oder Detailinformationen zu wiederholen, die von ihnen im ersten Bericht – ein Jahr nach dem jeweiligen Inkrafttreten der Charta – erwartet werden.

7. Trägt die Anwendung der Sprachencharta zum Abbröckeln der Nationalstaaten und zu zentrifugalen Bemühungen bei?

In den inoffiziellen Diskussionen, v.a. mit den Behörden einiger existierender oder potenzieller Vertragsstaaten, wird die Befürchtung geäußert, ob und dass die Charta durch ihre Differenzierung der Sprachen, aber v.a. ihren Akzent auf der Selbstidentifizierung der Sprecher der Regional- oder Minderheitensprachen die Homogenität der Bevölkerung gefährde und zur Öffnung der mühsam befriedeten nationalen Konflikte führen könne. Als Folge dieser Bewegungen wird im extremen Falle die Abspaltung eines Gebiets gesehen.

Zunächst muss betont werden, dass sich die Charta gar nicht mit Fragen politischer Rechte oder der Gebietsautonomie befasst. Die Beurteilung der Richtigkeit der obengenannten Befürchtungen liegt somit nicht im rechtlichen, sondern im faktischen Bereich: Es muss untersucht werden, wo es aufgrund der Charta zu solchen negativen Phänomenen tatsächlich kam oder zu kommen droht. Ein Blick auf die Karte Europas zeigt keine solchen Ereignisse: Die Sowjetunion, die Tschechoslowakei und Jugoslawien zerfielen längst vor dem Inkrafttreten der Charta; das Kosovo wurde selbstständig, ohne dass dabei die Charta eine Rolle gespielt hätte: Sie gehörte vielmehr zu den rechtlichen Instrumenten, die die Provisorische Regierung des Kosovo verpflichtet war, gegenüber allen dort lebenden Personen, d.h. v.a. den Serben, zu respektieren (vgl. Art. 3.1 *Constitutional Framework for Provisional Self-Government in Kosovo*)[5].

Im Gegenteil: Die Charta wird grundsätzlich als Grundlage für eine kanalisierte Lösung bereits bestehender Probleme angewandt. Es ist sowohl für die Behörden, als auch für die Sprecher selbst in der Regel nützlich, auf die Modelle anderer Vertragsstaaten hinzuweisen und festzustellen, dass manche Pro-

---

5 Vom 15.5.2001, ersetzt durch die Verfassung der Republik Kosovo vom 15.6.2008.

blemkonstellationen vergleichbar sind. Darüber hinaus bieten die öffentlich zugänglichen Berichte der Vertragsstaaten sowie die Prüfberichte des Sachverständigenausschusses mit den Stellungnahmen der Vertragsparteien und den Empfehlungen des Ministerkomitees eine Übersicht von *best practices* an.[6]

8. Die Effektivität der Charta

Auf die Frage nach der Effektivität der Charta wurde teilweise oben geantwortet: Ihr Mechanismus führt zur Vergleichbarkeit und Quantifizierung der Probleme der Regional- und Minderheitensprachen. Auf ihre Verletzung kann nicht gerichtlich reagiert werden; trotzdem ist der Mechanismus der Kontrolle ein wichtiges Instrument zur Überwachung ihrer Umsetzung. Die Tatsache, dass einige Staaten (vgl. *Berichte des Sachverständigenausschusses*) einige Bestimmungen der Charta chronisch nicht umsetzen, ist bekannt; die ständige, sich in nur dreijährigen Abständen wiederholende Aufmerksamkeit des ganzen Sachverständigenausschusses, der Kontakt mit den NGOs sowie die öffentliche Debatte über die Defizite ihrer Implementierung sind jedoch ein wichtiger Beitrag zur Transparenz der Problematik und eine Motivation zur Änderung des Verhaltens der Vertragsstaaten.

Einige erfolgreiche Beispiele, die in der Publikation »Die praktische Wirkung der Überwachungsverfahren des Europarats« aus dem Jahre 2010 zusammen gefasst sind,[7] führen zum Schluss über ihre Effektivität und ihren Einfluss: So hat etwa in der Bundesrepublik Deutschland im Jahre 2004 das Land Schleswig-Holstein das *Gesetz zur Förderung des Friesischen im öffentlichen Raum* verabschiedet, das u.a. Bestimmungen über den Gebrauch des Nordfriesischen im Umgang mit Verwaltungsbehörden und die Beschäftigung friesischsprachiger Beamter enthält. Österreich hat sein Rundfunkgesetz im Jahr 2001 geändert und das Angebot von Sendungen in Minderheitensprachen in den öffentlich-rechtlichen Auftrag des ORF aufgenommen. Um die Umsetzung der Charta zu unterstützen, hat die tschechische Regierung den Gemeinden Gelder für die Einrichtung zweisprachiger (polnisch-tschechischer) Beschilderungen in den Bezirken *Karviná* und *Frýdek-Místek* bereitgestellt. In Schweden stellte die Ratifizierung der Charta die erste rechtliche Anerkennung des Jiddischen dar; außerdem führte sie 1999 zur Verabschiedung des *Gesetzes über das Recht auf Gebrauch der samischen Sprache bei Verwaltungsbehörden und Gerichten* und des *Gesetzes über das Recht auf Gebrauch von Finnisch und Meänkieli bei Verwaltungsbehörden und Gerichten.* In Großbritannien war die Ratifizierung der Charta der erste Schritt der amtlichen Anerkennung des Schottischen und Kornischen als Regional- oder Minderheitensprachen; nach einer Empfehlung

---

6 <http://www.coe.int/t/dg4/education/minlang/Report/default_en.asp>.

7 <http://www.coe.int/t/dc/files/themes/langues_minoritaire/ImpactCharter_de.pdf>.

des Ministerkomitees im Jahr 2004 wurde eine Rundfunklizenz an den irischsprachigen Hörfunksender *Raidió Fáilte* in Nordirland vergeben.

9. Schlusswort

Die Europäische Charta der Regional- oder Minderheitensprachen hat aus der Sicht der Rechtswissenschaft die »Prüfung auf dem Prüfstand« bestanden: Sie gehört zu denjenigen Europaratsverträgen, die einen systemischen und quantifizierenden Ansatz zu einigen nicht selten stark politisierenden Fragen anbieten. Als ein spezieller Vertrag ist sie ein wichtiges Instrument, das den Vertragsstaaten einen Vergleich zu den Lösungen in anderen Ländern ermöglicht und den Sprechern der Minderheiten- und Regionalsprachen ein Werkzeug zum noch effektiveren Schutz ihrer Sprache in die Hand gibt. Nicht umsonst erwähnt ihre Präambel, dass der Schutz der geschichtlich gewachsenen Regional- oder Minderheitensprachen Europas zur Erhaltung und Entwicklung der Traditionen und des kulturellen Reichtums Europas beiträgt.

Der Inhalt der Charta ist aus der rechtswissenschaftlichen Perspektive wenig umstritten, die unscharfen Stellen erhalten ihre erforderlichen Konturen durch ihre Auslegung durch den Sachverständigenausschuss. Einige Fragen kommen eher aus dem politischen Bereich: Diskutiert werden die Frage der rechtlichen Verpflichtung, die Charta zu ratifizieren, die Kürze ihrer Überwachungsperiode, die Unmöglichkeit, den Umfang der Ratifizierungsurkunde rückwirkend zu schmälern. Die negative Haltung einiger Europaratsmitglieder kann jedoch gleichzeitig als Beweis ihrer Stärke ausgelegt werden: Es ist kein unverbindliches, nichtssagendes Dokument, sondern ein effektiver, gut kontrollierbarer völkerrechtlicher Vertrag.

10. Bibliographie

10.1. Quellen

Bundesgesetzblatt (BGBl.) II 1950.
- 1973.
- 1985.

CCPR/C/21/Rev.1/Add.5 = *General Comment Nr. 23: The Rights of Minorities*, Article 27, 08.4.1994.

Constitutional Framework for Provisional Self-Government in Kosovo (UNMIK/REG/2001/9), 15.5.2001.

Council of Europe: *Framework Convention for the Protection of National Minorities and Explanatory Report*, 1.2.1995.

Council of Europe: *Geographical Reach of the FCNM.* <http://www.coe.int/t/dghl/monitoring/minorities/1_AtGlance/PDF_MapMinorities_bil.pdf> (1.3.2011).

Council of Europe: *Impact of Charter.* <http://www.coe.int/t/dc/files/themes/langues_minoritaire/ImpactCharter_de.pdf> (1.3.2011).
Council of Europe: *Joint Programmes – Logframes and Activities.* <http://www.jp.coe.int/CEAD/JP/Default.asp> (1.3.2011).
Council of Europe: *Reports and Recommendations.* <http://www.coe.int/t/dg4/education/minlang/Report/default_en.asp> (1.3.2011).
Council of Europe: *Treaty Office.* <http://conventions.coe.int> (1.3.2011).
Entschließung Nr. 928 der Parlamentarischen Versammlung des Europarats, 7.10.1981.
Erklärung der Bundesrepublik Deutschland zur Umsetzung der Verpflichtungen der Europäischen Charta der Regional- oder Minderheitensprachen hinsichtlich Teil II der Charta, 26.1.1998.
Europarat: *Europäische Charta der Regional- oder Minderheitensprachen*, 5.11.1992.
Europarat: *Konvention zum Schutze der Menschenrechte und Grundfreiheiten*, 4.11.1950.
Europarat: *Rahmenübereinkommen zum Schutz nationaler Minderheiten*, 1.2.1995.
Fortschritte des Überwachungsverfahrens der Parlamentarischen Versammlung: Resolution der Parlamentarischen Versammlung Nr. 1548/2007, 18.4.2007.
Gesetz zur Förderung des Friesischen im öffentlichen Raum, 13.12.2004.
Revised Outline for Three-yearly Reports to be Submitted by Contracting Parties [= MIN-LANG (2009) 8], 6.5.2009.
Satzung des Europarates, 5.5.1949.
Verfahrensordnung des Ministerkomitees vom 4–5.7.1955 (4. revidierte Fassung: 2005).
Wiener Übereinkommen über das Recht der Verträge, 23.5.1969.

10.2. Literatur

Grabenwarter, Christoph: *Europäische Menschenkonvention. Ein Studienbuch*, Basel: Helbing Lichtenhahn ^{4}2009.
Grewe, Constance: *Les institutions françaises, les droits culturels et la Charte Européenne des Langues Régionales ou Minoritaires, Etat, régions et droits locaux*, Paris: Editions Economica 1997.
Guskow, Meike: *Entstehung und Geschichte der Europäischen Charta der Regional- oder Minderheitensprachen*, Frankfurt am Main u.a.: Lang 2009.
Parayre, Sonya: »The 10th Anniversary of the European Charter for Regional or Minority Languages«. In: *Europäisches Journal für Minderheitenfragen*, 1.2, 2008: 125–130.
Shadow Report Regarding the Initial Periodical Report on the Implementation of the European Charter for Regional or Minority Languages in Romania, 2011. <www.cemo.ro> (1.3.2011).
Woehrling, Jean-Marie: *The European Charter for Regional or Minority Languages: A Critical Commentary*, Strasbourg: Council of Europe Publishing 2005.

Franz Lebsanft (Bonn)

Die ECRM aus soziolinguistischer Sicht

Begriffe und Maßnahmen

The *European Charter for Regional or Minority Languages* is a legal text concerning the protection of languages. Regardless of its mainly legal function the text can be considered from a sociolinguistic point of view, insofar as it contains not only sociolinguistic dispositions but also concepts and instruments of language-planning. This paper examines two resulting central questions: it investigates the sociolinguistic foundation and the consistency of the applied language-concepts and tries to verify the conclusiveness of the Charter's language-planning objective. The analysis leads to an evaluation of the text from a linguistic viewpoint.

1. Ansatz

Die *Europäische Charta der Regional- oder Minderheitensprachen* (ECRM) ist kein linguistisches, erst recht kein soziolinguistisches, sondern ein juristisches Werk. Gleichwohl ist eine linguistische und auch spezifisch soziolinguistische Perspektivierung legitim, und zwar insofern sich die ECRM als Vertrag einer bestimmten fachsprachlichen Texttradition mit den ihr eigentümlichen Charakteristika des Textaufbaus und der fachbegrifflichen Bestimmungen zuordnen lässt. Dabei sind einige dieser Bestimmungen soziolinguistischer Natur. Zugleich ist die ECRM ein juristisches Werkzeug, das sprachpolitisches Handeln induzieren soll, woraus sich ein zweiter soziolinguistischer Gesichtspunkt ergibt, nämlich die Betrachtung der sprachplanerischen Konzepte und Instrumente, mit denen die ECRM auf die Situation von Sprachen einwirken will. Aus diesen beiden Betrachtungsweisen ergeben sich zwei Leitfragen, denen in diesem Beitrag nachgegangen wird. Sie betreffen einerseits die soziolinguistische Fundierung und Konsistenz der in dem Vertragstext verwendeten Sprachkonzepte, andererseits die Schlüssigkeit der sprachplanerischen Zielsetzung der ECRM. Im Einzelnen stellt Abschnitt 2 die ECRM als Vertragstext vor, während Abschnitt 3 aus der Definition der Regional- oder Minderheitensprachen fünf soziolinguistisch relevante Kategorien extrahiert, die in den folgenden Abschnitten 4 bis 8 vor dem Hintergrund der linguistischen Forschung abgehandelt werden. Wir schließen in Abschnitt 9 mit einer Bewertung des Vertragswerks.

2. Die ECRM als fachsprachliche Texttradition

Die ECRM besteht aus einer Präambel und fünf Teilen, die wiederum in Artikel gliedert sind.[1] Die Präambel statuiert die Mitgliedsstaaten des Europarats als mögliche Vertragspartner der Institution und nennt die Motive für die Schaffung des Vertrags. Zwei nicht hintergehbare Grundwerte werden in den Mittelpunkt der Betrachtung gestellt, einerseits derjenige des »kulturellen Reichtums«, unter den die Existenz von »Regional- oder Minderheitensprachen« subsumiert wird, andererseits, mit Bezug auf die entsprechenden Konventionen und Grundtexte der Vereinten Nationen, des Europarats und der *Konferenz über Sicherheit und Zusammenarbeit in Europa* (KSZE), das »unveräußerliche Recht« der Sprecher auf die Verwendung ihrer Erstsprachen. Beide Werte begründen die Schutz- und Förderwürdigkeit der Sprachen, die Gegenstand des Vertrags sind. Die Disposition der fünf Teile des Vertrags folgt zwei Prinzipien, einerseits dem logischen Fortschreiten vom Allgemeinen zum Besonderen, andererseits dem Verlauf der ins Werk zu setzenden Maßnahmen. So enthält Teil I (Art. 1–6) als »Allgemeine Bestimmungen« Definitionen der notwendigen Sprachkonzepte und der Verfahrensregeln, mit denen die Erfüllung von vertraglich übernommenen Verpflichtungen in Bezug auf die zuvor begrifflich abgegrenzten und auf diese Weise konturierten sprachlichen Realitäten in den Mitgliedsländern sichergestellt werden soll. Teil II (Art. 7) benennt die »Ziele und Grundsätze«, die für die im folgenden Teil III vorgeschlagenen konkreten Maßnahmen zur Förderung der Regional- oder Minderheitensprachen leitend sind. Der umfangreiche Maßnahmenkatalog von Teil III (Art. 8–14), aus dem die Mitgliedsstaaten nach genau festgelegten Regeln eine gewisse Auswahl treffen können, gliedert sich nach staatlichen und gesellschaftlichen Bereichen, die sich von der Bildung über die Justiz und Verwaltung, die Medien und die Kultur bis hin zur Wirtschaft und zum sozialen Leben erstrecken. Teil IV (Art. 15–17) betrifft die Verfahrensregeln zur Überprüfung der Einhaltung der übernommenen Verpflichtungen, Teil V (Art. 18–23) beleuchtet mit den sog. »Schlussbestimmungen« die juristischen Aspekte der Vertragsschließung zwischen Mitgliedsländern und Institution. In Teil IV und V werden auch die Organe und Gremien des Europarats genannt, die auf Seiten der Institution mit der Schließung und der Einhaltung des Vertrags befasst sind (Sachverständigenausschuss, Ministerkomitee, Parlamentarische Versammlung).

Die ECRM ist in ein reiches, sorgfältig aufgespanntes Netz weiterer Texte eingewoben. Wie erwähnt, knüpft die Charta an früher vereinbarte, in Europa geltende Konventionen an. Der Vertragstext ist selbstverständlich auch das Ergebnis umfangreicher und langwieriger europäischer Beratungen und Verhandlungen, die in den frühen 1980er Jahren begannen und 1992 ihren Abschluss fanden, als der Vertrag am Sitz des Europarats in Straßburg zur Unterzeichnung aufgelegt wurde (Viaut 2002, 10–13). Die richtige Interpretation der

---

1 S. in diesem Band den Beitrag von Mahulena Hofmann, vgl. die ausführliche Darstellung z.B. bei Willwer (2006, 73–96), Neumann (2009, 141–165).

Charta soll wiederum ein *Erläuternder Bericht* (*Explanatory Report*) des Europarats sicherstellen, der auch auf die Vorgeschichte des Vertrags eingeht. Flankiert wird der Vertrag weiterhin durch einen offiziösen Kommentar (Woehrling 2005) und eine eigene, zur Zeit bereits acht Bände umfassende Reihe (*Regional or Minority Languages*), die vorwiegend Akten von Kolloquien zur ECRM publiziert, die vom Europarat initiiert wurden. Schließlich pflegt der Europarat eigens eine umfangreiche *website*, welche fortlaufend aktualisierte Informationen zur ECRM bereit hält.[2]

Rechtliche Verbindlichkeit zwischen den Vertragsparteien kommt ausschließlich den Fassungen des Textes in den beiden offiziellen Sprachen des Europarats zu, dem Englischen und dem Französischen.[3] Dies ist nicht unerheblich, denn die Begrifflichkeit der ECRM ist durchaus einzelsprachlich geprägt, wie der Vergleich mit der amtlichen deutschen Übersetzung, die innerhalb Deutschlands gültig ist, deutlich macht. Diese Übersetzung wurde im Rahmen des Gesetzes erstellt, durch das die Bundesrepublik Deutschland der ECRM zugestimmt hat.[4]

3. Soziolinguistische Begriffsbestimmungen: Kategorien und Kriterien

Vornehmlich in Artikel 1 konstruiert die Charta den Ausdruck *Regional- oder Minderheitensprachen* als ein einheitliches Sprachkonzept. Wir zitieren zunächst die beiden offiziellen Fassungen, gehen danach jedoch in diesem und den folgenden Abschnitten bei der Kriterienanalyse vom englischen Text aus, den wir gegebenenfalls mit der französischen bzw. der deutschen Fassung kontrastieren:

> Art. 1 – Definitions
> For the purposes of this Charter:
> a) »regional or minority languages« means languages that are:
> i) traditionally used within a given territory of a State by nationals of that State who form a group numerically smaller than the rest of the State's population; and
> ii) different from the official language(s) of that State;
> it does not include either dialects of the official language(s) of the State or the languages of migrants;
> b) »territory in which the regional or minority language is used« means the geographical area in which the said language is the mode of expression of a number of people justifying the adoption of the various protective and promotional measures provided for in this Charter;
> c) »non-territorial languages« means languages used by nationals of the State which differ from the language or languages used by the rest of the State's population but which, al-

2 <http://www.coe.int/t/dg4/education/minlang/Default_en.asp>.
3 <http://conventions.coe.int/Treaty/en/Treaties/Html/148.htm>.
4 BGBl. II 1998, Nr. 25, 1314–1337; s. auch die *online*-Version <http://www.bgbl.de/Xaver/start.xav?startbk=Bundesanzeiger_BGBl>.

though traditionally used within the territory of the State, cannot be identified with a particular area thereof.

Art. 1 – Définitions
Au sens de la présente Charte:
a) par l'expression »langues régionales ou minoritaires«, on entend les langues:
i) pratiquées traditionnellement sur un territoire d'un Etat par des ressortissants de cet Etat qui constituent un groupe numériquement inférieur au reste de la population de l'Etat; et
ii) différentes de la (des) langue(s) officielle(s) de cet Etat;
elle n'inclut ni les dialectes de la (des) langue(s) officielle(s) de l'Etat ni les langues des migrants;
b) par »territoire dans lequel une langue régionale ou minoritaire est pratiquée«, on entend l'aire géographique dans laquelle cette langue est le mode d'expression d'un nombre de personnes justifiant l'adoption des différentes mesures de protection et de promotion prévues par la présente Charte;
c) par »langues dépourvues de territoire«, on entend les langues pratiquées par des ressortissants de l'Etat qui sont différentes de la (des) langue(s) pratiquée(s) par le reste de la population de l'Etat, mais qui, bien que traditionnellement pratiquées sur le territoire de l'Etat, ne peuvent pas être rattachées à une aire géographique particulière de celui-ci.

Abstrahierend können die in Artikel 1 definitorisch verwendeten Kriterien den Kategorien Zeit, Raum, Sprecher, Status und »Sprachtypologie« zugeordnet werden, die wir in eine Liste soziolinguistisch relevanter Kategorien der ECRM eintragen. Bei (1) führen wir zusätzlich zu der in Artikel 1 enthaltenen Formulierung »traditionally used« die Bestimmung »historical« aus der Präambel auf (»the historical regional or minority languages of Europe«); bei (4) ergänzen wir das Merkmal »official language which is less widely used on the whole or part of its territory« aus Artikel 3,1. Die zusätzlich genannte Bestimmung »non-official« extrapolieren wir aus der Tatsache, dass es sich bei den Regional- oder Minderheitensprachen um Sprachen handelt, die – siehe (5) – von den Amtssprachen verschieden sein sollen.

(1) **Zeit**: »traditionally used«/»historical«
(2) **Raum**: »within a given territory«/»geographical area« vs. »non-territorial«
(3) **Sprecher**: »nationals of that State who form a group numerically smaller than the rest of the State's population«
(4) **Status**: »[non-official]« vs. »official language (…) less widely used«
(5) **»Sprachtypologie«**: »different from the official language(s) of that State«, ≠ »dialects of the official language(s) of the State«, ≠ »languages of migrants«

4. Zeit: Historizität und Autochthonie

Die Präambel begründet die Schutzwürdigkeit der Regional- oder Minderheitensprachen mit ihrer Zugehörigkeit zum bedrohten »kulturellen Reichtum« Europas:

> Considering that the protection of the historical regional or minority languages of Europe, some of which are in danger of eventual extinction, contributes to the maintenance and development of Europe's cultural wealth and traditions;

wobei die zeitliche Charakterisierung als »historical« (französisch »historiques«) in der deutschen Fassung metaphorisch verdeutlicht wird (unsere Kursivierung):

> In der Erwägung, daß der Schutz der *geschichtlich gewachsenen* Regional- oder Minderheitensprachen Europas, von denen einige allmählich zu verschwinden drohen, zur Erhaltung und Entwicklung der Traditionen und des kulturellen Reichtums Europas beiträgt;

Dass das in der Übersetzung verwendete Bild vom »Wachstum« nicht gänzlich verblasst ist, lässt sich anhand des *Erläuternden Berichts* nachweisen.[5] Dort heißt es in Bezug auf die Sprecher der Regional- oder Minderheitensprachen (wiederum unsere Kursivierung):

> 1. Many European countries have on their territory regionally based *autochthonous groups* speaking a language other than that of the majority of the population. This is a consequence of historical processes whereby the formation of states has not taken place on purely language-related lines and small communities have been engulfed by larger ones.

Die deutsche Übersetzung wählt anstelle des griechischen Lehnworts *autochthon* die entsprechende deutsche Lehnübertragung *alteingesessen*:

> 1. Viele europäische Länder umfassen Territorien, deren alteingesessene Einwohner eine andere Sprache sprechen als die Mehrheit der nationalen Bevölkerung. Dies ist die Folge von historischen Prozessen, in deren Verlauf sich die Staaten – nicht nur aufgrund sprachlicher Voraussetzungen – herausgebildet haben und wo kleine Gemeinschaften in größere zu liegen kamen.

Im Deutschen ist das seltene Substantiv *Autochthonie* erst seit dem 19. Jahrhundert belegt, ebenso wie das wesentlich häufigere Adjektiv *autochthon*, während dessen substantivischer Gebrauch bereits im 18. Jahrhundert begegnet (Schulz / Basler ^{2}1995, s.v.). In Bezug auf das im englischen Text der Charta verwendete Adjektiv lohnt ein Blick auf die Darstellung der Wortfamilie im *Oxford Dictionary of English* (^{3}OED).[6] Er lehrt, dass der lexematische Gehalt des mit verschiedenen Suffixen verbundenen griechischen Lehnworts auf eine zeiträumliche Verknüpfung von Mensch und Boden verweist, die als natürlich, quasi biologisch begründet angesehen wird:

---

5 <http://conventions.coe.int/Treaty/en/Treaties/Html/148.htm>.

6 S. auch <http://www.oed.com>.

autochthon, n. (1538): Originally (only in *pl.*): ›A person indigenous to a particular country or region and traditionally supposed to have been born out of the earth, or to have descended from ancestors born in this way. Hence more generally: an indigenous person; an earliest known inhabitant.‹
autochthonous, adj. (1804): ›Of or relating to autochthons; indigenous‹
autochthony, n. (1836): ›The quality, state, or condition of being autochthonous (in various senses); an instance of this.‹

Der [3]OED nennt für *autochthony* das Deutsche als Vermittler des Gräzismus, für *autochthon* gibt er das in etwa zeitgleich zum ersten Mal belegte französische Substantiv *autochtone* an. Der Verweis des [3]OED auf den französischen Plutarchübersetzer Amyot (1513–1593) erlaubt, die kulturelle Tradition aufzudecken, die der *Erläuternde Bericht* mitführt. Der *Trésor de la langue française* zitiert (s.v.) Amyots Übersetzung der Passage der *Bioi paralleloi*, in welcher der mythische Theseus als Abkömmling der ursprünglichen Bewohner Attikas bezeichnet wird, die man »Autochthone« genannt habe, »was so viel heißt wie von der Erde selbst geboren, weil es keine Erinnerung daran gibt, dass sie von anderswo gekommen sind«, wie Amyot (ebd.) glossiert:

Des premiers habitans qui tindrent le pays d'Attique, lesquels on a depuis apellez autochtones, qui vaut autant dire comme, nez de la terre mesme, pour ce que il n'est point de memoire qu'ils soyent onques venus d'ailleurs.

Mit dieser Bemerkung nimmt Plutarch (ca. 45–125) eine alte griechische Tradition auf: So werden in Isokrates' *Panegyrikos* (380 v.Chr.) die Athener gerühmt, weil sie dem Boden entstammen, den sie bis zur Gegenwart besitzen (Orth 2006, 90f.).

Wie man sieht, hat das Konzept der Autochthonie zwar ein ehrwürdiges Alter; die knappen begriffsgeschichtlichen Hinweise dürften jedoch auch genügen, um zu verdeutlichen, dass es einen Zusammenhang zwischen zeitlicher und räumlicher Dimension der Sprache herstellt, dessen Kern nicht unproblematisch ist, möglicherweise bereits in der Antike, erst recht natürlich in der Gegenwart nach seiner Wiederaufnahme in den nationalistischen »Diskursen« des 20. und des beginnenden 21. Jahrhunderts. In dieser Hinsicht spricht die subtile Zitiertechnik des [3]OED eine beredte Sprache, wenn sein jüngster, aus dem Jahr 2008 stammender Beleg sich kommentarlos auf die ethnischen Konflikte auf dem Balkan bezieht: »The Albanians are passionately interested in tracing their roots and in establishing their autochthony in the Balcans«. Vor diesem Hintergrund ist es nicht überraschend, dass sich die Linguistik durchaus schwer mit dem Begriff tut. Das Artikelraster des Referenzwerks zur Kontaktlinguistik (Goebl u.a. 1996–1997) sieht zwar den Grundbegriff »autochthone Gruppe« vor, doch in seinem Beitrag zu den »dominant autochthonous groups« beeilt sich Allardt (1996, 342) festzustellen, dass Autochthonie – Allardt verwendet die eher ungewöhnliche, dem [3]OED unbekannte Neubildung *autochthonousness* – aus linguistischer Sicht ein fast unbrauchbarer Begriff sei. Er erinnert daran, dass nur in sehr seltenen Fällen die wahren Ureinwohner (*aborigines*) eines Gebiets bestimmbar seien. Aus heutiger Sicht könne man als »autochthon« allenfalls Bevölkerungsgruppen bezeichnen, die in der Jetztwelt in ihrem Wohngebiet keine Konkurrenten in Bezug auf das Merkmal der Autochthonie hätten (Allardt 1996, 343). In dieselbe Richtung wie Allardt geht der komplementäre Artikel zu den »groupes autochtones dominés«, dessen katalanische Autoren Bevölkerungsgruppen als autochthon bezeichnen, die »seit Jahrhunderten in bestimmten Gebieten verwurzelt seien, im Gegensatz zu jüngeren Einwanderungsgruppen bzw. Nomaden« (Argemí / Ramon 1996, 351):

> Le terme *autochtone* spécifie que les groupes concernés sont les communautés enracinées, depuis des siècles, dans des territoires déterminés, par opposition aux groupes d'immigrés récents ou aux nomades.

Wenn Autochthonie sich »nur« nach Jahrhunderten der »Verwurzelung« bemisst, dann eröffnen sich bei der Beurteilung konkreter Sprachsituationen – man denke nur an die bereits erwähnten sprachlichen Verhältnisse auf dem Balkan – ganz erhebliche Deutungsspielräume. Dies sieht Eichinger (2006, 2476) in aller Klarheit. Er legt dar, dass die Unterscheidung von Autochthonie und Allochthonie nur handhabbar sei, »wenn man sich auf eine zeitliche Schwelle einigt, nach der man von Zuzug ausgeht«. Dass dieses Kriterium unbefriedigend ist, wenn eine solche Einigung aus z.B. politischen Gründen nicht erzielbar ist, liegt auf der Hand. Deswegen räumt Eichinger (ebd.) auch ein, dass die Frage der Autochthonie gerade in kritischen Fällen letztlich eine solche »der historischen Deutungsmacht« sei. Aus soziolinguistischer Sicht ist die – semantisch gesprochen – komplementäre, Abstufungen also nicht zulassende Antonymie ›Autochthonie‹ vs. ›Allochthonie‹ gerade in sprachpolitisch brisanten Zusammenhängen ein zu grobes Instrument, um die geschichtliche Dynamik von Situationen der Mehrsprachigkeit angemessen zu erfassen.

5. Raum: Hoheitsgebiet (Territorium), Gebiet und Bezirk

Wenn es in der Charta (Art. 1a i) heißt, Gegenstand des Vertrags seien Sprachen »traditionally used within a given territory of a State«, dann bezeichnet der Ausdruck *a given territory* ein erdräumliches Gebiet, das sozial und kulturell – d.h. eben auch durch eine bestimmte Sprache sprechende Menschen – gestaltet ist.[7] Erläuternd ist von »geographical area« (Art. 1b) die Rede. In dieser Hinsicht sind *territory* und *area* kontextuell synonym. Spricht die Charta, mit Bezug auf »non-territorial languages«, von Sprachen, die keinem Gebiet (»area«) zugeordnet werden könnten, jedoch gleichwohl traditionellerweise »within the territory of the State« gesprochen würden (Art. 1c), dann ist mit dem Ausdruck *the territory of the State* ein durch Machtausübung des Staates, d.h. durch seine Souveränität kontrollierter Raum gemeint.[8] Der Ausdruck *territory* ist also polysem. Durch staatliche Macht kontrollierte Teilräume bezeichnet die Charta – je nach

---

7 Vgl. noch Art. 7,1; 8,1; 8,2; 10,3; 10,4c; 11,1; 12,1;12,2; 13,2.
8 Vgl. noch Art. 2,1; 3,1; 3,2; 5; 14.

Typ der hoheitlichen Gewalt – als »judicial« bzw. »administrative district« (Art. 9,1; 10,1):

> Art. 9 – Judicial authorities
> 1 The Parties undertake, in respect of those judicial districts in which the number of residents using the regional or minority languages justifies the measures specified below [...]
> Art. 10 – Administrative authorities and public services
> 1 Within the administrative districts of the State in which the number of residents who are users of regional or minority languages justifies the measures specified below [...]

Der französische Text verwendet in derselben Weise die Ausdrücke *territoire, aire* (in Art. 1) und *circonscription* (in Art. 9 bzw. 10). Die deutsche Übersetzung verfährt eindeutiger, indem sie die begrifflichen Unterschiede klarer durch verschiedene nominale Ausdrücke trennt. In Artikel 1 werden die beiden Bedeutungen von *territory* (*territoire*) durch *Gebiet* bzw. *Hoheitsgebiet* wiedergegeben, wobei die im Englischen beobachtete kontextuelle Synonymie von *territory* und *area* durch Wiederholung des Ausdrucks *Gebiet* augenfällig wird (unsere Kursivierung):

> Art. 1 – Begriffsbestimmungen
> Im Sinne dieser Charta:
> a) bezeichnet der Ausdruck »Regional- oder Minderheitensprachen« Sprachen,
> i) die herkömmlicherweise *in einem bestimmten Gebiet* eines Staates von Angehörigen dieses Staates gebraucht werden, die eine Gruppe bilden, deren Zahl kleiner ist als die der übrigen Bevölkerung des Staates, und
> ii) die sich von der (den) Amtssprache(n) dieses Staates unterscheiden;
> iii) er umfaßt weder Dialekte der Amtssprache(n) des Staates noch die Sprachen von Zuwanderern;
> b) bezeichnet der Ausdruck »*Gebiet,* in dem die Regional- oder Minderheitensprache gebraucht wird«, *das geographische Gebiet,* in dem die betreffende Sprache das Ausdrucksmittel einer Zahl von Menschen ist, welche die Übernahme der in dieser Charta vorgesehenen verschiedenen Schutz- und Förderungsmaßnahmen rechtfertigt;
> c) bezeichnet der Ausdruck »nicht territorial gebundene Sprachen« von Angehörigen des Staates gebrauchte Sprachen, die sich von der (den) von der übrigen Bevölkerung des Staates gebrauchten Sprache(n) unterscheiden, jedoch keinem bestimmten Gebiet innerhalb des betreffenden Staates zugeordnet werden können, obwohl sie herkömmlicherweise im *Hoheitsgebiet* dieses Staates gebraucht werden.

Die durch staatliche Macht der Judikative bzw. Exekutive bezeichneten Teilräume werden mit den Ausdrücken *Gerichtsbezirk* bzw. *Verwaltungsbezirk* übersetzt.

Die bei den Substantiven klar durchgeführte Unterscheidung von *Hoheitsgebiet* und *Gebiet* wird allerdings adjektivisch nicht durchgehalten. Der in der Präambel und in weiteren Artikeln (5; 11,2) verwendete Ausdruck »territorial integrity«, der sich auf die Bedeutung ›Hoheitsgebiet‹ bezieht, wird ebenso mit deutsch *territorial* wiedergegeben (»territoriale Unversehrtheit«) wie der in Artikel 1c und 7,5 gebrauchte Ausdruck »non-territorial languages« (»nicht territorial gebundene Sprachen«), der natürlich ›nicht gebietsgebunden‹ meint.

In soziolinguistischer Hinsicht ist eine zu *Hoheitsgebiet* bzw. *(geographisches) Gebiet* analoge Unterscheidung zwischen staatlich bzw. gesellschaftlich und kulturell abgegrenzten Sprachräumen durchaus üblich. So unterscheidet z.B. Krefeld (2004) zwischen der »Territorialität« und der »Arealität« von Sprachen. Während bei der »Territorialität« die Verknüpfung zwischen Sprache und Raum durch ein klares völkerrechtliches Kriterium – Souveränität – geregelt ist,[9] stellt sich hinsichtlich der Arealität allerdings die bereits im Zusammenhang mit dem Konzept der Autochthonie aufgeworfene Frage, wie man sich den Zusammenhang zwischen Sprache und Raum denken kann.[10]

In diesem Zusammenhang spricht Krefeld (2004, 23) davon, dass Idiome »in direkter Weise an spezifische Gegenden, d.h. an siedlungsgeographische Räume angebunden« seien. In der Tat lässt sich das Konzept des »Sprachgebiets« durch die Verknüpfung von Raum und Besiedlung linguistisch sinnvoll konstruieren. Leitkriterium ist dabei die Verwendung des siedlungsgeographischen Maßes der Bevölkerungsdichte – definiert als Quotient aus Bevölkerungszahl und Fläche eines Raums (Areals) –, das allerdings durch weitere Merkmale ergänzt werden muss. So ist es zwar durchaus möglich, das Kriterium der Bevölkerungsdichte, soziolinguistisch gewendet, als »Sprecherdichte« zu interpretieren. Tatsächlich scheint auch ein gewisses Maß an Sprecherdichte die Voraussetzung dafür zu sein, von einem Gebiet reden zu können, in dem »indexikalisierte«, raumzeitlich verankerte Sprechereignisse (Jacquemet 2010, 53) in einer bestimmten Sprache mit einer markanten kommunikativen Austauschdichte überhaupt möglich sind. Doch muss, wie die Soziolinguistik und verschiedene Beiträge in diesem Band zu genüge zeigen, dieser methodische Ansatz durch die Einbeziehung der Tatsache ergänzt und mithin das Konzept des »Sprachgebiets« entsprechend differenziert werden, dass in sprachlicher Hinsicht die zu betrachtende Bevölkerung nicht ein-, sondern zwei- oder mehrsprachig ist, wobei diese Zwei- oder Mehrsprachigkeit sich wiederum in ganz unterschiedlicher Weise darstellt. So können sich – bei unterschiedlicher quantitativer, kultureller, sozialer, kommunikativer Gewichtung und mikroarealer Verteilung – mehrere, jeweils verschieden monolinguale Bevölkerungsgruppen ein gemeinsames Gebiet teilen; denkbar ist auch, dass in diesem gemeinsamen Gebiet ein Teil der Bevölkerung monolingual, ein anderer Teil hingegen bilingual ist usw.

Vor diesem Hintergrund darf man der ECRM bescheinigen, dass sie von einem im Ansatz durchaus vertretbaren linguistischen Konzept des Sprachgebiets ausgeht, wenn sie in Artikel 1b das geographische Gebiet einer Regional- oder Minderheitensprache durch das Vorhandensein einer »ausreichenden« Zahl von Sprechern charakterisiert. Darüber hinaus gibt sie in Artikel 7,1 sogar einen Hinweis darauf, dass sie sich der über diese allgemeine Charakterisierung hinausgehenden Komplexität der Realität von Sprachgebieten durchaus bewusst ist. Der Hinweis auf die jeweils zu beachtende »Situation« einer Regional- oder Minderheitensprache lässt sich jedenfalls in dieser Weise interpretieren:

---

9 Vgl. noch allgemein Labrie (1996, 210) und speziell zur ECRM Arlettaz (2006).

10 Viaut (2010) entwickelt ein hoch differenziertes und äußerst scharfsinniges Modell der »räumlichen Dimension« der Sprache. Es setzt die Klärung des im Folgenden problematisierten Aspekts der Verbindung zwischen Sprache und Raum voraus und interessiert sich »nur« für eine Typologie der verschiedenen Formen der Lagerung von Sprachen im Raum

> Art. 7 – Objectives and principles
> 1 In respect of regional or minority languages, within the territories in which such languages are used and according to the situation of each language, the Parties shall base their policies, legislation and practice on the following objectives and principles:[11]

Gleichwohl scheint das im Folgenden aufgeführte Prinzip

> b) the respect of the geographical area of each regional or minority language in order to ensure that existing or new administrative divisions do not constitute an obstacle to the promotion of the regional or minority language in question;

die vertragliche Anerkennung dieser Realität zu verneinen, denn die Forderung nach »Achtung des geographischen Gebiets jeder Regional- oder Minderheitensprache« (wie die deutsche Übersetzung formuliert) privilegiert im Einklang mit dem zumindest teilweise problematischen Konzept der Autochthonie zweifellos deren Anspruch gegenüber demjenigen anderer Sprachen.

6. Sprecher: Gruppen und Minderheiten

Ausgangspunkt in Artikel 1a der ECRM ist die Unterscheidung zwischen »nationals« (Staatsangehörigen) und »migrants« (Zuwanderer). Von vorneherein wird der Schutz von Migrantensprachen aus den Schutz- und Förderzwecken der Charta ausgeklammert (Art. 1a iii). In Bezug auf die Staatsangehörigen werden die Sprecher von Regional- oder Minderheitensprachen als »a group« (Gruppe) definiert, die einen kleineren Teil des Staatsvolks bilde. Ganz offensichtlich vermeidet diese deskriptive, den gemeinten Begriff nur umschreibende Formulierung den expliziten Ausdruck *Minderheit*, was der Tatsache geschuldet sein dürfte, dass einzelne Mitgliedsstaaten des Europarats, z.B. Frankreich (Lebsanft 2004), die Existenz von Minderheiten auf ihrem Territorium aus verfassungsrechtlichen Gründen strikt verneinen. Die Zurückhaltung, die in dieser Hinsicht der Europarat in der ECRM walten lässt, hat diesen freilich nicht daran gehindert, mit der *Framework Convention for the Protection of National Minorities* (FCNM) vom Februar 1995 eine – wenn auch sehr vorsichtige – Politik zugunsten dominierter Minderheiten zu betreiben, die im Übrigen auch den Schutz der Minderheitensprachen umfasst.[12] Beachtenswert ist, dass auch die FCNM keine Definition des Konzepts »Minderheit« enthält,[13] wie der entsprechende *Erläuternde Bericht* ausführt.

> 12. It should also be pointed out that the framework Convention contains no definition of the notion of »national minority«. It was decided to adopt a pragmatic approach, based on

---

[11] Vgl. noch Art. 8,1; 9,1; 10,1; 10,3; 11,1.

[12] S., besonders mit Blick auf den Sprachenschutz, die Darstellung bei Neumann (2009, 165–177).

[13] Vgl. dazu den informativen Überblick von Rindler Schjerve (2004).

> the recognition that at this stage, it is impossible to arrive at a definition capable of mustering general support of all Council of Europe member States.
> 13. The implementation of the principles set out in this framework Convention shall be done through national legislation and appropriate governmental policies. It does not imply the recognition of collective rights. The emphasis is placed on the protection of persons belonging to national minorities, who may exercise their rights individually and in community with others [...]. In this respect, the framework Convention follows the approach of texts adopted by other international organisations.

Trotz dieser Interpretationsspielräume erlaubenden Kautele ist das Rahmenübereinkommen bezeichnenderweise weder von Frankreich noch der Türkei unterzeichnet worden.

Die Vermeidung des Begriffs der »Minderheit« stellt jedoch keineswegs nur einen rechtlichen Kunstgriff dar. Vielmehr unterlässt es die ECRM ganz bewusst, der Gemeinschaft der Sprecher der Sprachen, die sie schützen will, präzise Konturen zu geben. Dementsprechend hebt der *Erläuternde Bericht* darauf ab, dass die Charta Sprachen schützen wolle, nicht jedoch Sprachminderheiten (deren Existenz mithin gleichwohl indirekt anerkannt wird):

> 11. The charter sets out to protect and promote regional or minority languages, not linguistic minorities. For this reason emphasis is placed on the cultural dimension and the use of a regional or minority language in all the aspects of the life of its speakers. The charter does not establish any individual or collective rights for the speakers of regional or minority languages. Nevertheless, the obligations of the parties with regard to the status of these languages and the domestic legislation which will have to be introduced in compliance with the charter will have an obvious effect on the situation of the communities concerned and their individual members.

Es ist auffällig, wie die Formulierungen in Teil II der Charta in Bezug auf deren Ziele die Anerkennung (»recognition«) und Förderung (»resolute action to promote«) von Sprachen sowie die Achtung (»respect«) von Sprachgebieten fokussieren, doch die Sprecher als individuelle und gemeinschaftliche Akteure so weit wie möglich ausblenden. Normalerweise werden die Sprecher von Regional- oder Minderheitensprachen als »users of these languages« (so z.B. in Art. 7,2) bezeichnet. Nur in Bezug auf die Förderung kultureller Aktivitäten ist von »representatives of the users of a given regional or minority language« die Rede (Art. 12,1f.). Merkwürdig unbestimmt ist in Artikel 16,2 die Erwähnung von »rechtmäßig gegründeten Organisationen oder Vereinigungen«, die in den Prozess der Überwachung der Einhaltung des Vertrags wenigstens einbezogen werden können (unsere Kursivierung):

> Art. 16 – Examination of the reports
> 2. *Bodies or associations legally established* in a Party may draw the attention of the committee of experts to matters relating to the undertakings entered into by that Party under Part III of this Charter. After consulting the Party concerned, the committee of experts may take account of this information in the preparation of the report specified in paragraph 3 below. *These bodies or associations* can furthermore submit statements concerning the policy pursued by a Party in accordance with Part II.

Ganz offensichtlich geht es der ECRM darum, Nicht-Regierungsorganisationen als Interessenvertretungen von Sprachminderheiten wenigstens zu berücksichtigen, doch ohne diesen einen politisch verbindlichen, entsprechende Widerstände bei einzelnen Mitgliedsstaaten provozierenden Status einzuräumen.

Was in einem politisch ausgehandelten Rechtstext sprachlich und auch juristisch möglich scheint, ist soziolinguistisch nicht denkbar. Träger von Sprachen sind Sprachgemeinschaften, so dass diese Gemeinschaften vertraglich entsprechend konturiert werden müssten. Allerdings ist einzuräumen, dass das Konzept »Sprachgemeinschaft« unter Linguisten durchaus kontrovers ist. Mit Kloss (1977) sollte man an dem analytischen Begriff der »Sprachgemeinschaft« als Grundgegebenheit der »Gesamtheit Menschen gleicher Muttersprachen« festhalten. Doch schließt das selbstverständlich nicht aus, dass Sprecher in mehr oder weniger komplexen Mehrsprachigkeitssituationen zugleich einer, wie Gumperz (1972) formuliert, »speech community« angehören, in der die interagierenden Personen über ein multilinguales Repertoire verfügen. Zur besseren Unterscheidung vom Begriff der Sprachgemeinschaft schlug Kloss für Gumperz' »speech community« daher den Begriff der »Repertoiregemeinschaft« vor (Kloss 1977, 228).[14] Ohne an diese Überlegungen anzuknüpfen, führt Krefeld (2004, 25f.) für diesen Sachverhalt – »die Gesamtheit der Regularitäten (und damit der kommunikativen Reichweiten), die den lokalen Gebrauch der sprachlichen Varietäten in einer bestimmten lebensweltlichen Gruppe (zum Beispiel einer Familie, einer Nachbarschaft, einer *peer-group* etc.) steuern« – das Konzept des »Glossotops« ein, das durch seine bewusste Anlehnung an das ökologisch definierte »Biotop« zwar sehr positive, doch nicht völlig unproblematische, biologistisch geprägte Assoziationen wecken kann.

Sprachminderheiten lassen sich als der Typ von Minderheit verstehen, dessen wesentliches Differenzmerkmal die Erstsprache bildet (Eichinger 2006, 2474). Insofern bilden sie im Sinne von Kloss auch Sprachgemeinschaften. Angesichts der unterstellten Dominanz einer alloglotten Sprachmehrheit stellen Sprachminderheiten jedoch normalerweise zugleich eine multilinguale Repertoiregemeinschaft dar. Ein soziolinguistisch solide fundiertes Vertragswerk müsste diese beiden Typen von Gemeinschaft als Akteure und Partner sprachpolitischen Handelns explizit anerkennen.

---

14 S. die Darstellung bei Raith (2004, 152), der ich folge; vgl. noch Pütz (2004).

7. Status: Amtssprachen und Nicht-Amtssprachen

Wie eingangs festgestellt und bei der Diskussion des Minderheitenkonzepts der ECRM genauer herausgearbeitet, geht es dem Europarat um den Schutz von Sprachen als Teil eines »kulturellen Reichtums«, wie die Präambel formuliert. Die entsprechenden Maßnahmen, deren Katalog den umfangreichen Teil III des Vertragstextes ausmacht, zielen auf eine »Förderung des Gebrauchs der Regional- oder Minderheitensprachen im öffentlichen Leben«. Der Ansatz der ECRM entspricht also genau dem, was als linguistisch durchdachte Sprachplanung bestens bekannt ist. Dabei geht es im Sinne des bekannten Modells von Haugen (1983) vorwiegend um Statusplanung, da es, ausgehend von dem Befund einer Benachteiligung der betroffenen Sprachen, das Ziel der Charta ist, mit geeigneten Maßnahmen deren Präsenz in den Bereichen der Bildung, der Justiz- und Verwaltungsbehörden, der Medien, in kulturellen Tätigkeiten und Einrichtungen sowie im wirtschaftlichen und sozialen Leben zu erhöhen. Der Planungsprozess umfasst auch die Evaluation der Implementierung der von den Staaten übernommenen Verpflichtungen, wobei die einzelnen Bewertungsprozeduren Teil IV der Charta festlegt. Es handelt sich um ein umfangreiches, mehrstufiges Berichtswesen, an dem auf der einen Seite der jeweilige Staat und Nicht-Regierungsorganisationen, auf der anderen Seite ein Sachverständigenausschuss und das Ministerkomitee beteiligt sind, und das in Empfehlungen des Europarats an den jeweiligen Mitgliedsstaat münden kann. Nimmt man die Perspektive der ECRM ein, dann handelt es sich um einen ökolinguistischen Ansatz (Haarmann 1996), denn der Vertrag will die gesellschaftlichen Bedingungen verbessern, unter denen die zu fördernden Sprachen gewissermaßen besser »gedeihen« können.

Bereits die Präambel der ECRM markiert den Statusunterschied zwischen Amts- und Nicht-Amtssprachen (bzw., wie in Art. 3 ergänzt wird, weniger gebrauchten Amtssprachen), der Anlass für das Vertragswerk ist. Paradoxerweise beteuert die Charta dabei zugleich, dass sie keine Statusverschiebungen bewirken will:

> Stressing the value of interculturalism and multilingualism and considering that the protection and encouragement of regional or minority languages should not be to the detriment of the official languages and the need to learn them;

Auch der Maßnahmenkatalog hebt auf diesen Gesichtspunkt ab, und zwar in Artikel 8,1:

> With regard to education, the Parties undertake, within the territory in which such languages are used, according to the situation of each of these languages, and without prejudice to the teaching of the official language(s) of the State.[15]

Der *Erläuternde Bericht* unterstreicht noch einmal diese Intention, indem er auf das Ziel eines Miteinanders statt des Gegeneinanders von Sprachen abhebt:

---

15 Vgl. noch Art. 10,2.

> 14. In this context it should be stressed that the charter does not conceive the relationship between official languages and regional or minority languages in terms of competition or antagonism. Rather, it deliberately adopts an intercultural and multilingual approach in which each category of language has its proper place. This approach corresponds fully to the values traditionally upheld by the Council of Europe and its efforts to promote closer relations between peoples, increased European co-operation and a better understanding between different population groups within the state on an intercultural basis.

Man kann getrost feststellen, dass diese Einschätzung aus soziolinguistischer Sicht unrealistisch ist. Wer den Status benachteiligter Sprachen tatsächlich verbessern möchte, muss Statusverluste dominierender Sprachen einrechnen (Lebsanft 2001), und es ist natürlich unter anderem diese Sorge, die gewisse Staaten davon abhält, die ECRM zu unterzeichnen oder zu ratifizieren.

Der komplementäre Aspekt der Korpusplanung wird von der Charta eher beiläufig mitgeführt. So legt Artikel 7,1 als Ziel

> Art. 7 – Objectives and principles
> f) the provision of appropriate forms and means for the teaching and study of regional or minority languages at all appropriate stages
> h) the promotion of study and research on regional or minority languages at universities or equivalent institutions

fest. Zahlreiche Forderungen des in Teil III zusammengestellten Maßnahmenkatalogs zu den verschiedenen staatlichen und gesellschaftlichen Bereichen setzen die Existenz einer voll ausgebauten Regional- oder Minderheitensprache voraus. Dies impliziert, dass bei Sprachen, die diese Voraussetzung nicht erfüllen, eine aufwändige und kostspielige Korpusplanung notwendig ist, die jedoch von der ECRM bewusst nicht gesteuert wird. Im *Erläuternden Bericht* hebt der Europarat einerseits die Wichtigkeit dieses Aspekts hervor, überlässt dessen Ausgestaltung jedoch vollständig den Mitgliedsstaaten (Abs. 63–64).

Da es der Zweck der ECRM ist, Sprachen zu erhalten, »some of which are in danger of eventual extinction«, wie es in der Präambel heißt, darf man schließlich der Frage nicht ausweichen, ob ein Sprachplanungsmechanismus, der sich an den Eigenschaften und Funktionen von Amtssprachen orientiert, das geeignete Instrument darstellt. Nach Artikel 2 der ECRM ermöglicht der Europarat den Mitgliedsstaaten zu entscheiden, ob eine Regional- oder Minderheitensprache allein von den »Zielen und Grundsätzen« nach Teil II oder auch von den – wiederum flexibel wählbaren – Fördermaßnahmen nach Teil III des Vertrags profitieren soll. In beiden Fällen, wenn auch in unterschiedlich starker Weise, verändern sprachplanerische Maßnahmen eine Sprache, so dass der beabsichtigte Spracherhalt auch im positiven Fall keine Wiederkehr zu einem *status quo ante* darstellt. Gal (2006, 170) hat, in Bezug auf den Aspekt der korpusplanerischen Standardisierung, von dem Phänomen der »fraktalen Rekursivität« gesprochen: Die Bildung von Standard- oder Amtssprachen produziert die Stigmatisierung von Regional- oder Minderheitensprachen. Doch bei der Standardisierung dieser letzteren Sprachen wiederholt sich dieser Prozess, denn die Auswahl bestimmter Sprachmittel führt zur Stigmatisierung aller anderen Formen der Sprachen, die man doch fördern möchte.[16]

8. »Sprachtypologie«

Die ECRM grenzt den Bereich der zu schützenden Sprachen in gewisser Weise auch »typologisch« ab. Der Ausschluss der Migrantensprachen erfolgt, wie wir bereits gesehen haben,[17] ausschließlich über das Begriffsraster Autochthonie/Allochthonie. Innerhalb der »europäischen« Sprachen beruht die Abgrenzung auf klassischen linguistischen Parametern (Kloss 1967). Artikel 1a führt aus, dass Minderheitensprachen nach dem Kriterium des Sprachabstands von den Amtssprachen abgegrenzt werden. Ausdrücklich erhalten Bestrebungen, Dialekte der Amtssprachen durch Sprachausbau sprachplanerisch aufzuwerten, durch die Charta keine Unterstützung. Ähnlich wie im Fall der Korpusplanung scheut sich der Europarat jedoch davor, diesen Bereich nach linguistischen Kriterien näher zu strukturieren. Genauso wenig wie er die tatsächlich vorhandenen Regional- oder Minderheitensprachen benennt, gibt er Kriterien an die Hand, um die diatopischen Varietäten der Amtssprachen zu identifizieren. Vielmehr legt er die Verantwortung für die entsprechenden Entscheidungen in die Hände der Mitgliedsstaaten, wie der *Erläuternde Bericht* ausführt:

> 21. The charter does not specify which European languages correspond to the concept of regional or minority languages as defined in its first article. In fact the preliminary survey of the linguistic situation in Europe carried out by the Standing Conference of Local and Regional Authorities of Europe prompted the authors of the charter to refrain from appending a list of regional or minority languages. However expert its compilers, such a list would certainly be widely disputed on linguistic and other grounds. Moreover, its value would be limited, since at any rate with respect to the specific measures in Part III of the charter it is left largely up to the parties to determine which provisions shall apply to which language. The charter puts forward appropriate solutions for the different situations of individual regional or minority languages but does not prejudge what is the specific situation in concrete cases.
> 32. These languages must clearly differ from the other language or languages spoken by the remainder of the population of the state. The charter does not concern local variants or different dialects of one and the same language. However, it does not pronounce on the often disputed question of the point at which different forms of expression constitute separate languages. This question depends not only on strictly linguistic considerations, but also on psycho-sociological and political phenomena which may produce a different answer in each case. Accordingly, it will be left to the authorities concerned within each state, in accordance with its own democratic processes, to determine at what point a form of expression constitutes a separate language.

Es darf füglich bezweifelt werden, ob damit ein sinnvoller Weg beschritten wird, umso mehr, als im Rahmen des *monitoring process* der von Juristen be-

---

16 Vgl. noch Gal (2010, 39), s. auch den Beitrag von Daniela Pirazzini in diesem Band.

17 S. oben, Abschnitt 4.

herrschte Sachverständigenausschuss sich auf Diskussionen mit den Mitgliedsstaaten über die nach Teil II der ECRM zu benennenden Sprachen immer wieder einlässt.

9. Fazit

Das Anliegen der Charta, die Bewahrung vom Untergang bedrohter Sprachen als Ausdruck eines kulturellen Erbes Europas, ist zweifellos ein nobles Unterfangen. Unter der Prämisse, dass es möglich wäre, Sprachen unter weitgehender Ausklammerung der Sprecher zu schützen, schlägt die Charta den in Europa zur Zeit vermutlich einzigen gangbaren, jedoch bei weitem nicht von allen Mitgliedsstaaten des Europarats beschrittenen Weg ein. Es ist jedoch diese Prämisse, die aus linguistischer Sicht problematisch ist. Der für den Schutz gewählte Ausgangspunkt »Sprache statt Sprecher« birgt die Gefahr in sich, »historisch gewachsenen«, »autochthonen« Sprachen als gleichsam selten gewordenen Pflanzen einen ökologisch verstandenen Schutz angedeihen lassen zu wollen. Doch sind Sprachen keine Naturorganismen und sie können auch nicht durch sprachplanerische Maßnahmen in ihrem vermeintlich »natürlichen« Zustand belassen bzw. in diesen zurückgeführt werden.

Aus soziolinguistischer Sicht sind es die Sprecher und ihre gesellschaftlich bzw. politisch vermittelten sprachlichen Organisationsformen, die in den Mittelpunkt von Maßnahmen zur Regelung der komplexen europäischen Mehrsprachigkeitsverhältnisse im öffentlichen Gebrauch gestellt werden müssten. Vor diesem Hintergrund greift der Ansatz der ECRM zu kurz. Denn es müssten nicht nur die von der Charta anvisierten, sondern *alle* in einem Staat gesprochenen Sprachen in den Blick genommen werden, und eine objektive Betrachtung der Entstehungs- und Existenzbedingungen sowie der Funktionen von Sprach- und Repertoiregemeinschaften sollte die Grundlage für eine europäische sprachpolitische Willensbildung abgeben. Angesichts der so unterschiedlichen Situationen sog. autochthoner und allochthoner Sprachgemeinschaften ist heute eine wesentlich differenziertere Sprachpolitik vonnöten, als sie die Charta ermöglichen kann und will.

10. Bibliographie

10.1. Quellen

Bundesrepublik Deutschland: »Gesetz zu der Europäischen Charta der Regional- oder Minderheitensprachen des Europarats vom 5. November 1992. Vom 9. Juli 1998«. In: *Bundesgesetzblatt* (BGBl.) II 1998, 1314–1337.

Council of Europe: *European Charter for Regional or Minority Languages*, 5.11.1992. <http://conventions.coe.int/Treaty/en/Treaties/Html/148.htm> (16.6.2011).

Council of Europe: *European Charter for Regional or Minority Languages. Explanatory Report.* <http://conventions.coe.int/Treaty/en/Treaties/Html/148.htm>.

Council of Europe: *Framework Convention for the Protection of National Minorities*, 1.2.1995. <http://conventions.coe.int/Treaty/en/Treaties/Html/157.htm>.

Council of Europe: *Framework Convention for the Protection of National Minorities. Explanatory Report.* <http://conventions.coe.int/Treaty/en/Treaties/Html/157.htm>.

Europarat: *Europäische Charta der Regional- oder Minderheitensprachen.* Onlineportal. <http://www.coe.int/t/dg4/education/minlang/Default_en.asp> (16.6.2011).

Oxford Dictionary of English (^{3}OED). <http://www.oed.com> (16.6.2011).

10.2. Literatur

Allardt, Erik: »Dominant Autochthonous Groups«. In: Hans Goebl u.a. (Hrsg.), 1996–1997: 342–351.

Ammon, Ulrich u.a. (Hrsg.): *Soziolinguistik. Ein internationales Handbuch zur Wissenschaft von Sprache und Gesellschaft*, 3 Bde., Berlin/New York: de Gruyter ^{2}2004–2006.

Argemí, Aureli / Ramon, Oriol: »Groupes autochtones dominés«. In: Hans Goebl u.a. (Hrsg.), 1996–1997: 351–357.

Arlettaz, Jordane: »L'appréhension juridique du territoire linguistique au regard de la Charte Européenne des Langues Régionales ou Minoritaires«. In: Alain Viaut (Hrsg.): *La Charte Européenne des Langues Régionales ou Minoritaires et la territorialité linguistique* [= *Lengas*, 59], 2006: 21–36.

Auer, Peter / Schmitt, Jürgen Erich (Hrsg.): *Language and Space. An International Handbook of Linguistic Variation. Theories and Methods*, Bd. 1, Berlin/New York: de Gruyter 2010.

Eichinger, Ludwig M.: »Soziolinguistik und Sprachminderheiten«. In: Ulrich Ammon u.a. (Hrsg.), ^{2}2004–2006: 2473–2484.

Gal, Susan: »Contradiction of Standard Language in Europe: Implications for the Study of Practices and Publics«. In: *Social Anthropology*, XIV, 2006: 163–181.

Gal, Susan: »Language and Political Spaces«. In: Peter Auer / Jürgen Erich Schmitt (Hrsg.), 2010: 33–50.

Goebl, Hans u.a. (Hrsg.): *Kontaktlinguistik. Ein internationales Handbuch zeitgenössischer Forschung*, 2 Bde., Berlin/New York: de Gruyter 1996–1997.

Gumperz, John J.: »The Speech Community«. In: Pier Paolo Giglioli (Hrsg.): *Language and Social Context*, Harmondsworth: Penguin 1972: 219–231.

Haarmann, Harald: »Ökolinguistik«. In: Hans Goebl u.a. (Hrsg.), 1996–1997: 842–852.

Haugen, Einar: »The Implementation of Corpus Planning: Theory and Practice«. In: Juan Cobarrubias / Joshua A. Fishman (Hrsg.): *Progress in Language Planning. International Perspectives*, Berlin/New York: de Gruyter 1983: 269–289.

Imbs, Paul (Hrsg.): *Trésor de la langue française. Dictionnaire de la langue du XIXe et du XXe siècle (1789 - 1960)*, 16. Bde., Paris: Centre National de la Recherche Scientifique (CNRS) 1971–1994 [ab Bd. 11 im Verlag Gallimard, Paris erschienen].

Jacquemet, Marco: »Language and Transnational Spaces«. In: Peter Auer / Jürgen Erich Schmitt (Hrsg.), 2010: 50–69.

Kloss, Heinz: »Abstand-Languages and Ausbau-Languages«. In: *Anthropological Linguistics*, IX, 1967: 29–41.

Kloss, Heinz: »Über einige Terminologie-Probleme der interlingualen Soziolinguistik«. In: *Deutsche Sprache*, 3, 1977: 224–237.

Krefeld, Thomas: *Einführung in die Migrationslinguistik. Von der »Germania italiana« in die »Romania multipla«*, Tübingen: Narr 2004.

Labrie, Normand: »Territorialité«. In: Hans Goebl u.a. (Hrsg.), 1996–1997: 210–218.

Lebsanft, Franz: »Sprachverlust und Sprachausbau im Spanischen«. In: Konrad Ehlich / Jakob Ossner / Harro Stammerjohann (Hrsg.): *Hochsprachen in Europa. Entstehung, Geltung, Zukunft*, Freiburg/Breisgau: Fillibach 2001: 73–88.

– »Frankreichs Mehrsprachigkeit. Jakobiner gegen Girondisten: Die Debatte um die Europäische Charta der Regional- und Minderheitensprachen (1996–1999)«. In: Monika Schmitz-Emans (Hrsg.): *Literatur und Vielsprachigkeit*, Heidelberg: Synchron 2004: 175–188.

Neumann, Andreas: *Sprachensterben in Europa. Rechtliche Maßnahmen zur Erhaltung von Minderheitensprachen*, Wien: Braumüller 2009.

Orth, Wolfgang: »Autochthonie und ›Ostkolonisation‹. Zum politischen Konzept des Isokrates«. In: Eckart Olshausen / Holger Sonnabend (Hrsg.): *»Troianer sind wir gewesen« – Migrationen in der antiken Welt. Stuttgarter Kolloquium zur Historischen Geographie des Altertums 8, 2002*, Stuttgart: Steiner 2006: 90–97.

Pütz, Martin: »Sprachrepertoire/Linguistic Repertoire«. In: Ulrich Ammon u.a. (Hrsg.), ^{2}2004–2006: 226–232.

Raith, Joachim: »Sprachgemeinschaft – Kommunikationsgemeinschaft/Speech Community – Communication Community«. In: Ulrich Ammon u.a. (Hrsg.), ^{2}2004–2006: 146–158.

Rindler Schjerve, Rosita: »Minderheit/Minority«. In: Ulrich Ammon u.a. (Hrsg.), ^{2}2004–2006: 480–486.

Schulz, Hans / Basler, Otto: *Deutsches Fremdwörterbuch*, bisher 10 Bde., Berlin: de Gruyter ^{2}1995–2010.

Soanes, Catherine / Stevenson, Angus (Hrsg.): *The Oxford Dictionary of English* (^{3}OED), Oxford: Oxford University Press ^{3}2011.

Viaut, Alain: »Apport et réception française de la Charte Européenne des Langues Régionales ou Minoritaires: Approche Sociolinguistique«. In: *Revue d'études comparatives Est-Ouest*, 33, 2002: 9–48.

– »Approche sociolinguistique de la dimension spatiale des langues et de ses déclinaisons«. In: Alain Viaut / Joël Pailhé (Hrsg.): *Langue et espace*, Pessac: Maison des Sciences de l'Homme d'Aquitaine 2010: 23–49.

Willwer, Jochen: *Die Europäische Charta der Regional- und Minderheitensprachen in der Sprachpolitik Frankreichs und der Schweiz*, Stuttgart: ibidem 2006.

Woehrling, Jean-Marie: *The European Charter of Regional or Minority Languages. A Critical Commentary*, Strasbourg: Council of Europe Publishing 2005.

Die ECRM in der sprachpolitischen Diskussion

Pirkko Nuolijärvi (Helsinki)

Finnland

Die ECRM im Kontext der finnischen Sprachenpolitik

The article presents the Finnish national language legislation mainly in the light of three Acts: the Constitution, the Language Act, and the Sámi Language Act. In addition, the article presents briefly the current linguistic situation in Finland to give a snapshot of the linguistic landscape in the country. The main focus is to describe the situation of the protected languages in part III of the *European Charter for Regional or Minority Languages*, Swedish and Sámi languages, as well as the situation of the non-territorial languages in the frame of part II. Although the language legislation of Finland is adequate, the regular discussions with the Committee of Experts and the recommendations of the Committee of Ministers have strengthened the language policy tradition in Finland and supported Finnish authorities to find solutions in minority matters.

1. Finnische Sprachgesetzgebung

Finnisch und Schwedisch sind Amtssprachen der Europäischen Union und die Nationalsprachen Finnlands. In Schweden ist Schwedisch Hauptsprache und Finnisch eine Minderheitensprache.

Finnland hat drei Prinzipien in seiner Sprachgesetzgebung: Das Individualprinzip, das Territorialprinzip und das Prinzip der kollektiven Rechte. Gemäß dem ersten Prinzip kann und muss jeder Bürger selbst seine sprachliche Identität wählen. Auf staatlicher Ebene bedeutet dies, dass jeder das Recht hat, vor Gericht und im Umgang mit Behörden die eigene Sprache zu benutzen und in ihr angesprochen zu werden. Das zweite Prinzip, das Territorialprinzip, wird auf den Åland-Inseln angewandt. Die Åland-Inseln sind schwedischsprachig – unabhängig davon, wie viele Bewohner sich als finnischsprachig registrieren lassen. Die kollektiven Rechte, das dritte Prinzip, gelten für die Samen. Sie genießen als Urbevölkerung Lapplands das Recht, sich in den nördlichsten Gemeinden im Umgang mit den Behörden des Samischen zu bedienen (vgl. Saari 2000).

Das *Grundgesetz Finnlands* bestimmt in Artikel 6 *Gleichheit*:

> Die Menschen sind vor dem Gesetz gleich.
> Niemand darf ohne annehmbaren Grund wegen seines Geschlechtes, seines Alters, seiner Abstammung, seiner Sprache, seiner Religion, seiner Überzeugung, seiner Anschauung,

seines Gesundheitszustandes, seiner Behinderung oder eines anderen mit seiner Person in Verbindung stehenden Grundes diskriminiert werden.[1]

Diese Verfassungsgarantie, die als unmittelbar geltendes Recht die Gesetzgebung, die vollziehende Gewalt – also auch die Verwaltung – und die Rechtsprechung bindet, schließt Angehörige der nationalen Minderheiten und aller anderen Volksgruppen ein.

Das Grundgesetz bestimmt in Artikel 17 das *Recht auf eigene Sprache und Kultur*:

> Die Nationalsprachen Finnlands sind Finnisch und Schwedisch.
> Das Recht eines jeden, sich vor Gericht und bei einer anderen Behörde in eigener Sache seiner eigenen Sprache, entweder der finnischen oder der schwedischen zu bedienen sowie seine Ausfertigungen in dieser Sprache zu erhalten, wird durch Gesetz gesichert. Die öffentliche Gewalt hat für die kulturellen und gesellschaftlichen Bedürfnisse der finnisch- und schwedischsprachigen Bevölkerung des Landes nach denselben Grundsätzen zu sorgen.

Das 1922 erstmals verabschiedete Sprachgesetz (*kielilaki/språklag*) ist in der Folge verschiedentlich geändert worden, zuletzt im Jahr 2003. Die heutige Fassung ist das Ergebnis einer langen Entwicklung, die vor mehr als 150 Jahren ihren Ausgang nahm und untrennbar mit der politischen Entwicklung des Landes verbunden ist. Kernregelungen des Gesetzes betreffen einerseits individuelle Rechte, andererseits den Sprachstatus von Gemeinden als Verwaltungseinheiten.

Jede Gemeinde ist entweder finnischsprachig, schwedischsprachig oder zweisprachig. Eine Gemeinde gilt als zweisprachig, wenn sich die sprachliche Minderheit auf mindestens 3.000 Einwohner beläuft oder alternativ einen Bevölkerungsanteil von mindestens 8 % ausmacht. Nach derzeitigem Stand sind in Finnland 19 Gemeinden schwedischsprachig (davon 16 in der Provinz Åland, die ein eigenes Gesetz hat) und 30 Gemeinden zweisprachig. Die übrigen 287 Gemeinden sind ausschließlich finnischsprachig.

Die Bürger haben das Recht, vor Gericht und bei gesamtstaatlichen Behörden in ihrer Muttersprache (Finnisch oder Schwedisch) zu verkehren. Das gleiche gilt für die Behörden in zweisprachigen Gemeinden. In einsprachigen Gemeinden verwenden die Behörden dagegen grundsätzlich nur die jeweilige Gemeindesprache. Soweit aber ein Beteiligter in einer Sache, die er nicht selbst veranlasst hat, angehört werden muss, darf er auch seine ggf. davon abweichende Muttersprache verwenden. Nötigenfalls muss ein Dolmetscher hinzugezogen werden.

In den Gesetzen über die Besetzung von öffentlichen Ämtern ist festgelegt, dass jede Einstellung in den öffentlichen Dienst den Nachweis von finnischen und schwedischen Sprachkenntnissen voraussetzt. Das Erlernen der jeweils anderen Nationalsprache ist in allen Schulen seit 1968 zwingend vorgeschrie-

---

1 Hier und im Folgenden zitiere ich die deutsche Fassung des finnischen Grundgesetzes: <http://www.verfassungen.eu/fin/verf99.htm>.

ben. Auch der Erwerb eines Hochschulabschlusses setzt den Nachweis von Kenntnissen in der jeweils anderen Landessprache voraus.

Das finnische Sprachgesetz garantiert die Möglichkeit einer Ausbildung in beiden Sprachen vom Kindergarten bis zum Universitätsstudium. Öffentliche Dokumente werden in beiden Sprachen publiziert, und Fernseh- und Rundfunkprogramme werden sowohl auf Finnisch als auch auf Schwedisch angeboten. Es gibt eine schwedische Presse und eine liberale schwedische politische Partei. Die evangelische Staatskirche hat ein Bistum mit schwedischsprachigen Kirchengemeinden.

In Artikel 17 des Grundgesetzes werden auch die Rechte der Samen und anderer Sprachgruppen (*Recht auf eigene Sprache und Kultur*) bestimmt:

> Die Sami als Ureinwohnervolk sowie die Roma und andere Gruppen haben das Recht, ihre Sprache und Kultur zu pflegen und weiterzuentwickeln. Das Recht der Sami auf Gebrauch der samischen Sprache bei Behörden wird durch Gesetz geregelt.

Die samischen Sprachen in Finnland stehen unter dem Schutz des Samischen Sprachgesetzes (*Saamen kielilaki/Samisk språklag/Sámigiellalága/Sämikielâlaahâ/Sää´mkiõll'lää´kk* 1086/2003). Die Samen haben ihr Siedlungsgebiet im Norden der finnischen Provinz Lappland. Die in Finnland verwendeten samischen Sprachen – Nord-Sami, Inari-Sami und Skolt-Sami – werden heute noch von etwa 1.750 finnischen Samen als Muttersprache gesprochen und haben einen offiziellen Status in den Gemeinden Enontekiö, Inari und Utsjoki sowie im Nordteil der Gemeinde Sodankylä. Samen leben jedoch auch in anderen Teilen Finnlands, so sind es z.B. in Helsinki 1.000.

Der Status der samischen Sprachen garantiert den Samen das Recht, diese als Verkehrssprache in Behörden und Krankenhäusern zu verwenden. Da dabei die verschiedenen Varianten der samischen Sprache berücksichtigt werden, ist die Gemeinde Inari in Lappland inzwischen viersprachig – als einzige Gemeinde in Finnland. So werden dort alle öffentlichen Bekanntmachungen auf Nord-Sami, Inari-Sami, Skolt-Sami sowie auf Finnisch verfasst. In den Schulen einiger Gebiete ist Nord-Sami die Unterrichtssprache.

Über diese gesetzlichen Regelungen hinaus gibt es gemeinsame Vereinbarungen, Konventionen und Deklarationen der nordischen Länder. Ein zentrales Anliegen ihrer Sprachenpolitik ist die Wiederbelebung der samischen Sprachen. Diese Politik gilt auch in Finnland. Unter dem Druck der größeren Sprachen spricht nur noch etwa die Hälfte der Samen eine samische Sprache. Zur Überwachung der Stellung der samischen Sprachen und zur Verwirklichung der sprachlichen und kulturellen Selbstverwaltung wurde 1996 eine eigene parlamentarische Vertretung der Samen (*Sámediggi*) gegründet.

Nicht territorial gebundene Sprachen, die traditionell im Land gesprochen werden, sind zum Beispiel die Sprachen der Roma (Romani), der Karelier, der Juden (Jiddisch), der Russen und der Tataren. Die Rechte derjenigen, die die Gebärdensprache als Muttersprache haben, sowie jener, die aufgrund einer Behinderung auf Dolmetsch- und Übersetzungshilfe angewiesen sind, werden ebenfalls durch das Grundgesetz gesichert.

Alle Gruppen haben also das Recht, ihre Sprache und Kultur in Finnland zu pflegen und weiterzuentwickeln. Heute gibt es in Finnland ca. 150 Sprachen, die als Muttersprache gesprochen werden. Die in diesem Sinne größten Sprachen sind – ohne Finnisch und Schwedisch – im heutigen Finnland (*Statistical Yearbook of Finland* 2010) Russisch, Estnisch, Englisch, Somalisch, Arabisch, Kurdisch, Chinesisch, Albanisch, Vietnamesisch, Deutsch, Thai, Türkisch, Persisch, Spanisch und Französisch.

2. Die ECRM und Finnland

Die ECRM wurde bereits 1992 zur Unterzeichnung aufgelegt, trat aber nicht vor dem 1.3.1998 in Kraft, weil erst zu diesem Zeitpunkt die notwendige Anzahl von fünf Ratifikationen erreicht wurde. Finnland war in der Gruppe der ersten Staaten, die die Charta unterzeichneten (5.11.1992) und ratifizierten (9.11.1994), so dass der Vertrag am 1.3.1998 in Kraft trat.

Finnland erstattete den ersten Staatenbericht am 10.3.1999. Daraufhin besuchte im Februar 2000 der Sachverständigenausschuss erstmals das Land. Auf Grundlage des Expertenberichts vom 9.2.2001 gab das Ministerkomitee am 19.9.2001 seine ersten Empfehlungen. Der zweite Staatenbericht wurde am 31.12.2002 vorgelegt, worauf der Sachverständigenausschuss Finnland ein zweites Mal besuchte und den entsprechenden Bericht am 24.3.2004 übergab. Das Ministerkomitee verabschiedete seine Empfehlungen am 20.10.2004. Der dritte Staatenbericht wurde am 13.3.2006 vorgelegt. Der Sachverständigenausschuss besuchte Finnland daraufhin ein drittes Mal und übergab seinen Bericht am 30.3.2007; das Ministerkomitee verabschiedete seine Empfehlungen am 21.11.2007. Finnland erstattete den vierten Staatenbericht am 30.9.2010. Im Dezember 2010 besuchte der Sachverständigenausschuss das Land; der Bericht und die Empfehlungen stehen zum Zeitpunkt der Abfassung dieses Beitrags im April 2011 allerdings noch nicht zur Verfügung.

Die von der Charta vorgesehenen Schutz- und Fördermaßnahmen beziehen sich auf das Bildungswesen – insbesondere den Sprachunterricht und den in der jeweiligen Sprache abgehaltenen Unterricht – sowie auf die Verwendung der Regional- oder Minderheitensprachen in Gerichtsverfahren, im Umgang mit Verwaltungsbehörden, in Rundfunk und Presse, bei kulturellen Tätigkeiten und Einrichtungen sowie im wirtschaftlichen und sozialen Leben. Die Charta ist eine sog. »Menükonvention«, die es den Staaten ermöglicht, bei der Übernahme von Verpflichtungen aus den genannten Lebensbereichen zwischen verschiedenen Verpflichtungsalternativen zu wählen.

Mit der Ratifizierung des *Rahmenübereinkommens zum Schutz nationaler Minderheiten* hat die Republik Finnland 1998 zwei nationale Minderheitensprachen anerkannt: Das Schwedische und das Samische. Wenn eine Sprache jedoch als Nationalsprache festgeschrieben ist, kann sie nicht durch die Charta geschützt werden. Obwohl die schwedische Sprache in Finnland nach dem

Grundgesetz und dem Sprachgesetz eine Nationalsprache ist, ist das Schwedische zugleich eine Minderheitensprache, sprechen es doch nur 5,4 % (290.000) der Bevölkerung als erste Sprache.

Die schwedische Sprache ist also eine weniger gebrauchte Amtssprache Finnlands, und die drei samischen Sprachen sind regionale Minderheitensprachen im Norden der Provinz Lappland. Finnland hat sich in Teil III zur Einhaltung von 65 Klauseln für die schwedische Sprache und von 59 Klauseln für die samischen Sprachen verpflichtet. Dazu sollten die Bestimmungen des Artikels 7 (Abs. 1–4) auf die Sprache der Gemeinschaft der Roma und die anderen nicht territorialen Minderheitensprachen *mutatis mutandis* angewandt werden.

In seinem ersten Staatenbericht beschrieb Finnland kurz die Situation des Schwedischen, der samischen Sprachen sowie in Teil II die Situation der Romani-Sprache und des Russischen im Land. In den nachfolgenden Staatenberichten ging Finnland nicht nur auf die Situation der genannten Sprachen ein, sondern widmete auch der Situation des Karelischen, des Jiddischen und der Gebärdensprachen Finnlands größere Aufmerksamkeit. Eine wichtige Statusänderung betrifft die Stellung der karelischen Sprache: Die Präsidentin Finnlands gab im Dezember 2009 eine Verordnung heraus, die den Status der karelischen Sprache als Minderheitensprache feststellt. Auch das Karelische ist also seit 2010 nach Teil II geschützt.

Alle genannten Sprachen, die z.T. nur von kleinen Gruppen gesprochen werden, sind schon lange in Finnland in Gebrauch:

Sprachen	**Sprecherzahlen**
Schwedisch	290.000
Samische Sprachen	2.000
Romani	10.000
Russisch	52.000
Jiddisch	50
Karelisch	5.000
Gebärdensprachen	5.000

Tab.: Minderheitensprachen in Finnland.

Für jede Sprache wurden getrennte, unterschiedlich weitreichende Maßnahmen benannt, über deren Umsetzung die finnische Regierung in Berichten an den Europarat informiert. Den Berichten können auch Vertreter der einzelnen Sprachgemeinschaften eigene Stellungnahmen hinzufügen.

3. Die Situation der geschützten Minderheitensprachen Finnlands im Rahmen von Teil III

Die schwedische Bevölkerung Finnlands konzentriert sich vor allem auf die Küstenregionen im Süden und in Ostbottnien (Pohjanmaa/Österbotten) in Westfinnland sowie auf die Provinz Åland, die völlig schwedischsprachig ist. 1,5 Millionen Finnen leben – in der Hauptstadtregion, aber auch in kleineren Gemeinden in der Provinz – in zweisprachigen finnisch-schwedischen Gemeinden.

Die schwedischsprachige Volksgruppe Finnlands hat von der vorschulischen Erziehung bis zur Universität eigene Bildungswege: eigene Kindergärten, Grundschulen, Gymnasien und zwei schwedische Universitäten, in denen auf Schwedisch unterrichtet wird. 2007 gab es in Finnland insgesamt 286 schwedische Grundschulen mit 32.000 Schülern und 32 Gymnasien mit 6.300 Schülern. Trotz einer guten Gesamtlage ergeben sich in der Praxis durchaus Probleme. In den schwedischen Schulen fehlen Sonderschullehrer und Lehrer besonders für naturwissenschaftliche Fächer. Auch herrscht Mangel an angemessenen Lehrmaterialien. Ein Problem ist die mangelnde Sprachkompetenz der Schüler; in zweisprachigen Familien wird Schwedisch zu Hause z.T. nur wenig verwendet.

Finnisch ist Pflichtfach in schwedischsprachigen Schulen (genauso wie es Schwedisch für finnischsprachige Schüler in ihren Schulen ist), jedoch seit 2004 nicht mehr Pflichtfach im Abitur. In letzter Zeit diskutiert man in Finnland viel über die Nationalsprachen, speziell darüber, ob die schwedische Sprache in der finnischen Schule obligatorisch oder freiwillig sein sollte. Es gibt allerdings auch Entwicklungsprogramme wie *Svenska nu* (›Schwedisch heute‹), die die Bedeutung der Zweisprachigkeit in der Gemeinschaft Finnlands betonen und die Zweisprachigkeit unter der Jugend positiv besetzen wollen.

Alle Gesetze werden in beiden Nationalsprachen publiziert. Es ist jedoch möglich, dass Gesetzestexte nicht immer rechtzeitig ins Schwedische übersetzt werden. Außerdem mangelt es den Behörden nicht selten an den erforderlichen Ressourcen für die Verwendung des Schwedischen. Das Ministerkomitee des Europarats hat mehrmals empfohlen, den Gebrauch des Schwedischen in der öffentlichen Verwaltung auszuweiten. In öffentlichen Dienstleistungsbetrieben ist es sehr wichtig, die rechtlich zugesicherte Zweisprachigkeit Finnlands durchzusetzen. Besonders bedeutsam für schwedischsprachige Personen ist es auch, soziale und gesundheitliche Dienstleistungen auf Schwedisch erhalten zu können. In den letzten Jahren haben die Staatsanwaltschaft, die Polizei und andere Behörden ihre Sprachbestimmungen präzisiert und die Sprachkenntnis ihres Personals verbessert, wie es das Ministerkomitee empfohlen hat.

In Finnland gibt es zehn schwedischsprachige Tageszeitungen, dazu erscheinen mehrere schwedischsprachige Zeitschriften und andere periodisch erscheinende Publikationen. Die größte Zeitung ist *Hufvudstadsbladet* (Helsinkier Zeitung), die gleichzeitig zu den auflagenstärksten Zeitungen Finnlands gehört. Der Finnische Rundfunk (*YLE/FST*) war von Anfang an zweisprachig, und in letzter Zeit werden sogar vermehrt schwedischsprachige Sendungen ausgestrahlt. Schließlich kann seit 2007 der schwedische Fernsehsender *FST5* im ganzen Land empfangen werden.

Alle finnischen Staatenberichte räumten ein, dass – wie weiter oben erwähnt – in einigen Fällen eine gewisse Diskrepanz zwischen den rechtlichen Garantien und der täglichen Praxis der schwedischsprachigen Bevölkerung herrscht. So werden in den Berichten Fälle im Gesundheitswesen dargestellt, in denen die Möglichkeit zur Verwendung des Schwedischen nicht selbstverständlich ist. Es gibt diesbezüglich jedoch Unterschiede zwischen den verschiedenen Gemeinden und dementsprechend in Teilen des Landes auch gute Lösungsansätze zur Verbesserung der Situation. Einige Organisationen empfehlen, dass ihr Personal bei der Arbeit beide Sprachen verwendet; andere bezahlen sogar höhere Gehälter, wenn ein Mitarbeiter mehrere Sprachen beherrscht.

Die finnische Regierung legt dem Parlament in jeder Legislaturperiode einen Bericht vor, in dem die Umsetzung des Sprachgesetzes in der Praxis analysiert wird (vgl. *Report of the Government on the application of language legislation* 2009). Außerdem wird die aktuelle Situation in den zweisprachigen Gemeinden mit einem Sprachbarometer verfolgt (*Kielibarometri/Språkbarometern* 2008). *Kuntaliitto/Kommunförbundet* (Kommunalbund) und *Folktinget* (Schwedisches Parlament) überwachen die Praxis des Sprachgebrauchs ebenso aktiv.

Wie oben erwähnt, haben die in Finnland verwendeten samischen Sprachen Nord-Sami, Inari-Sami und Skolt-Sami heute offiziellen Status im Norden der Provinz Lappland. Allerdings leben auch in anderen Teilen des Landes, z.B. in der Hauptstadtregion, Samen. Besonders Inari-Sami und Skolt-Sami sind mit ihren kleinen Sprachgemeinschaften ernsthaft gefährdete Sprachen. Darum empfiehlt das Ministerkomitee des Europarats beständig, dass Finnland seine Maßnahmen fortführt, um die Situation der beiden genannten Sprachgruppen zu verbessern. Die finnische Regierung hat sich zum Ziel gesetzt, 2011 ein Programm zur Revitalisierung der samischen Sprachen vorzulegen.

In seiner Stellungnahme zum ersten Bericht Finnlands hat der Sachverständigenausschuss empfohlen, Maßnahmen zu ergreifen, um den Status der samischen Sprachen in der Bildung sicherzustellen. Besonders wichtig ist es, die Aufmerksamkeit auf die vorschulische Erziehung und den Grundschulunterricht zu richten und angemessene Mittel für inari- und skoltsamische Schüler bereitzustellen. Insgesamt 59 % der samischen 11–17-Jährigen leben außerhalb des samischen Siedlungsgebietes und haben oft keinen samischen Sprachunterricht oder Unterricht in samischer Sprache. Unterstützung erhält der Unterricht allerdings durch das Internet, das Fernunterricht ermöglicht und erleichtert.

Die inari- und skoltsamischen Sprachgruppen sind klein, beide umfassen nur ca. 300 Personen, so dass die Verantwortung für die eigene Sprache auf wenigen Schultern ruht. Nach dem ersten Staatenbericht ist aber viel geschehen. Die vorschulische Erziehung (in Form sog. »Sprachnester«) funktioniert in Bezug auf Inari-Sami gut; ebenso gibt es skoltsamische Sprachnester. Das Forschungsinstitut für die Landessprachen Finnlands und die Inari-Sami-Gesellschaft haben ein Ausbildungsprogramm für inarisamische Lehrer entwickelt, und die ersten Lehrer stehen bereit, ihre Arbeit zu beginnen. Im universitären Bereich existiert die Möglichkeit des Studiums der samischen Sprache und Kultur an den Universitäten von Oulu und Helsinki sowie an der Lappland-Universität. Ein wichtiges Zentrum für alle Samen stellt das Samische Schulungsinstitut (*Sámi oahpahusguovddáš/Saamelaisalueen koulutuskeskus*) in Inari dar.

Vor allem in ihrem Siedlungsgebiet haben die Samen das Recht, vor Gericht und im Umgang mit anderen Behörden die eigene Sprache zu benutzen und in ihr angesprochen zu werden. Das Ministerkomitee stellte bereits in seinen ersten Empfehlungen 2001 die Notwendigkeit von samischem Sprachunterricht für Beamte fest. Die Behörden in Lappland haben in letzter Zeit entsprechende Kurse für ihre Mitarbeiter organisiert.

Die öffentliche Verwaltung bedient sich im samischen Siedlungsgebiet und zudem in einigen staatlichen Verwaltungsbehörden mündlich und schriftlich des Samischen. Manchmal sind amtliche Schriftstücke allerdings nur auf Finnisch vorhanden. Das Ministerkomitee hat daher empfohlen, den Gebrauch der samischen Sprachen in der öffentlichen Verwaltung im samischen Siedlungsgebiet auszuweiten. In öffentlichen Dienstleistungsbetrieben sei es wichtig, die rechtlich zugesicherte Mehrsprachigkeit im samischen Siedlungsgebiet durchzusetzen. Besonders dringlich sei die Bereitstellung sozialer und gesundheitlicher Dienstleistungen in samischer Sprache.

In seinen dritten Empfehlungen fordert das Ministerkomitee des Europarats Finnland auf, die Verwendung des Samischen im Fernsehen und in den Zeitungen noch mehr zu fördern. *YLE Sami Radio* sendet jährlich ca. 2.000 Stunden samischsprachige Programme, davon 1.800 Stunden auf Nord-Sami, 100 Stunden auf Inari-Sami und 100 Stunden auf Skolt-Sami. *YLE FST5* und *YLE TV2* senden samische Nachrichten, *Oddasat, TV2* das Kinderprogramm *Unna Junná*. Die Programme sind hauptsächlich auf Nord-Sami, können aber auch auf Inari- und Skoltsamisch untertitelt sein. Samische Zeitungen, wie die inarisamische *Anarâs,* erscheinen nur einige Male im Jahr.

Der finnische Staat weist jährlich Mittel für samischsprachige Kultur und samische Organisationen an. Ein wichtiges Ziel werden die Samen erreicht haben, wenn 2012 das neue Kulturinstitut in Inari fertig wird und seinen Betrieb aufnimmt. Der Staatenbericht räumt zudem ein, dass es wichtig wäre, die Mehrheitsgesellschaft über die samische Kultur und das gegenwärtige samische Leben besser zu informieren.

Ähnlich wie im Fall der schwedischen Minderheit zeigen sich auch hier zum Teil Diskrepanzen zwischen den rechtlichen Vorgaben und der täglichen Praxis. Es wird von Fällen im samischen Siedlungsgebiet berichtet, in denen gesundheitliche Dienstleistungen nicht selbstverständlich in einer samischen Sprache in Anspruch genommen werden können. Es gibt jedoch Bestrebungen, diese Dienstleistungen zu verbessern. Einige Organisationen haben Sprachprogramme eingerichtet und ermuntern dazu, sich bei der Arbeit samischer Sprachen zu bedienen. Der finnische Staat unterstützt jährlich samischsprachige soziale Dienstleistungen und die samische Gesundheitspflege finanziell.

In ihrem turnusmäßigen Bericht an das Parlament analysiert die finnische Regierung auch, wie sich das samische Sprachgesetz in der Praxis bewährt hat (vgl. *Report of the Government on the application of language legislation* 2009). *Sámediggi* (Samisches Parlament) beobachtet die aktuelle Situation aktiv. Im Übrigen haben die finnischen Samen auch eine bereits lang andauernde praktische Kooperation mit den samischen Minderheiten in Schweden und in Norwegen.

4. Nicht-territoriale Minderheitensprachen in Finnland im Rahmen von Teil II

In seinen Staatenberichten erklärt Finnland, auch das Romani (die Sprache der finnischen Roma) schützen zu wollen; allerdings nur im Rahmen von Teil II der Charta. Das Gleiche gilt heute auch für Karelisch, Russisch, Jiddisch und die Gebärdensprachen.

Die Roma leben in allen Teilen Finnlands, überwiegend jedoch im Süden, wie auch über 60 % aller Finnen. Ein Teil von ihnen verwendet Romani, und ein anderer Teil beherrscht oder verwendet es nicht, sondern spricht Finnisch, möglicherweise auch Schwedisch.

Wie aus dem vierten Staatenbericht Finnlands hervorgeht, hat sich der Status und die Sichtbarkeit der Romani-Sprache in letzter Zeit verbessert. Es gibt viele staatliche Organisationen und Roma-Vereine, die die Situation des Romani zu verbessern versuchen. So publizierte der Ausschuss für die Romani-Sprache im Forschungsinstitut für die Landessprachen Finnlands 2009 ein sprachpolitisches Programm für Romani (*Romanikielen kielipoliittinen ohjelma*), und von den zwei Romani-Forschern des Instituts sind Forschungsberichte, Lehrbücher und wissenschaftliche Publikationen erschienen. Weiterhin ist im Zentralamt für Unterrichtswesen (*Opetushallitus/Utbildningsstyrelsen*) eine Ausbildungsgruppe für die Romani-Sprache tätig. Das Zentralamt für Unterrichtswesen publiziert auch Wörter- und Lehrbücher für romanisprachige Schüler. In der Universität Helsinki kann man heute das finnische Romani studieren. Schließlich ist auch die Beraterkommission für Roma-Angelegenheiten (*Romaniasiain neuvottelukunta*) im Ministerium für Soziales und Gesundheit aktiv.

Es gibt seit 2009 drei »Sprachnester« für Roma-Kinder in Finnland. Das Zentralamt für Unterrichtswesen vergibt jährlich Mittel für die vorschulische Erziehung, den Grundschulunterricht und den gymnasialen Unterricht in Romani. In Grundschule und Gymnasium nehmen jährlich allerdings nur 120 Schüler am Romani-Unterricht teil.

Trotz der Anstrengungen, der guten Projekte und ihrer Ergebnisse ist die Situation der Roma-Kinder in den Kindertagesstätten und in der vorschulischen Erziehung verbesserungswürdig. Es gibt weiterhin zu viele Kinder, die nicht daran teilnehmen können. Daher empfiehlt das Ministerkomitee in seinem dritten Bericht innovative Strategien, worauf Finnland auch reagierte: So hat man Strategien für eine bessere Beteiligung der Roma am Bildungssystem ausgearbeitet, das eine Reihe von Integrationsmaßnahmen beinhaltet, aber das ist nicht genug. Die Behörden und die Roma arbeiten wieder konkret miteinander, und es ist nötig, die Aufmerksamkeit aller Teilnehmer auf die jüngsten Roma-Kinder zu richten. Das Bildungs- und Kulturministerium vergab 2007 und 2008 Mittel für kommunale Entwicklungsprojekte der Roma-Kultur und der Romani-Sprache. 2009 kamen 700 Roma-Kinder in den Genuss dieser staatlichen Mittel. Die Weiterbildung von Lehrern wurde organisiert, und auch die Prinzipien für ein Beraterexamen für Roma-Kultur sind ausgearbeitet.

Im vierten Staatenbericht macht Finnland auf die Bemühungen aufmerksam, über die Roma und ihre Situation in den Medien aufzuklären. Hier sind konkrete Maßnahmen nötig, um Kultur und Sprache der Roma besser als Bestandteil des kulturellen Reichtums Finnlands herauszustellen und vor allem, um das Bild der Roma in den Medien zu verbessern.

Die karelischsprachige Bevölkerung lebt in allen Teilen Finnlands, überwiegend aber im Osten, in Nord-Karelien, besonders in der Umgebung der Städte Joensuu und Nurmes. Im Westen bildet die Umgebung der Stadt Oulu in Nord-Ostbottnien einen weiteren Schwerpunkt. Karelisch ist mit dem Finnischen verwandt und wird außerdem im russischen Karelien gesprochen. Es gibt auch Personen, die mit Beginn der 90er Jahre aus dem russischen Karelien nach Finnland immigriert sind. Sie sprechen Russisch oder Karelisch, wobei diejenigen, deren Muttersprache Karelisch ist, zweisprachig sind.

Das erste karelische »Sprachnest« hat seine Tätigkeit 2009 in Nord-Karelien aufgenommen. Außerdem besteht das Angebot, Karelisch in der Grundschule zu lernen. Im universitären Bereich existiert die Möglichkeit des Studiums der karelischen Sprache und Kultur vor allem an der Universität Joensuu. Auch in der Erwachsenenbildung werden Karelischkurse angeboten.

Insbesondere die karelischen Organisationen sind in letzter Zeit sehr aktiv und machen die karelische Sprache in Finnland bekannt. Sie publizieren Bücher und Lehrmaterial. Auch hat das staatliche Forschungsinstitut für die Landessprachen Finnlands ein karelisches Wörterbuch in sechs Bänden (1968–2005) publiziert und bietet es auch im Internet kostenlos an (2010).

Die russische Sprachgemeinschaft ist – nach der schwedischen – die größte sprachliche Minderheit Finnlands. Die russischsprachige Bevölkerung lebt vorwiegend in Süd- und Ostfinnland. Im dritten Staatenbericht informiert Finnland über die Situation der Russischsprecher im finnischen Schulwesen. Die Gruppe hat von der vorschulischen Erziehung bis zur Universität gute Möglichkeiten, ihre eigene Sprache zu lernen und zu verwenden. Sieben russischsprachige Kindergärten gibt es in Helsinki, einen in Turku in Westfinnland und jeweils einen in Joensuu und Kotka in Ostfinnland. 2004 hatten 3.000 Schüler in 57 Gemeinden mutter-sprachlichen Russischunterricht in der Grundschule (u.a. in Helsinki, Lappeenranta in Ostfinnland und weiteren Gegenden). 2010 ist die Zahl der Schüler und Schulen noch angestiegen. Russisch ist außerdem eine schulische Fremdsprache auf jedem Ausbildungsniveau und kann an allen Universitäten Finnlands Russisch studiert werden.

Es gibt viele Institute, Organisationen und Vereine, die für ihre Tätigkeit zur Erhaltung und Entwicklung der russischen Kultur und Sprache in Finnland staatliche Unterstützung bekommen. Das Bildungs- und Kulturministerium vergibt Mittel an Bibliotheken und Zeitungen (wie *Spektr*, *Russkij Svet*) und unterstützt andere russischsprachige Tätigkeiten. Der finnische Rundfunk *YLE* sendet jeden Tag russischsprachige Programme. Zudem gibt es auch private Radiosender, die russischsprachige Sendungen anbieten. Die orthodoxe Kirche Finnlands ist von zentraler Bedeutung für die russischsprachige Bevölkerung, da sie in der Gemeinde ihre Muttersprache sprechen kann.

Jiddischsprecher leben seit 180 Jahren in Finnland. Sie leben hauptsächlich in Helsinki, nur kleine Gruppen sind in anderen Orten in Südfinnland angesiedelt gewesen. Jiddisch ist in Finnland von anderen Sprachen – Finnisch, Schwedisch, Hebräisch und Englisch – verdrängt worden, und heute gibt es nur noch ca. 50 Personen, die Jiddisch verstehen und sprechen. Die jüdische Schule in Helsinki erteilt Unterricht im Hebräischen. Jiddisch ist zwar Bestandteil der kulturellen Arbeit an der Schule, die Sprache ist aber nicht Lehrfach. Die jüdische Gemeinde unterhält immerhin einen jiddischen Klub. 2010 unterstützte das Bildungs- und Kulturministerium ein jiddisches Projekt in der jüdischen Schule finanziell.

Die Gebärdensprachen Finnlands werden erstmals im vierten Staatenbericht in Teil II genannt. Das Forschungsinstitut für die Landessprachen Finnlands und der Bund der Gehörlosen (*Kuurojen Liitto/Dövas förbund*) kooperieren gut miteinander und haben gemeinsam gebärdensprachige Wörterbücher und andere Materialien herausgegeben. Ein sprachpolitisches Programm für die Gebärdensprachen Finnlands (*Suomen viittomakielten kielipoliittinen ohjelma/Språkpolitiskt program för teckenspråken i Finland*) ist 2010 erschienen. Das Programm enthält viele verschiedene Empfehlungen und Vorschläge, wie das Parlament, die Regierung und die kommunalen Behörden die Situation der gebärdensprachigen Menschen verbessern können.

5. Zum Schluss

Finnland hat schon seit langem eine eigene Sprachgesetzgebung, und die Diskussion sprachlicher Rechte ist fester Bestandteil des finnischen Lebens. Ratifizierung und Implementierung der ECRM sind jedoch wesentliche Elemente der heutigen Sprachenpolitik Finnlands. Die Staatenberichte liefern ein zutreffendes Bild der aktuellen Situation der Minderheitensprachen in diesem Land. Außerdem sind die Diskussionen mit dem Sachverständigenausschuss und die Empfehlungen des Ministerkomitees nützlich und notwendig für die Identifizierung von Problemen und die Suche nach besseren Lösungen in der Zukunft. Es muss zwar festgestellt werden, dass dieser Prozess selten etwas Neues zu Tage fördert, aber die Sicht eines externen Ausschusses auf die sprachliche Landschaft Finnlands ist wichtig, um zu eruieren, welche Fragen bei ihrer Entwicklung eine zentrale Rolle spielen. Es liegt jedoch bei der finnischen Regierung, wie stark die zu ergreifenden Maßnahmen wirken; ihr Spielraum wird dabei zwar von finanziellen und politischen Gesichtspunkten eingeengt, gleichwohl ist es wichtig zu verfolgen, ob und wie die Empfehlungen umgesetzt werden. Die Charta und die Diskussion über die Empfehlungen des Europarats beeinflussen auch das Identitätsgefühl der Minderheitengruppen. Abgesehen von den konkreten Maßnahmen bietet die Charta den Sprachgemeinschaften eine Plattform sowie Legitimation und Argumentationshilfe für die politische Agenda des Spracherhalts.

Der Schutz des Schwedischen und des Samischen in Finnland stellt den Europarat weitgehend zufrieden. Doch machen die Empfehlungen des Ministerkomitees deutlich, dass die sprachlichen Minderheiten ihre Rechte in verschiedenen Kommunikationsdomänen in der Praxis nicht geltend machen können. In dieser Hinsicht gleichen sich die Nationalsprache Schwedisch und die samischen Regionalsprachen, obwohl natürlich die Situation der Samen viel schwieriger ist: Da die samischen Sprechergruppen sehr klein sind, stellt es ein Problem dar, Personal für öffentliche Dienstleistungsbetriebe zu finden, das ausreichend Samisch spricht. Besonders Inari-Sami und Skolt-Sami brauchen nach wie vor spezielle Unterstützung. Ein weiteres Problem ist, dass die samischen Sprachen nur in der Provinz Lappland offiziellen Status haben, obwohl es viele Samen gibt, die außerhalb dieses Gebietes leben.

Die Situation des Romani stellt sich aus der Sicht des Europarats als schwieriger dar. Trotz gewisser Anstrengungen zur Unterstützung der Roma in Finnland gibt es noch viel zu tun, damit die Rechte der romanisprachigen Menschen verwirklicht werden können. Obwohl die Situation der Roma in Finnland viel vorteilhafter ist als in manchen anderen europäischen Ländern, gibt es noch viel zu verbessern. Finnische Behörden und Roma arbeiten jedoch wieder konkret miteinander, wobei es geboten erscheint, die spezielle Aufmerksamkeit aller Teilnehmer auf die Roma und speziell ihre Kinder zu richten.

Im dritten Bericht über die Anwendung der ECRM empfiehlt das Ministerkomitee des Europarates der finnischen Regierung, besonders der samischen Gemeinschaft in Finnland Aufmerksamkeit zu schenken und die Romani-Sprache als Minderheitensprache stärker zu fördern.

Die Sprachen der neuesten Immigranten werden von der Charta nicht erfasst, weil diese meist nur seit wenigen Jahren oder Jahrzehnten im jeweiligen Staat leben. Die Zukunft dieser Minderheitensprachen ist in Finnland wie auch in ganz Europa unsicher. Es gibt eine große Anzahl asiatischer und afrikanischer Minderheiten, so dass sich die Frage aufdrängt, wie die Voraussetzungen für die Verwendung ihrer Muttersprachen in ihren neuen europäischen Heimatländern aussehen. Natürlich ist die nationale Sprachgesetzgebung sehr wichtig, aber es muss auch auf europäischer Ebene Pläne für die Zukunft geben.

Um eine funktionierende Mehrsprachigkeit zu erreichen und gleichzeitig die Vielfalt der Sprachen als kulturellen Reichtum Europas anzuerkennen, dürfte die Charta Möglichkeiten bieten, die noch nicht voll ausgenutzt werden. Es ist auch für Finnland sehr wichtig, eine funktionierende Mehrsprachigkeit zu erreichen und die Vielfalt der Sprachen Finnlands in der Praxis anzuerkennen. Über das Schicksal der vom Untergang bedrohten Regional- oder Minderheitensprachen entscheiden nicht nur deren Sprecher, sondern auch die Mehrheitsbevölkerung, denn sie ist an der Diskussion über die Rechte der Minderheiten und an der Verbesserung ihrer Situation entscheidend beteiligt.

6. Bibliographie

6.1. Quellen

Grundgesetz Finnlands. (Deutsche Fassung). <http://www.verfassungen.eu/fin/verf99.htm> (18.9.2011).

Kielilaki/Språklag (Sprachgesetz) 423/2003. <http://www.finlex.fi> (18.9.2011).

Recommendation RecChl (2001) 3 on the Application of the European Charter for Regional or Minority Languages by Finland, 19.9.2001.

Recommendation RecChl (2004) 6 on the Application of the European Charter for Regional or Minority Languages by Finland, 20.10.2004.

Recommendation CM/RecChl (2007) 7 of the Committee of Ministers on the Application of the European Charter for Regional or Minority Languages by Finland, 21.11.2007.

Report of the Committee of Experts on the Application of the Charter, 9.2.2001.

Report of the Committee of Experts on the Application of the Charter, 24.3.2004.

Report of the Committee of Experts on the Application of the Charter, 30.3.2007.

Report of the Government on the Application of Language Legislation 2009, Helsinki: Ministry of Justice 2009. <http://www.om.fi/en/Etusivu/Perussaannoksia/Kielilaki> (18.9.2011).

Saamen kielilaki/Samisk språklag (Samisches Sprachgesetz) 1086/2003. <http://www.finlex.fi> (18.9.2011).

Suomen perustuslaki/Finlands grundlag (Grundgesetz Finnlands) 731/1999. <http://www.om.fi, http://www.finlex.fi> (18.9.2011).

Suomen viittomakielten kielipoliittinen ohjelma, Helsinki: Kuurojen Liitto ry:n julkaisuja 60. Kotimaisten kielten tutkimuskeskuksen julkaisuja 158, 2010. <http://www.kotus.fi/in-ex.phtml?s=3834#Suomenviittomakieltenkielipoliittinenohjelma> (18.9.2011).

The First Periodic Report of Finland on the Application of the European Charter for Regional or Minority Languages, 10.3.1999.

The Second Periodic Report of Finland on the application of the European Charter for Regional or Minority Languages, 31.12.2002.

The Third Periodic Report of Finland on the Application of the European Charter for Regional or Minority Languages, 13.3.2006.

The Fourth Periodic Report of Finland on the Application of the European Charter for Regional or Minority Languages, 30.9.2010.

6.2. Literatur

Kielibarometri/Språkbarometern 2008 = *Kielibarometri 2008. Suhtautuminen vähemmistön kieleen muuttunut myönteisemmäksi – kuntaliitokset huolestuttavat. Språkbarometern 2008. Större förståelse för minoritetens språk – kommunsammanslagningar oroar.*

<http://www.om.fi/Etusivu/Ajankohtaista/Uutiset/1213368420678> (18.9.2011).
Romanikielen kielipoliittinen ohjelma. Kotimaisten kielten tutkimuskeskuksen verkkojulkaisuja 10. Helsinki: Kotimaisten kielten tutkimuskeskus 2010, bzw. <http://scripta.kotus.fi/www/verkkojulkaisut/julk10/> (18.9.2011).
Saari, Mirja: »Schwedisch als die zweite Nationalsprache Finnlands: Soziolinguistische Aspekte«. In: *Linguistik online*, 7, 2000. <http://www.linguistik-online.de/3_00/saari.html> (15.8.2011).
Språkpolitiskt program för teckenspråken i Finland. Helsinki: Finlands Dövas Förbund rf:s publikationer 61. Skrifter 6, 2010, bzw. <http://www.kotus.fi/index.phtml?s=3834#Suomenviittomakieltenkielipoliittinenohjelma>.
Statistical Yearbook of Finland 2010. Helsinki: Statistics Finland 2010.

Roswitha Fischer (Regensburg)

Großbritannien und Nordirland

Die Sprachen des Vereinigten Königreichs und die ECRM

The United Kingdom of Great Britain and Northern Ireland ratified the *European Charter for Regional or Minority Languages* in 2001 in respect of Welsh, Irish, Scottish Gaelic, Cornish, Manx Gaelic, Scots and Ulster Scots. Since then, three monitoring cycles of implementation have taken place. The following article evaluates the effects of the ratification and the monitoring cycles on these seven minority languages. After a depiction of origin, spread and decline of the languages, a detailed account of their reinvigoration is given, including the affirmative measures as suggested by the committee of experts of the Charter. Each of the minority languages benefits from the ECRML, though to a varying degree, depending on the number of speakers, the involvement of local institutions and the degree of language awareness of the particular speech community, as well as the treatment of the respective language in the Charter.

1. Heutige Sprachensituation

Der Staat Vereinigtes Königreich Großbritannien und Nordirland (*United Kingdom of Great Britain and Northern Ireland*; kurz Vereinigtes Königreich oder VK) hat weder eine schriftliche Verfassung noch eine Amtssprache. Allerdings ist Englisch faktisch offizielle Sprache; sie wird von 95 % der Bevölkerung als einzige Sprache gesprochen. Außer Englisch sind in Wales Walisisch, in Schottland Gälisch und auf der Insel Man Manx offizielle Amtssprachen. Irisch, Kornisch, *Scots* und *Ulster Scots* erhielten mit der Ratifizierung der *Europäischen Charta der Regional- oder Minderheitensprachen* (ECRM) durch das VK den Status von offiziellen Minderheitensprachen.[1]

Abgesehen von diesen autochthonen Sprachen gibt es im Vereinigten Königreich – u.a. begründet durch dessen frühere Position als Kolonialmacht – eine erhebliche Anzahl von Migrantensprachen: Ca. 5,5 % der britischen Bevölkerung sind Angehörige ethnischer Minderheiten; die Hälfte davon kommt aus Indien, Pakistan oder Bangladesch. Ferner gibt es noch die *Gypsies* (Roma) und die nordirischen *Travellers* (›Fahrenden‹). Außerdem besitzt das Vereinigte Königreich eine eigene Gebärdensprache für Gehörlose, nämlich die *British Sign Language*, die von ca. 70.000 Gehörlosen als Muttersprache oder bevorzugte Sprache verwendet wird und als eigene Sprache anerkannt ist.

---

1 Dagegen ist Irisch im Land Irland erste offizielle Amtssprache und seit 1.1.2007 eine der offiziellen Amtssprachen der EU.

Laut der ECRM sind die keltischen Sprachen Walisisch, Gälisch, Irisch, Kornisch und Manx und die auf dem Englischen beruhenden Sprachvarietäten *Scots* und *Ulster Scots* Minderheitensprachen. Diese Sprachen werden uns im Folgenden beschäftigen.

Mit 83,6 % stellen heute die Engländer den Großteil der Bevölkerung, gefolgt von Schotten mit 8,6 %, Walisern mit 4,9 % und Nordiren mit 2,9 % (*UK National Statistics* 2005). Laut Zensus 2001 sind im gesamten Vereinigten Königreich 98 % (57.905.894) Sprecher des Englischen, 1,5 % des Walisischen, 0,2 % des Irischen, 0,1 % des Gälischen und 0,2 % (90.000) der Sprache Romani; zusammengenommen sind dies 1,5 % Sprecher von Minderheitensprachen im Vereinigten Königreich (nach Pan ²2006, 621).

Mit Hilfe des zweiten Staatenberichts des VK, der im Rahmen der ECRM im Jahr 2005 vorgelegt wurde, lassen sich folgende Sprachendaten ermitteln:[2]

Minderheiten- oder Regionalsprache	**Sprecherzahl**	**In % bezogen auf den jeweiligen Landesteil**
Walisisch	582.368	20,8 %
Irisch (Nordirland)	167.490	10,4 %
Gälisch	92.396	1,9 %
Scots	nicht genannt	ca. 30 %
Ulster Scots	ca. 35.000	2 %
Kornisch	699	nicht genannt
Manx	1.689	2,2 %

Tab. 1: Anzahl der Sprecher der Minderheiten- oder Regionalsprachen im VK (2005).

Die Auswirkungen der ECRM für das Vereinigte Königreich lassen sich nur nachvollziehen, wenn man die Geschichte der Sprachen, die in die ECRM aufgenommen wurden, mit einbezieht. Wir beginnen deshalb mit der Entstehungsgeschichte der Sprachen, ihrer Verbreitung und ihrem Rückgang durch die fortschreitende Anglisierung. Danach stellen wir die allmähliche Aufwertung

---

2 Die aufgeführten Zahlen wurden hier mit Angaben ergänzt, die im ersten und im dritten Staatenbericht in den Textstellen zu den jeweiligen Sprachen zu finden sind. Allerdings sind die Werte nur annähernd miteinander vergleichbar, da sie auf verschiedenen Umfragen und Studien unterschiedlichen Datums (1998–2008) beruhen, denn mit den Volkszählungen von 2001 (getrennt: England mit Wales; Nordirland; Schottland; Insel Man) wurden nicht alle Sprachen erfasst – was im neuen Zensus von 2011 nachgeholt werden soll. Außerdem wurde der Terminus »Sprachkenntnisse« für unterschiedliche Grade von Sprachkompetenz verwendet; und 2001 wurden zum ersten Mal Zahlen für eine neue Kategorie »(nur) verstehen« erhoben, die ab diesem Zeitpunkt in die Daten mit einfließen. Die in den Staatenberichten angegebenen Zahlen beziehen sich auf den Anteil der Personen ab drei Jahren mit Kenntnissen in einer Minderheitensprache in der betreffenden Region, d.h. nicht bezogen auf das gesamte Vereinigte Königreich.

der Sprachen seit dem 20. Jahrhundert vor, einschließlich der Förderungsmaßnahmen seit der Ratifizierung der ECRM. Im Anschluss daran widmen wir uns der Einführung und Umsetzung der ECRM und ihrem Einfluss auf die aktuelle Sprachensituation und kommen dann zu einer abschließenden Bewertung des Maßnahmenkatalogs der ECRM und ihrer Bedeutung für das Vereinigte Königreich. Sprachliche Entwicklungen oder Einflüsse, die nicht im Zusammenhang mit der ECRM stehen, werden dabei nicht berücksichtigt.

2. Besiedlungs- und Sprachgeschichte der britischen Inseln

Die britischen Inseln, eine Inselgruppe im Nordwesten Europas, bestehen aus den Hauptinseln Großbritannien und Irland und insgesamt etwa 600 weiteren Inseln. Wie weite Teile Europas waren sie im ersten Jahrtausend v.Chr. von indogermanischen Kelten besiedelt. Die Sprachen der keltischen Stämme auf den britischen Inseln, das sog. *Inselkeltische*, werden aufgrund ihrer unterschiedlichen lautlichen Entwicklungen in Britannisch (*Brythonic*, *Brittónic*, *British*, Britisch, P-Keltisch) und Goidelisch (*Goidelic*, *Gaelic*, Gälisch, Q-Keltisch) unterteilt. Dialektale Entwicklungen führten in der britannischen Gruppe zur Entstehung von Walisisch, Kornisch und Bretonisch und in der goidelischen Gruppe zur Entstehung von Irisch, (Schottisch-)Gälisch und Manx.

Die Ausdifferenzierung des Britannischen geschieht vor folgendem Hintergrund: Nach dem Abzug der Römer Anfang des 5. Jahrhunderts fielen die westgermanischen Stämme der Angeln, Sachsen, Jüten und Friesen von der Nordseeküste und der jütischen Halbinsel her kommend in den Süden und Osten Britanniens ein. Die britannischen Sprecher, die, abgesehen vom Norden Schottlands, in ganz Britannien ansässig waren, wurden in den Westen und Südwesten zurückgedrängt, mit der Folge, dass der Landweg zwischen Wales und Cornwall abgeschnitten war; ferner wanderte ein Teil der Sprecher in das Gebiet der heutigen Bretagne aus (Willis ²1993, 117).

Das Goidelische ist eine Vorstufe des Irischen und war auf der Insel Irland verbreitet.[3] Um 500 n.Chr. siedelten sich Iren in Teilen des heutigen Schottlands und auf den umgebenden Inseln einschließlich der Insel Man an und unterwarfen die dort ansässigen Kelten. Wegen fehlender Kontakte spaltete sich im 13. Jahrhundert in der frühneuirischen Periode das Irische vom Gälischen in Schottland und Manx ab; etwa zwei Jahrhunderte später entstanden Schottisch-Gälisch und Manx-Gälisch (kurz Gälisch und Manx) (Filppula / Klemola / Paulasto 2008, 7–23).

---

[3] Die Bezeichnung *Goidel* bedeutet ›Ire‹; auf Latein hießen die Iren aber im frühen Mittelalter *Scotti* = ›Schotten‹. Die Schotten waren also ursprünglich Iren.

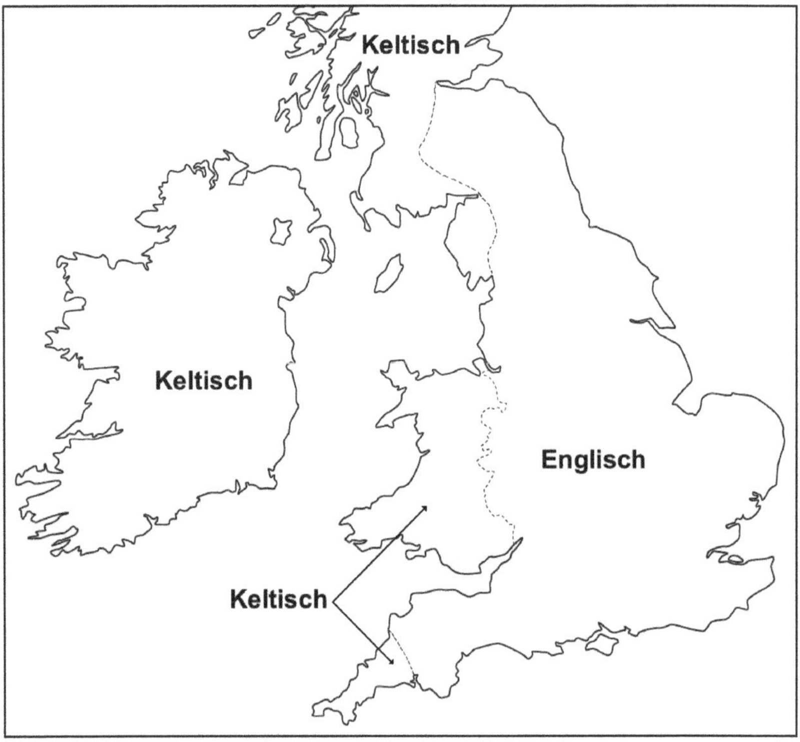

Abb.: Englisch und Keltisch auf den Britischen Inseln um 1000 n.Chr.

Die Sprachen *(Lowland) Scots* ((Tiefland-)Schottisch) und *Ulster Scots* (Ulster-Schottisch, Schottisch-Irisch) sind nicht keltischen, sondern germanischen Ursprungs. Die germanischen Stämme breiteten sich im Osten und Süden Britanniens aus und besiedelten als »Angelsachsen« dauerhaft weite Teile der Insel. Im Norden waren die Angeln bis in die südöstlichen Teile des heutigen Schottlands vorgedrungen und etablierten im 7. Jahrhundert zwischen den Flüssen Humber und Forth (etwa vom heutigen Hull bis zum heutigen Edinburgh) das Königreich Northumbria. Ab dem 12. Jahrhundert kamen immer mehr englische Siedler ins schottische Tiefland, und es entwickelte sich in den nächsten beiden Jahrhunderten eine eigene englische Sprachvarietät, das heutige *Scots*. Demnach besteht *Scots* aus einem Konglomerat aus dem altenglischen Dialekt des Nordhumbrischen und dem Englisch der späteren Siedler, inklusive weiterer sprachlicher Einflüsse aus dem Gälischen, Französischen und Skandinavischen (Corbett / McClure / Stuart-Smith 2003, 7).[4] Die Varietät des *Ulster Scots* entstand,

4 Über die Anteile der Varietäten am *Scots* gibt es in der Forschung unterschiedliche Auffassungen. Während in oben erwähnter Quelle ein nicht weiter spezifizierbares Gemisch an sprachlichen Einflüssen angenommen wird, geht z.B. Schmitt davon aus, dass die Grundlage des *Scots* der altenglische Dialekt ist, wohingegen Stuart-Smith vermutet, dass der Ur-

als Anfang des 17. Jahrhunderts im Zuge der Ansiedlungsmaßnahmen Englands ca. 100.000 Siedler aus dem südwestschottischen Tiefland nach Nordirland und Ost-Donegal kamen.

3. Fortschreitende Anglisierung

Nach der Eroberung Englands durch die Normannen 1066 wurde das Normannische und später das Zentralfranzösische offizielle Sprache, und Englisch wurde nur noch in Form von Dialekten von den unteren Bevölkerungsschichten als mündliches Kommunikationsmittel verwendet. Nach und nach annektierten die Normannen auch die keltischen Gebiete: 1072 kam Cornwall unter normannische Herrschaft; Irland folgte 1169, Wales 1282 und Schottland 1296. Die keltischen Sprachen wurden aber weiter verwendet. Mit der im 13. Jahrhundert begonnenen politischen Trennung von England und Frankreich entwickelte die Obrigkeit ein englisches Identitätsbewusstsein, was zur Aufwertung der englischen Sprache führte. Englisch wurde allmählich wieder offizielle Schriftsprache, schließlich entwickelte sich im 15. Jahrhundert aus dem Dialekt der *East Midlands*, der Grundlage der Sprache Londons, die heutige englische Standardsprache.

Mittels Vereinigungsgesetzen (*Acts of Union*) wurden die alten keltischen Gebiete nach und nach politisch in das englische Königreich eingegliedert, was u.a. bedeutete, dass wichtige Sprachregeln eingeführt wurden, die für Verwaltung und Gerichtsbarkeit den Gebrauch des Englischen vorschrieben. Wales wurde 1536, das Königreich Schottland 1707 und das Königreich Irland 1800 mit England »vereinigt«. Aus dem Zusammenschluss Englands und Schottlands entstand das Königreich Großbritannien, und aus dem Zusammenschluss Großbritanniens und Irlands das Vereinigte Königreich. Eine wichtige politische Entwicklung im 20. Jahrhundert war 1921 die Abspaltung des größten Teils der irischen Insel als freie Republik Irland (*Ireland/Éire*); nur der Norden blieb als Nordirland (*Northern Ireland/Tuaisceart Éireann*) beim Mutterland.

Im Laufe der Jahrhunderte verlor das Keltische durch die fortschreitende Anglisierung mehr und mehr an Bedeutung und wurde immer weiter zurückgedrängt, so dass es sich nur noch in Randgebieten halten konnte. In Schottland zog sich das Gälische immer mehr in den Westen und Nordwesten zurück, bis es nur noch im äußersten Nordwesten einschließlich der nordwestlichen Inseln verbreitet war. In Wales ging der Sprachwandelprozess etwas langsamer vonstatten, aber ab dem 19. Jahrhundert nahmen das Ansehen und der Gebrauch des Walisischen aufgrund der einsetzenden Industrialisierung und der vielen engli-

---

sprung des *Scots* wahrscheinlich im Englisch der späteren Siedler liege (Schmitt 2009, 24 und Stuart-Smith 2008, 49). Eine Anwendung von Coserius Termini *primärer, sekundärer* und *tertiärer Dialekt* (1988, 27) ist für *Scots* problematisch (vgl. Sinner 2001, 12–21 zur Problematik der Begriffe).

schen Immigranten kontinuierlich ab. Irisch hatte seine Vormachtstellung bis Ende des 18. Jahrhunderts in allen Teilen der Insel behaupten können, erlebte aber dann im 19. Jahrhundert vor allem wegen der Einführung des Englischen als Schulsprache 1831 und der Auswanderung von ca. einer Million Iren als Folge der großen Hungersnot 1845–49 einen drastischen Niedergang. Das Kornische und das Manx kamen vor allem wegen der eingangs relativ geringen Anzahl an Muttersprachlern gegen das Englische nicht an: Ende des 18. Jahrhunderts starb Kornisch als lebende Sprache aus; Manx folgte etwa eineinhalb Jahrhunderte später.[5]

Durch den Einfluss der Reformation und der Vereinigung der englischen und schottischen Krone 1603 verlor *Scots* im schottischen Tiefland ab Mitte des 16. Jahrhunderts an Popularität; außerdem wurde 1707 Englisch als schriftlicher Standard festgelegt; allerdings gab es einige Dialektdichtung in *Scots*. Nach und nach passte sich *Scots* an das Neuenglische an. Seit dem 18. Jahrhundert haben sich aus dem *Scots* eine Reihe von anglisierten Provinzdialekten herausgebildet, und zwischen dem breitesten *Scots* (*Braid/Broad Scots*), das noch im Nordosten Schottlands und auf den Inseln gesprochen wird, und dem Schottisch-Englischen Standard (*Standard Scottish English*) besteht heute ein Dialektkontinuum (Schmitt 2009, 36–40).

Die Anglisierung der nordirischen Varietät des *Scots* setzte schon mit der zweiten Generation der schottischen Siedler im 17. Jahrhundert ein. Seitdem hat sich auch dort ein Dialektkontinuum zwischen dem traditionellen *Ulster Scots* (*Braid/Broad Ulster Scots*) und dem Ulster-Englischen Standard (*Standard Ulster English*) entwickelt (Hickey 2008, 72–85).

Bezüglich der Anglisierung des *Scots* und des *Ulster Scots* müssen wir uns fragen, ob diese beiden Sprachen überhaupt Sprachen im eigentlichen Sinne sind. Dies führt uns zu dem komplexen Problem der Abgrenzung von Sprache und Dialekt, bei der nicht nur linguistische, sondern auch politische, historische, soziologische und kulturelle Faktoren eine Rolle spielen. Linguistisch gesehen sind *Scots* und *Ulster Scots* als Dialekte des Englischen einzuordnen; politisch gesehen mag es jedoch sinnvoll sein, sie als eigene Sprachen anzusehen, eine Auffassung, die in Anbetracht der Aufnahme der Sprachen in die ECRM vom Vereinigten Königreich vertreten wird (vgl. Hickey 2008, 80–104; Stuart-Smith 2008, 48–67).

4. Aufwertung der Minderheitensprachen

Im Laufe des 20. Jahrhunderts kam es zu einer Reihe von erfolgreichen Wiederbelebungsversuchen der Regionalsprachen im Vereinigten Königreich – Gälisch, *Scots* und *Ulster Scots* ausgenommen, wobei letztere beiden bis vor

---

5 Die angeblich letzte Person mit Muttersprache Manx starb 1974 (Filppula / Klemola / Paulasto 2008, 135ff.).

kurzem ausschließlich als Dialekte wahrgenommen wurden. Ausgehend zumeist von dem Engagement einzelner Individuen oder Gruppen entwickelten sich politische Interessensgemeinschaften, die für eine positive Einstellung gegenüber den eigenen kulturellen Werten eintraten und die eigene Sprache als zu förderndes Identitätsmerkmal ihrer Sprachgemeinschaft verstanden wissen wollten. Dadurch rückten die kulturellen Wurzeln in das allgemeine Bewusstsein und erfuhren allmählich eine Aufwertung. Es kam zum Abschluss verschiedener Gesetze zur Förderung der betreffenden Sprache in Schulen und offiziellen Einrichtungen und zur Präsenz der Sprache in Printmedien, Radio und Fernsehen. In den 1990er Jahren betrieb das Vereinigte Königreich unter John Major und vor allem Tony Blair eine Politik der Dezentralisierung (*devolution*), die dazu führte, dass Schottland, Wales und Nordirland 1998 Regionalregierungen bekamen und teilautonom wurden. Damit verbunden war eine weitere Stärkung des Nationalbewusstseins der Regionen, einschließlich des Anliegens nach Bewahrung und Förderung der eigenen Sprache.

Im Folgenden stellen wir die wichtigsten Entwicklungen für die einzelnen Sprachen vor, einschließlich möglicher Fortschritte seit der Ratifizierung der ECRM 2001.

4.1. Walisisch (Cymraeg)

Anfang des 19. Jahrhunderts stieg die Zahl der Walisischsprecher wegen des Aufschwungs durch die Industrialisierung wieder etwas an; sie ging aber durch den starken Zuzug der Engländer und die Einführung des Englischen als alleinige Unterrichtssprache gegen Ende des Jahrhunderts wieder zurück. Doch im 20. Jahrhundert begann sich die Einstellung gegenüber dem Walisischen wesentlich zu ändern. Dies fing mit einer Unterschriftensammlung 1938 auf dem alljährlichen walisischen Festival Eisteddfod an, die dem Parlament 1941 vorgelegt wurde und 1942 in den *Welsh Courts Act* mündete, der den Gebrauch des Walisischen vor Gericht vorsah. 1960–1970 gab es eine breite Bewegung zum Erhalt und zur Verbreitung des Walisischen; in der Folge entstanden die *Welsh Language Society* und der *Welsh Language Council*. Mit dem *Education Reform Act* 1988 wurde Walisisch Hauptfach an allen Schulen, und im Zuge des *Welsh Language Act* von 1993, der Englisch und Walisisch gleichsetzte, wurde die walisische Sprachenorganisation (*Bwrdd Yr Iaith Gymraeg/Welsh Language Board*) gegründet, mit dem Ziel, Walisisch in jedweder Beziehung zu fördern und Sprachprogramme zu entwickeln. Angestrebt wird ein bilinguales Wales. 1998 erhielt Wales eine Regionalregierung, die *National Assembly for Wales*, die sich u.a. die Wahrung und die Förderung des walisischen Erbes einschließlich der Sprache zur Aufgabe gemacht hat. 2007 wurde in Wales zwischen der Labour Partei und Plaid, der walisischen Partei, eine Koalitionsvereinbarung namens »One Wales« geschlossen. Darin wird festgehalten, dass die Ausbildung in Walisisch landesweit organisiert werden soll. Ferner wird die Anerkennung des Walisischen als offizielle EU-Sprache angestrebt (Jones / Williams

2010, 667–704). Die Ratifizierung der ECRM hat dazu geführt, dass das Projekt eines zweisprachigen Wales von der Regierung viel Unterstützung, vor allem auch finanzieller Art, erfährt. So werden zum Beispiel der Schulunterricht auf Walisisch und die mediale Präsenz des Walisischen stark gefördert.

4.2. *Irisch (Gaeilge)*

Bereits um die Wende des 19. zum 20. Jahrhundert kam es zu einer Renaissance des Irischen, getragen von einflussreichen sportlichen und literarisch-kulturellen Organisationen, wie die *Gaelic Athletic Organisation/Cumann Lúthchleas Gael*, die *Gaelic League/Conradh na Gaeilge* und das irische Nationaltheater in Dublin. Nach der Unabhängigkeit Irlands 1922 flaute die Bewegung aber wieder ab.

Die Teilung der Insel in die Provinz Nordirland als Teil des Vereinigten Königreichs und in die Freie Republik Irland macht es notwendig, die Sprachenpolitik des Irischen für beide Gebiete getrennt zu behandeln.[6] Allerdings hat Irland bisher die ECRM nicht unterschrieben. Ein kurzer Überblick über Irisch in Irland ist dennoch angebracht, um die Sprachsituation in Irland und Nordirland miteinander vergleichen zu können. Außerdem arbeiten die Länder seit Ende der 1990er Jahren in Bezug auf die Sprachpolitik zunehmend zusammen.

Seit der Unabhängigkeit 1922 ist es ein Anliegen Irlands gewesen, Irisch als nationale Sprache zu fördern, da es von der Regierung als ein wichtiger Bestandteil seiner Eigenständigkeit wahrgenommen wird. So erklärt sich auch, dass die Bestrebungen, Irisch zu unterstützen und zu verbreiten, von den Regierungsorganen ausgingen. Gleich zu Beginn der Unabhängigkeit wurde Irisch zur ersten offiziellen Sprache Irlands erklärt. 1926 wurde die Irische Gesellschaft des Öffentlichen Diensts (*Civil Service Irish Society*) gegründet, die die Staatsdiener dazu anhielt, Gälisch zu lernen und im Umgang mit der Bevölkerung einzusetzen. Im selben Jahr gab es bereits kleinere Radioprogramme auf Irisch. Besonders in den 50er, 70er und 90er Jahren wurde die Förderung des Irischen in den Bereichen Regierung und Verwaltung, Standardisierung, Bildungswesen und Medien vorangetrieben, und die Gaeltachts, die einzigen vorwiegend irischsprachigen Sprengel im Westen Irlands, wurden zu staatlichen Förderregionen erklärt (Tadhg Ó hIfearnáin ^{2}2010, 539–586). Die Maßnahmen des Staates fruchteten: Im Zensus von 2006 haben 41,9 % der Bevölkerung Irlands angegeben, Irisch zu sprechen. Über eine Million gaben an, Irisch außerhalb der Schule zu sprechen, dazu kommen knapp 500.000, die Irisch in der Schule verwenden (Tadhg Ó hIfearnáin ^{2}2010, 543).

Irland wurde 1973 EU-Mitglied und setzte durch, dass Irisch 2007 offizielle Amtssprache der EU wurde. Es ist erstaunlich, dass trotz des starken Engagements in Bezug auf das Irische die Republik Irland die ECRM bisher nicht unterschrieben hat. Möglicherweise hängt dies mit der eigenen Geschichte und

---

6 In der Literatur zur irischen Sprache wird, abgesehen von den in dem jeweiligen Zensus angegebenen Sprecherzahlen, leider selten zwischen Nordirland und Irland unterschieden.

dem Nationalbewusstsein zusammen, und man möchte nicht wieder – wie bis 1922 – von anderen bestimmt werden.

Im Gegensatz zu Irland gab es in Nordirland lange Zeit praktisch keinerlei Bestrebungen, das Irische zu bewahren und zu stärken, zumal es negativ mit dem unabhängigen Irland assoziiert wurde und außerdem nur in den nordöstlichsten Regionen Nordirlands verbreitet ist. Erst Ende der 80er Jahre begann das Vereinigte Königreich, sich um die Situation der Irischsprecher in Nordirland zu kümmern. 1989 wurde in der Erziehungsrichtlinie (*Education Order*) Irisch als Unterrichtsfach etabliert. In dem wichtigen Belfast-Abkommen (*Belfast/Good Friday Agreement*) von 1998 verpflichtete sich das Vereinigte Königreich dazu, die Sprachen Nordirlands zu schützen und zu fördern. Im Zuge der neu geschaffenen nordirischen Nationalversammlung (*Northern Ireland Assembly*) wurde 1999 der Nord/Süd-Rat mit den Teilbehörden Nord (*Tha Boord o Ulstèr Scotch*) und Süd (*Foras na Gaeilge*) geschaffen, welche die Förderung von jeweils *Ulster Scots* und Irisch zum Ziel haben. Die Südbehörde ist auch in Nordirland und Irland länderübergreifend tätig. Laut der Volkszählungen des VK hat sich die Zahl der irischen Sprecher in Nordirland von 1991 bis 2001 von 142.000 auf 167.000 erhöht.

Seit 2002 ist der Einfluss der ECRM spürbar. Die Empfehlungen des Ministerrats führten dazu, dass 2006 das Abkommen *St. Andrews Agreement* abgeschlossen wurde, das die Regierung des Vereinigten Königreichs dazu verpflichtet, eine Vereinbarung zur irischen Sprache (*Irish Language Act*) zu entwickeln (ECRM/UK, 3. Staatenbericht 2009, 16, 45).

4.3. Gälisch (Gàidhlig)

Nach der Einführung der allgemeinen Schulpflicht 1872 mit Englisch als Unterrichtssprache gab es immer wieder Einzelinitiativen, Gälisch in Schulen der gälisch-sprachigen Gebiete Schottlands einzuführen. Dieser Forderung wurde in dem *School Education Act* von 1918 entsprochen, was aber nicht ausreichte, um das Zurückweichen des Gälischen in den äußersten Westen zu verhindern. Seit den 1970er Jahren haben sich die Politiker mehr und mehr für das Gälische eingesetzt und entsprechende Schritte zu dessen Förderung im Bildungswesen und in öffentlichen Einrichtungen unternommen, aber auch dies war nicht genug: Die Zahl der Gälisch-Sprecher in Schottland ging von 1991 bis 2001 weiter von 65.978 Sprechern auf 58.652 Sprecher zurück; allerdings konnten 2001 mehr Personen Gälisch schreiben als 1991 (33.815 gegenüber 30.760) – immerhin ein Teilerfolg.[7] Im Gegensatz zu Wales oder Irisch (zumindest in Irland)

[7] Die Schätzungen von 1991 und 2001 präsentieren im Einzelnen folgende Zahlen: Anzahl der Personen, die Gälisch 1. sprechen, lesen oder schreiben können: 69.510 im Jahre 1991 vs. 65.674 im Jahre 2001 (ein Rückgang von 1,4 % auf 1,3 %); 2. sprechen: 65.978 vs. 58.652; 3. lesen: 42.159 vs. 45.430; 4. schreiben: 30.760 vs. 33.815. Im Zensus 2001 kam eine weitere Kategorie hinzu, nämlich »versteht Gälisch«. Hier werden 78.402 Personen

interessiert sich die allgemeine Bevölkerung Schottlands wenig für das Gälische; demnach wird die Sprache kaum als identifikationsstiftendes Element wahrgenommen (MacKinnon ²2010, 587–649).

Seit 1999 gibt es als Folge der Dezentralisierung das schottische Parlament, das sich für die Sprache und die Kultur Schottlands einsetzt. 2005 wurde Gälisch durch den *Gaelic Language (Scotland) Act* offizielle Sprache Schottlands, und es wurde die Sprachbehörde *Bòrd na Gàidhligh* eingerichtet, die für die Förderung und Verbreitung des Gälischen zuständig ist. Die Richtlinien der ECRM und die Empfehlungen des Ministerrats haben sicherlich auch zu diesen neueren Entwicklungen beigetragen.

4.4. Kornisch (Kernewek)

Anfang des 20. Jahrhunderts wurde Kornisch durch den unermüdlichen Einsatz einiger Sprachbegeisterter wiederbelebt. 1904 erschien Henry Jenners Handbuch über die kornische Sprache, und Anfang der 1920er Jahre etablierte sich die Vereinigung der alten Cornwall Gesellschaften (*Old Cornwall Societies*) mit dem Ziel, die alte kornische Sprache und Literatur zu bewahren und zu fördern. 1967 wurde die kornische Sprachbehörde *Kesva an Taves Kernewek* (*Cornish Language Board*) gegründet, die sich bis heute um sprachliche Fragen, mediale Präsenz, Kornischunterricht und -prüfungen kümmert. Allmählich entwickelte sich ein allgemeines Interesse am Kornischen. Bestehende kornische Literatur wurde veröffentlicht, Schrift und Aussprache wurden genau rekonstruiert. Heute wird an einigen wenigen Schulen in Cornwall auch Kornisch unterrichtet, und es werden kornische Radiosendungen und Filme ausgestrahlt (Ken / Broderick ²2010, 753–760). Laut einer Studie von 2008 gibt es heute wieder 699 Sprecher des Kornischen, von denen 377 Kornisch fließend sprechen bzw. einem Gespräch auf Kornisch folgen können (ECRM/UK, 3. Staatenbericht 2009).

Das Kornische profitiert deutlich von der Ratifizierung der ECRM durch das Vereinigte Königreich. Unter Teil II der ECRM wurde Kornisch 2002 offiziell als eigene Sprache anerkannt, und das Vereinigte Königreich stellte der zuständigen Verwaltungsgrafschaft Cornwall finanzielle Mittel zu dessen Förderung zur Verfügung. 2003 wurde ein Forum für die Umsetzung der in der Charta formulierten Ziele ins Leben gerufen, und 2004 erfolgte die Ausarbeitung einer Sprachenstrategie für Kornisch (ECRM/UK, 2. Staatenbericht 2005). 2006 war das Gründungsjahr der *Cornish Language Partnership*, die die Umsetzung der Sprachenstrategie leiten und beaufsichtigen soll.

---

angeführt. So erklärt sich auch die Zahlenangabe von 92.396 Gälisch-Kennern (1,9 %) im Zensus 2001 (Tab. 1).

4.5. Manx (Gaelg)

Die Wiederbelebung des Manx ist auf das Engagement einiger nationalbewusster und sprachbegeisterter Idealisten zurückzuführen. Sie begann 1899 mit der Gründung der Manx-Gälischen Gesellschaft *Yn Çheshaght Gailckagh*, die sich bis heute um die Bewahrung und Förderung der Manx-Gälischen Sprache, Literatur und Kultur kümmert, insbesondere um Unterricht und Medienprogramme. Die Bevölkerung auf der Insel Man entwickelte zunehmend ein Bewusstsein bezüglich ihrer Nation,[8] ihrer Kultur und ihrer Sprache. 1985 wurde die Manx Beratungsbehörde (*Coonceil ny Gaelgey/Manx Gaelic Advisory Council*) geschaffen und Manx als offizielle Sprache anerkannt. In den 1980er und 1990er Jahren wurden Schulprogramme für den Unterricht in Manx an allen Schulen entwickelt (Broderick [2]2010, 760–766). Die Maßnahmen zeigten Erfolg: Von 1961 bis 2001 wuchs die Zahl der Sprachkundigen von 165 auf 1.689 Personen an (von etwa 80.000 Einwohnern der Insel) – viele davon unter 16 Jahre alt. In den Jahren seit der Unterzeichnung der ECRM hat das Parlament der Insel Man Regierungspläne erstellt (*Isle of Man Government Plan* 2005–2008, *Isle of Man Government Strategic Plan* 2007–2011), in denen die Förderung einer sog. »positiven nationalen Identität« festgeschrieben wurde. Dies bedeutet u.a. mehr Manx-Unterricht in Schulen, mehr mediale Präsenz des Manx sowie finanzielle Zuwendungen für die Aktivitäten der 1982 gegründeten *Manx Heritage Foundation* (vgl. die Staatenberichte).

4.6. Scots

Bis zur Anerkennung des *Scots* als Sprache in der ECRM ist *Scots* im allgemeinen schottischen Bewusstsein ausschließlich als Dialekt oder Dialekte, die mehr oder weniger vom Schottischen Englisch abweichen, wahrgenommen worden. Ebenso enthalten die Volkszählungen von 1991 und 2001 keine Zahlen zu *Scots*, aber Umfragen haben gezeigt, dass 30 % der befragten Sprecher mehr oder weniger *Scots* können. Warum *Scots* deshalb überhaupt als Sprache in der ECRM aufgenommen wurde, ist wohl als eine rein politische Entscheidung zu beurteilen. Bisher hat im Rahmen der ECRM auch noch wenig Förderung stattgefunden; vielmehr ging es in den letzten Jahren erst einmal darum, die Verbreitung des *Scots* unter der Bevölkerung und seine Präsenz in Verwaltungs- und Bildungseinrichtungen und in den Medien festzustellen. Unter anderem wurde berichtet, dass Literatur in *Scots* Teil des Lehrplans an schottischen Schulen sei (ECRM/UK, 1. Staatenbericht 2002).

---

8 Zwar ist die *Isle of Man* nicht Teil des Vereinigten Königreichs, untersteht aber als autonomer Kronbesitz der britischen Krone.

4.7. *Ulster Scots*

Die Situation des *Ulster Scots* gestaltet sich ähnlich. Allerdings ist das Bewusstsein für diese Sprachvarietät ausgeprägter, was vermutlich mit der Teilung in Nordirland und Irland zusammenhängt, die auf beiden Seiten zu einer Belebung des nationalen Identitätsgefühls geführt hat. Außerdem profitiert Nordirland von dem Engagement Irlands und dessen Kooperation mit Nordirland. So wurde 1998 im Belfast Abkommen festgehalten, dass *Ulster Scots* Teil des kulturellen Reichtums der irischen Insel sei. Im Rahmen des Abkommens wurde auch ein Nord/Süd-Sprachausschuss mit den Sprachbehörden *Foras na Gaeilge* (für Irisch, s.o.) und *Tha Boord o Ulstèr-Scotch/Ulster-Scots Agency* (für *Ulster Scots*) gegründet, die seit 1998 für die Förderung der Sprachen zuständig sind (ECRM/UK, 1. Staatenbericht 2002).

Über genaue Sprecherzahlen ist nichts bekannt. In einer Studie wird berichtet, dass *Ulster Scots* von ca. 100.000 Sprechern in Nordirland und im Staat Irland gesprochen wird; nach einer anderen Studie gaben 2 % bzw. 35.000 Personen an, Sprecher des *Ulster Scots* zu sein (ECRM/UK, 1. und 2. Staatenbericht 2002, 2005).

5. Einführung und Umsetzung der ECRM

Obzwar mit John Hume, einem nordirischen Politiker und Vertreter des Europäischen Parlaments in Brüssel, eine Charta für Minderheitensprachen seit 1979 maßgeblich vorangetrieben worden war (Guskow 2009, 47), zeigte das Vereinigte Königreich – Gründungsmitglied des Europarates 1949 – anfänglich eine eher ablehnende Haltung gegenüber der Charta. Es enthielt sich am 25.6.1992 bei der Abstimmung, der Charta die völkerrechtlich verbindliche Form einer Konvention (statt nur einer Empfehlung) zu geben; und es gehörte auch nicht zu den ersten elf Mitgliedstaaten des Europarates, die die Charta am 5.11.1992 unterzeichneten (Guskow 2009, 236). Die relativ spät erfolgende Unterzeichnung ist vermutlich auf die Dezentralisierungspolitik des Vereinigten Königreichs zurückzuführen, denn die seit 1999 voll funktionsfähigen Regionalregierungen sind für die Förderung ihrer jeweiligen Minderheitensprachen zuständig.[9] Am 2.3.2000 unterzeichnete das VK die ECRM (SEV-Nr. 148), am 27.3.2001 wurde sie ratifiziert, und am 1.7.2001 trat sie in Kraft. Am 11.3.2002 reichte das Vereinte Königreich eine Erklärung nach, dass auch Kornisch den Status einer Regional- bzw. Minderheitensprache im Sinne der Charta habe; und am 22.4.2002 erkannte es Manx als Regional- oder Minderheitensprache an. Bis

---

9 Auf Nordirland trifft dies allerdings wegen mehrmaliger Aufhebungen der nordirischen Nationalversammlung durch das Vereinigte Königreich nur für bestimmte Zeitabschnitte zu.

heute hat es drei Berichtszyklen gegeben; als Frist für den vierten Staatenbericht ist Mai 2012 anberaumt.

Folgende Tabelle gibt eine Übersicht über die wichtigsten Daten der Umsetzung der ECRM:

	1. Berichtszyklus	**2. Berichtszyklus**	**3. Berichtszyklus**
Staatenbericht	1.7.2002	1.7.2005	26.5.2009
Sachverständigen-bericht	29.8.2003	14.9.2006	19.11.2009
Empfehlungen des Ministerrats	24.3.2004	14.3.2007	21.4.2010

Tab. 2: Umsetzung der ECRM.[10]

Für die sieben geschützten Sprachen im Vereinigten Königreich gelten unterschiedliche Teile der ECRM: Während für Walisisch, Gälisch, und Irisch Teil II und Teil III der Charta gelten, trifft für *Scots*, *Ulster Scots*, Kornisch und Manx ausschließlich Teil II zu, d.h. für letztere Sprachengruppe hat sich das Vereinigte Königreich zu keinen Maßnahmen zur Förderung des Gebrauchs von Regional- oder Minderheitensprachen verpflichtet. Auch bei den Sprachen, auf die Teil III zutrifft, gibt es Unterschiede in Art und Anzahl der Verpflichtungen: Während das Vereinige Königreich für Walisisch 52 Paragraphen anerkannt hat, sind es für Gälisch 39 und für Irisch 36, was nach McLeod den bestehenden Status Quo der Förderung dieser Sprachen widerspiegelt (2008, 206).

Die ersten beiden Staatenberichte trugen vor allem Informationen zur Geschichte und zur aktuellen Situation der Sprachen inklusive bestehender Einrichtungen und Förderungen zusammen – was offensichtlich angesichts der unterschiedlichen politischen regionalen Strukturen und der gerade erst stattgefundenen Aufspaltung in Teilautonomien keine leichte Aufgabe war. Der Sachverständigenausschuss und der Ministerrat begrüßten die flexible Anwendung der Regeln der Charta auf die verschiedenen Sprachen, was ja bewusst in der Konzeption der Charta angelegt ist, um den Staaten unterschiedliche Handhabung zu ermöglichen. Allerdings – und dies ist ein gewisser Widerspruch – wurde von ihnen eine einheitliche Sprachenpolitik angemahnt. Ferner wurde auf mangelnde Kooperation zwischen der Zentralregierung in London und den Regionalregierungen hingewiesen, was seitdem verbessert worden ist.

Der Sachverständigenausschuss lobte in seinen Berichten die Bemühungen des VK, mahnte aber immer wieder einige Punkte an, wie etwa Defizite im Bereich der Schulbildung bei den Teil-III-Sprachen (Walisisch, Gälisch und Irisch), Verbesserungen der Sprachsituation in sozialen Einrichtungen und Krankenhäusern in Wales, Ausarbeitung von Sprachenstrategien für Irisch, Gälisch, Manx, *Scots* und *Ulster Scots*, Standardisierung der kornischen Sprache sowie Erstellung von Unterrichtsmaterial und Ausbildung von Kornisch

10 <http://www.coe.int/t/dg4/education/minlang/Report/default_en.asp>.

Lehrern. Wie in den Staatenberichten beschrieben, wurden allmählich entsprechende Fördermaßnahmen entwickelt und umgesetzt. An dieser Stelle seien nur ein paar Beispiele herausgegriffen:[11] 2006 wurde in Wales eine Task Force gegründet, die sich um die Möglichkeit der Kommunikation auf Walisisch in sozialen und medizinischen Einrichtungen kümmert. In Schottland setzte 2007 die gälische Sprachbehörde die Kommission *National Gaelic Education Steering Group* ein, die sich u.a. um Lehrerausbildung und Lehrpläne kümmert. Die 2005 in Cornwall gegründete *Cornish Language Partnership* richtete zur Standardisierung der Schrift eine Kommission internationaler Sprachenexperten ein, die 2008 eine Standardschrift vorstellte. Es wird immer wieder deutlich, dass es sich bei den sprachlichen Fördermaßnahmen um langwierige Prozesse handelt, deren Planung, Einführung und vollständige Umsetzung mindestens einige Jahre oder länger benötigen.

6. Bewertung

Die ECRM bietet viele Gestaltungsmöglichkeiten, die sich das Vereinigte Königreich zunutze gemacht hat. Durch seine unterschiedliche Behandlung der Sprachen hat das VK eine Hierarchie von Sprachen geschaffen: Während auf Walisisch, Irisch und Gälisch Teil II und III der Charta zutreffen, gilt für Kornisch, Manx, *Scots* und *Ulster Scots* nur Teil II der Charta. Dass Kornisch und Manx als ehemals ausgestorbene Sprachen und *Scots* und *Ulster Scots* als »Halbsprachen« oder »Ausbaudialekte« (Kloss ^{2}1978, 57) in der Charta nicht das Gewicht der drei anderen keltischen Sprachen erhalten, ist nachvollziehbar. Allerdings stimmt diese Einordnung nicht mit dem Förderungsbedarf der Sprachen überein, denn gerade die kleinen Sprachen benötigen besonderen Schutz. Ein gangbarer Weg wäre, wenigstens Kornisch und Manx in einigen Jahren in Teil III der Charta aufzunehmen und damit aufzuwerten, zumal die ersten beiden Teile der Staatenberichte bereits viele Informationen über die Sprachen und ihre Förderung in den unterschiedlichen Bereichen enthalten, die man sehr gut für Teil III verwenden könnte. Dass außerdem in der Gruppe der Teil II/Teil III-Sprachen Walisisch den größten Teil an Förderung erhält, wäre dank der starken Stellung des Walisischen wohl nicht unbedingt erforderlich.

Welche Bedeutung die ECRM für die jeweilige Sprachgemeinschaft und ihre Sprachen hat, hängt sowohl von der Anzahl der Sprecher ab als auch von dem Einsatz, der von der betreffenden Sprachgemeinschaft geleistet wurde und wird. Bis zur Ratifizierung der ECRM durch das Vereinigte Königreich waren die Sprechergemeinschaften bei der Bewahrung und Förderung ihrer Sprachen unterschiedlich engagiert. Als aktivstes Land mit den meisten Sprechern steht Wales an erster Stelle. Das Ziel, ein bilinguales Wales zu schaffen, wurde be-

---

11 Zusätzlich zu den in den jeweiligen Unterkapiteln von Kapitel 4 bereits beschriebenen Fördermaßnahmen.

reits in den 1990er Jahren formuliert, und es wurden entsprechende Maßnahmen durchgeführt. Wales würde vermutlich dieses Ziel aus eigener Kraft, d.h. ohne die ECRM, erreichen. Eigeninitiative haben auch die Insel Man und Cornwall gezeigt; beide Länder haben aber sozusagen am Punkt Null begonnen und stehen daher erst am Anfang der allmählichen Etablierung ihrer keltischen Sprachen in den verschiedenen Bereichen und benötigen daher dringend Unterstützung. Sicherlich stellt sich die Frage, ob man ausgestorbene Sprachen wiederbeleben sollte. Im Fall von Manx und Kornisch kann diese Frage positiv beantwortet werden, da das Engagement von den eigenen Landsleuten ausgeht und die Sprachförderung nicht künstlich von oben aufoktroyiert wird.

Nordirland hat insofern einen Sonderstatus inne, als die Sprachbelebung des Irischen bereits in hohem Maße von Irland geleistet worden ist, was Nordirland, das in seinem Engagement für Irisch lange zögerlich war, nun zugutekommt.

Das Gälische stellt die einzige Sprache dar, deren Sprecherzahlen immer noch weiter zurückgehen und deren Sprachgemeinschaft wenig Einsatz für dessen Wiederbelebung erkennen lässt. Die ECRM ist ein mögliches Mittel, den Schwund des Gälischen weiter aufzuhalten. Allerdings müssten die empfohlenen Maßnahmen auch von der Bevölkerung mitgetragen werden, damit es auch für das Gälische zu einem Durchbruch kommen kann.

Scots und *Ulster Scots* haben bisher wenig Förderung von der eigenen Sprachgemeinschaft und bezüglich der ECRM erfahren, wobei es um *Ulster Scots* etwas besser steht, was das Engagement der eigenen Sprecher angeht. Möglicherweise war es ein Fehler, diese Varietäten als Regionalsprachen mit in die ECRM aufzunehmen. Das Interesse der allgemeinen Bevölkerung an einer Förderung von *Scots* und *Ulster Scots* ist eher gering, und die Varietäten werden vor allem als regionale Dialekte des Englischen wahrgenommen, die in der mündlichen Alltagskommunikation ihren angestammten Platz haben.

Abschließend lässt sich festhalten, dass die ECRM für die Sprachen des Vereinigten Königreichs insgesamt einen Gewinn darstellt. Die Bemühungen des Vereinigten Königreichs sind bisher beachtlich gewesen; manches kann allerdings nicht so schnell realisiert werden, wie man es sich wünschen würde. Es bleibt noch viel zu tun; ein Anfang ist jedenfalls gemacht.

7. Bibliographie

7.1. Quellen

Council of Europe: *European Charter for Regional or Minority Languages*, 5.11.1992. <http://www.coe.int/t/dg4/education/minlang/Report/default_en.asp> (deutsche und englische Fassung) (24.2.2011).

Europarat: *Rahmenübereinkommen zum Schutz nationaler Minderheiten*, 1.2.1995. <http://conventions.coe.int/Treaty/ger/Treaties/Html/157.htm> (24.2.2011).

7.2. Literatur

Ball, Martin J. / Müller, Nicole (Hrsg.): *The Celtic Languages*, London: Routledge ^{2}2010.
Broderick, George: »Manx«. In: Martin J. Ball / Nicole Müller (Hrsg.), 2010: 305–356.
Corbett, John / McClure, J. Derrick / Stuart-Smith, Jane: »A Brief History of Scots«. In: Dies.: *The Edinburgh Companion to Scots*, Edinburgh: Edinburgh University Press 2003: 1–16.
Coseriu, Eugenio: *Schriften von Eugenio Coseriu: (1965–1987)*, eingeleitet und hrsg. von Jörn Albrecht, Tübingen: Narr 1988.
Encyclopædia Britannica Online, 2009. <https://www.britannica.com/EBchecked/topic-art/188048/42694> (24.2.2011).
Filppula, Markku / Klemola, Juhani / Paulasto, Heli: *English and Celtic in Contact*, London: Routledge 2008.
George, Ken / Broderick, George: »The Revived Languages – Cornish and Manx«. In: Martin J. Ball / Nicole Müller (Hrsg.), ^{2}2010: 753–770.
Guskow, Meike: *Entstehung und Geschichte der Europäischen Charta der Regional- oder Minderheitensprachen*, Frankfurt am Main u.a.: Lang 2009.
Hickey, Raymond: »Irish English: Phonology«. In: Bernd Kortmann / Clive Upton (Hrsg.): *Varieties of English. The British Isles*, Berlin/New York: de Gruyter 2008: 71–104.
Jones, Robert Owen / Colin H. Williams: »The Sociolinguistic Context of Welsh«. In: Martin J. Ball / Nicole Müller (Hrsg.), ^{2}2010: 650–705.
Kloss, Heinz: *Die Entwicklung neuer germanischer Natursprachen seit 1800*, Düsseldorf: Schwann ^{2}1978.
MacKinnon, Kenneth: »Scottish Gaelic Today«. In: Martin J. Ball / Nicole Müller (Hrsg.), ^{2}2010: 587–649.
McLeod, William: »An Opportunity Avoided? The European Charter for Regional or Minority Languages«. In: Robert Dunbar / Gwynedd Parry (Hrsg.): *The European Charter for Regional or Minority Languages: Legal Challenges and Opportunities,* Strasbourg: Council of Europe Publishing 2008: 201–218.
Ó hIfearnáin, Tadhg: »Irish-Speaking Society and the State«. In: Martin J. Ball / Nicole Müller (Hrsg.), ^{2}2010: 539–586.
Office for National Statistics: »Census Data«. <http://www.ons.gov.uk/census/get-data/index.html> (25.2.2011).
Pan, Christoph: »Die Minderheitenrechte im Vereinigten Königreich«. In: Christoph Pan / Beate Sibylle Pfeil (Hrsg.): *Minderheitenrechte in Europa. Handbuch der europäischen Volksgruppen*, Wien: Springer ^{2}2006: 608–622.
Schmitt, Holger: *Sprache und Identität in Schottland. Eine qualitative Makrostudie zur Rolle des Tiefland-Schottischen (Scots)*, Heidelberg: Winter 2009.
Sinner, Carsten: »Zur Terminologie in der Sprachkontaktforschung: Bilinguismus und Diglossie, Interferenz und Integration sowie tertiärer Dialekt«. In: Gerda Haßler (Hrsg.): *Sprachkontakt und Sprachvergleich*, Münster: Nodus 2001: 125–152, bzw. <http://www.carsten sinner.de/Lehre/spanisch/sinner.pdf>, 1–29 (2.3.2011).
Stuart-Smith, Jane: »Scottish English: Phonology«. In: Bernd Kortmann / Clive Upton (Hrsg.): *Varieties of English. The British Isles*, Berlin/New York: de Gruyter 2008: 48–70.
»UK National Statistics«. <http://www.statistics.gov.uk/hub/index.html> (25.2.2011).
Willis, David: »Old and Middle Welsh«. In: Martin J. Ball / Nicole Müller (Hrsg.), ^{2}2010: 117–160.

Daniela Pirazzini (Bonn)

Italien

Die ECRM im Licht der Debatte um das Sprachgesetz Nr. 482 *Norme in materia di tutela delle minoranze linguistiche storiche* (15.12.1999)

In this paper, we show – from a linguist's point of view – to what extent the phrasing of the law 482, concerning linguistic minorities, has contributed to the failure of the ratification of the *European Charter for Regional or Minority Languages* in Italy. We will outline and exemplify some of the main problems related to the interpretation and actual application of the law, including the artificial creation of language unities without linguistic, sociocultural or historical foundation, the lack of consideration of the speakers' sense of belonging to a linguistic community, as well as the vain attempts to codify and standardize miscellaneous dialects and local variants. These observations will be systematically associated with a terminological discussion to demonstrate the insufficiency of a purely politico-juridical employment of certain concepts and thus the inadequacy and ambiguity of a law written without the participation of a qualified linguistic commission.

1. Einleitung

Aus einer linguistischen Perspektive soll im vorliegenden Beitrag gezeigt werden, warum die sprachliche Formulierung des Gesetzes Nr. 482 *Norme in materia di tutela delle minoranze linguistiche storiche* auf nicht unerhebliche Weise zum Scheitern der Ratifizierung der *Europäischen Charta der Regional- oder Minderheitensprachen* (ECRM) in Italien beigetragen hat. Viele Nichtitaliener meinen, hinter diesem Gesetz zum Schutz der Minderheitensprachen müsse wohl die Florentiner *Accademia della Crusca* oder zumindest eine kompetente Sprachkommission stehen. Das aber ist nicht der Fall. Der italienische Staat mit seinen politischen Institutionen und Instanzen ist seit seiner Gründung 1861 in fast allen Angelegenheiten, die mit Sprache und Kultur zusammenhängen, effektiv der einzige Akteur. Wenn aber nun der Staat als Sprachgesetzgeber – wie im Fall des Gesetzes 482 – nicht über die nötige sprachwissenschaftliche und soziolinguistische Kompetenz verfügt, um sinnvolle Entscheidungen im Rahmen von komplexen sprachlich-sozialen Konstellationen zu treffen, kann dies leicht zu Missverständnissen führen. So kann etwa der unkommentierte Gebrauch von Wörtern wie *lingue* oder *popolazioni germaniche*, wenn diese Begriffe lediglich politisch/juristisch – und damit traditionellerweise vage – festgelegt werden, der Beschreibung der soziokulturellen Realität der Minderheiten nicht gerecht werden. Wie Menschen und Menschengruppen etwa benannt werden, hängt viel tiefgreifender von Sprachkultur, Sprachbewusstsein und Zugehörigkeitsgefühl der Sprachbenutzer ab als von einem extern bedingten

Sprachgesetz. Insofern sollen im Folgenden einige Beobachtungen zur Rezeption und zu den tatsächlichen Auswirkungen des Sprachgesetzes 482 in Italien systematisch mit einer Diskussion der jeweils verwendeten Begrifflichkeiten verknüpft werden.

2. Die Sprachen der Minderheiten

Italien gehört zu den Ländern, welche die ECRM noch nicht ratifiziert haben. Ein Grund, der die Ratifizierung der Charta lange Zeit verhindert hat, bestand darin, dass es in Italien keine spezifische Gesetzgebung zu Minderheitensprachen gab:

> La motivazione che per lungo tempo non ha permesso la ratifica da parte dell'Italia di tale fondamentale atto del diritto internazionale, [...] è stata quella dell'inesistenza in Italia di una legislazione specifica riguardante le minoranze linguistiche (Onorevole Pietro Fontanini, Relatore per la I commissione Seduta n. 371 del 13.10.2003).[1]

Diese Lücke wurde mit der Verabschiedung des Gesetzes Nr. 482 *Norme in materia di tutela delle minoranze linguistiche storiche* am 15.12.1999 geschlossen, also erst sieben Jahre nach der Verabschiedung der Charta in Straßburg am 5.11.1992. Dieses Gesetz, das als erste Maßnahme der Sprachpolitik zum Schutz und zur Förderung der Minderheitensprachen in Italien gilt, enthält in seinen 20 Artikeln die Normen, Regelungen und Bestimmungen, welche auch die Charta vorsieht. So schaffen die Einräumung des Status einer anerkannten Sprachminderheit sowie die Festlegung des Geltungsgebiets für den Schutz solcher Minderheiten die Bedingungen für die Umsetzung einer Reihe von weitgehend territorial gebundenen Rechten sprachlicher Minderheiten. Hierbei handelt es sich im Einzelnen um:

- das Recht auf den Unterricht in der Minderheitensprache und deren Verwendung in den Kindergärten sowie im Grundschul- und Sekundarbereich, ohne dabei weitere Maßnahmen zur Förderung und zur Erforschung der Sprache im universitären Rahmen auszuschließen (Art. 4–6 ECRM),
- das Recht auf den Gebrauch der Muttersprache in den Verwaltungsgremien unter der Voraussetzung, dass dem Anspruch derjenigen, die der geschützten Sprache nicht mächtig sind, durch eine sofortige Verdolmetschung ins Italienische genüge getan wird (Art. 7 ebd.),
- die Veröffentlichungen amtlicher Bekanntmachungen des Staates, der Regionen sowie örtlicher und überregionaler Körperschaften in der Minderheitensprache, unbeschadet der ausschließlichen rechtlichen Geltung der italienischen Fassung (Art. 8 ebd.),

---

1 <http://documenti.camera.it/Leg14/BancheDati/ResocontiAssemblea/sed371/s090.htm>.

– das Recht auf den Gebrauch der Minderheitensprache im Verkehr mit der örtlichen Verwaltung und mit den Justizbehörden (Art. 9 ebd.) sowie bei den Orts- und Straßennamen (Art. 10 ebd.), während für die Wiederherstellung eventuell modifizierter Nachnamen in ursprünglicher Form entsprechende Belege erforderlich sind (Art. 11 ebd.).

Im Medienbereich hat der Staat darüber hinaus den Schutz der Sprachminderheiten in dem jeweiligen Siedlungsgebiet sicherzustellen, wobei die betroffenen Regionen eine besondere Förderung im Rundfunk- und Fernsehbereich gewährleisten können (Art. 12 ebd.) (vgl. Piergigli).[2]

Obwohl dieses bis heute gültige Sprachgesetz bereits im Jahre 1999 verabschiedet wurde und im Wesentlichen mit den Grundsätzen der Charta übereinstimmt, hat Italien diese, wie einleitend erwähnt, noch nicht ratifiziert. So stellt sich die Frage, ob vielleicht die Existenz des Gesetzes 482 selbst für die Nichtratifizierung der ECRM verantwortlich ist. Gegen diese Vermutung ist prinzipiell nichts einzuwenden. Im Gegenteil: Die Distorsionen und die Dysfunktionen, die von Linguisten, Juristen und Pädagogen, welche bei dem Entwurf des Gesetzestextes nicht einbezogen waren, im Nachhinein in dessen Formulierung fokussiert wurden, haben zu einer scharfen Debatte geführt, die bereits seit zwölf Jahren andauert. Sie hat zum Stopp des Ratifizierungsverfahrens beigetragen und liefert weiterhin Stoff für linguistische und politische Kontroversen.

Grundlage der Diskussion ist insbesondere die in Artikel 2 implizit enthaltene linguistische Typologie, die auf der Konzeption der *Abstandsprachen* (Kloss 1976) beruht. Denn jede der zwölf erwähnten Sprachen, die geschützt und gefördert werden sollen, kann aufgrund objektiver typologischer Unterschiedlichkeit zu den anderen Nachbarsprachen und zum Italienischen als eigenständige Sprache angesehen werden:

> Art. 2
> 1. In attuazione dell'articolo 6 della Costituzione e in armonia con i principi generali stabiliti dagli organismi europei e internazionali, la Repubblica tutela la lingua e la cultura delle popolazioni albanesi, catalane, germaniche, greche, slovene e croate e di quelle parlanti il francese, il franco-provenzale, il friulano, il ladino, l'occitano e il sardo.

Durch eine Formulierung wie ›lingua delle popolazioni x‹ wird nun vorausgesetzt oder suggeriert, dass eine von einer bestimmten Bevölkerungsgruppe gesprochene Sprachvarietät (und hierbei sind auch einzelne lokale Varianten mit einzuschließen) im Allgemeinen der Sprache zugeordnet werden soll, die ihr typologisch am nächsten steht. Die in Artikel 2 genannten Sprachen könnten damit als ›überdachende Sprachen‹ (vgl. Kloss 1976) bezeichnet werden und werden tatsächlich von vielen Linguisten als solche angesehen (vgl. z.B. Toso 2008). So werden beispielsweise die Sprachvarietäten und die lokalen Varianten der Volksgruppen der Provinz Bozen, der kleinen Gruppe der Walliser in den westlichen Alpen, der Kimber in Venetien, der Fersentaler in Trient sowie der Sauriser und der Timauer im Friaul von den zuständigen *Consigli provinciali*

---

[2] <http://www.associazionedeicostituzionalisti.it/dottrina/libertadiritti/Piergigli.pdf>.

dem Deutschen zugerechnet. Eine solche Zuordnung entspricht aber nur zum Teil der sprachlichen und historischen Realität. Denn die Sprachvarietäten und die lokalen Varianten, die als germanisch eingeordnet werden, bilden keine konkrete Einheit, weder in sprachlicher noch in soziokultureller und historischer Hinsicht. So schreibt auch der Dialektologe Fiorenzo Toso in »Alcuni episodi di applicazione delle norme di tutela delle minoranze linguistiche in Italia«:

> Tra le »popolazioni germaniche« si trovano integrati gruppi diversissimi per modalità di impianto storico, per tipologie dialettali, per realtà sociolinguistica, oscillando tra la compatta maggioranza »etnica« delle popolazioni della provincia di Bolzano, i piccoli gruppi Walser delle alpi occidentali, i Cimbri del Veneto, i Mòcheni del Trentino, i Saurani e Timavesi del Friuli (2008, 53).

Das gilt in ähnlicher Weise für die ladinischen (rätoromanischen) Sprachgebiete mit den Varietäten Bündnerromanisch, Dolomitenladinisch und Friulanisch. Selbst wenn eine Einheit des Rätoromanischen auf linguistischer Basis begründet oder bewiesen werden könnte, so dass die Verwendung der Bezeichnung »unità ladina« gerechtfertigt wäre, so fände sich keine Stütze in der soziolinguistisch-historischen Realität der betroffenen Gebiete (vgl. Liver ²2010, 15). Allein die Bezeichnung ›räto‹ kann dies zeigen. Sie definiert teils ›vom Volk der Räter abstammend‹, teils ›zur römischen Provinz Raetia gehörig‹, was zwar zutreffend für Graubunden ist, jedoch bestenfalls ansatzweise für die Dolomiten und überhaupt nicht für das Friaul gilt. Die Tatsache, dass ›rätoromanisch‹ oder ›ladinisch‹ nicht nur einen Sprachtyp, sondern gleichzeitig auch eine der drei voneinander unterschiedenen Sprachen bezeichnen, lässt eine gemeinsame terminologische Etikette für diese Gebiete als zweifelhaft erscheinen.

Eine wiederum andere Problematik ergibt sich in Friaul, wo eine linguistisch begründbare sprachliche Einheit tatsächlich existiert, welche mit der Bezeichnung »dialetti sloveni« für die Sprachen, die in den Provinzen Udine, Triest und Gorizia gesprochen werden, auf angemessene Weise definiert wird. In diesen Sprachräumen hat allerdings die Mehrheit der Bevölkerung aus historischen und politischen Gründen das Adjektiv *sloveno* scharf abgelehnt. Das Standardslowenische wird als Überdachungssprache der lokalen Mundarten nicht akzeptiert, insbesondere was das Resianische (*resiano*) betrifft. Roberto Dapit betont diesbezüglich in »Il resiano di fronte allo sloveno standard«, dass:

> nonostante il mondo scientifico abbia riconosciuto l'appartenenza dell'idioma resiano al gruppo dei dialetti sloveni, in realtà non si ravvedono le condizioni per affermare che sia esistito o esista presso la comunità un senso di appartenenza, generalmente condiviso, al mondo sloveno, [...] (2005, 431–432).

Eine ähnliche Beobachtung macht auch Guglielmo Cevolin in »Lingue di confine (Furlan e non solo)«:

> La particolare identità linguistica resiana esprime una lingua slavo-arcaica unica, distinta da qualsiasi altro idioma linguistico riscontrabile in comunità o Stati limitrofi. La possibilità per la minoranza slovena di riferirsi ad uno Stato nazionale confinante con la regione è un elemento di forza di questa minoranza. Ciò non è però percepito dalla minoranza slovena in provincia di Udine, che presenta caratteri peculiari dovuti all'isolamento linguistico.

> La minoranza resiana è stata forse la più decisa nel reclamare l'adozione di una formula di tutela linguistica ampia, comprensiva di tutte le comunità stabilmente insediate entro i confini regionali (2010, 75).

Nun steht außer Zweifel, dass das Zugehörigkeitsgefühl der Sprachbenutzer zu einer bestimmten Sprachgemeinschaft eine nicht ganz zu vernachlässigende Bedeutung hat und selbstverständlich auch ein Teil der Kultur und der Tradition der entsprechenden Sprache ist. Dies gilt, verglichen mit anderen Ländern, insbesondere für die Sprachen der Minderheiten in Italien. Denn Italien ist ein Land, in dem viele Dialekte und lokale Varianten ohne »coscienza identitaria« gesprochen werden. Die Kultur, in der ein Teil der dialektal geprägten Bevölkerungsgruppen noch heute lebt, ist in ihrer historischen Substanz seit der Antike eine Wortkultur, die von der ›Außenwelt‹ abgeschlossen ist und abgeschlossen bleiben möchte. Das Fehlen einer gemeinsamen sprachlichen Identität lässt sich z.B. für die Bevölkerungsgruppen in den Tälern von Piemonte sehr deutlich dokumentieren. Luisa Pla-Lang, die sich in *Occitano in Piemonte: riscoperta di un'identità culturale e linguistica?* mit dieser Problematik beschäftigt, schreibt zu Recht:

> il fatto [...] di *riconoscersi occitano*, non ha in Piemonte una lunga tradizione: fino a qualche decennio fa la popolazione autoctona di queste valli era priva di ogni coscienza identitaria e parlava occitano in modo incosciente. [...] Quindi, quella che per alcuni abitanti è vista come una *riscoperta*, per altri è qualcosa che da sempre esisteva: una cultura basata su di una lingua, delle tradizioni, degli usi e dei costumi tipici della propria gente. Soprattutto per questi ultimi è difficile, se non impossibile, riconoscersi in un'utopica nazione in virtù della lingua condivisa (2008, 30).

Und selbst wenn das Zugehörigkeitsgefühl zu einer Sprachgemeinschaft sehr stark ausgeprägt ist, wie dies auf der Insel Sardinien der Fall ist, weigert die Mehrheit der Bevölkerung sich, die Existenz einer »lingua-tetto sarda« anzuerkennen. Eine Umfrage, die zwischen Februar und Juni 2006 auf der Grundlage eines repräsentativen Bevölkerungsausschnitts aus allen Sprachgebieten der Insel durchgeführt wurde, weist diesbezüglich ein eindeutiges Ergebnis auf: 90 % der Befragten stimmten der Aussage zu, nach welcher die »specificità linguistica sarda [...] deve essere promossa e sostenuta perché è parte della nostra identità«. 81,8 % der Befragten sind ebenfalls damit einverstanden, dass den Kindern die Möglichkeit geboten wird, die lokalen Varianten zu erlernen, nicht aber damit, dass es sich dabei um irgendeine bestimmte sardische Sprachvarietät, wie etwa *sardo campidanese*, *sardo logudorese*, *sardo nuorese*, *sassarese* oder *gallurese*, handeln soll (zit. nach Toso 2008, 50). Dieser von der Bevölkerung selbst wahrgenommene Unterschied zwischen Sprachvarietät und *parlata locale* (›lokale Variante‹) ist ein durchaus problematischer Faktor, denn »la lingua sarda è caratterizzata da un elevato numero di varianti locali« (Aresu 2010, 64). Bei den lokalen Varianten – und damit sind hier lediglich die lokalen Varianten des Sardischen gemeint – handelt es sich nicht um Sprachvarietäten (d.h. regionale Varietäten, Dialekte), sondern vielmehr ganz im Sinne Heideggers um »die landschaftlich verschiedenen Wesen des Sprechens. [...] Ihre Verschiedenheit zur Sprache gründet nicht nur und nicht zuerst in unterschiedlichen Bewegungsformen der Sprachwerkzeuge. In der Mundart spricht je verschieden die Landschaft und d.h. die Erde« (Heidegger 1959, 205). Derartige lokale Sprachformen besitzen demnach jeweils ihre eigenen sprachlichen Elemente zum Ausdruck der territorialen und landschaftlichen Wirklichkeit. »Das zeigte sich früher häufig schon«, wie Weinrich bezüglich deutscher Mundarten schreibt, »von einem Dorf zum Nachbardorf, es brauchte nur ein Fluß oder Bergrücken dazwischen zu liegen« (2001, 321), um das alltägliche Leben anders wahrzunehmen und es dementsprechend anders zu bezeichnen. So ist beispielsweise das Logudoresische von einer so großen Vielfalt lokaler Sprachformen geprägt, dass eine Verständigung der Sprecher unterschiedlicher ›parlate logudoresi‹ z.T. kaum möglich ist.

Wenn nun die lokalen Varianten in einem Sprachgebiet bevorzugt werden, dann werden diese von den Sprechern selbst nicht als Teil einer bestimmten übergeordneten Sprachvarietät empfunden, sondern als in sich geschlossene und schlüssige homogene ›patrimoni‹ in einem Sprachraum. Ein ›patrimonio privato‹ also, der für die Bevölkerung keinerlei Verbindung mit dem ›patrimonio comune‹ einer übergeordneten Sprachvarietät hat. Obwohl natürlich seit Beginn des 20. Jahrhunderts im Zuge der fortschreitenden Medialisierung eine solch extreme territoriale Isolierung und damit Geschlossenheit von lokalen Varianten schwer vorstellbar und die Dialektologie somit heute weitgehend von diesem Konzept abgerückt ist (vgl. Vàrvaro 1983), lassen sich in traditionellen Dörfern Italiens mit langer Siedlungskontinuität bis heute die lokalen Sprachformen beschreiben, auch wenn diese oft von weiträumigeren Regionalsprachen überlagert sein können.

Wie aber soll die Beschäftigung mit der »lingua tetto« angelegt sein, welche Lernziele sollen verfolgt werden, wenn verschiedene kulturelle Aspekte der Alltagspragmatik und grundlegende Erfahrungen der Wirklichkeit fern von einem gemeinsamen Besitz lediglich an einen in sich geschlossenen Sprachraum gebunden sind? Angesichts der Existenz einer derartigen Problematik beruht die sprachliche Formulierung des Artikels 4, nämlich »l'educazione linguistica prevede [...] l'uso della lingua della minoranza«, offensichtlich auf einem tiefgreifenden Denkfehler und demzufolge auf einem grundlegenden terminologischen Fehler. Denn für die meisten »parlate locali« gibt es keine überdachende »lingua della minoranza«, sei es in historischem oder in sprachlichem Sinne. Wenn nun also in einem Land überhaupt lokale Mundarten gelehrt werden sollen, weil dies gesetzlich vorgesehen ist (vgl. 482, Art. 4), so müsste es auf eine andere Art und Weise geschehen als bei einer Sprache, die in ihrer Funktion auch als internationale Verkehrssprache gilt bzw. gelten kann. Diesen wichtigen Aspekt haben die regionalen und kommunalen Institutionen im italienischen Sprach- und Kulturraum leider in keiner Weise berücksichtigt. Denn um der Komplexität der linguistischen und soziolinguistischen Probleme »von Genauigkeit und Feingefühl im sprachlichen Umgang mit Minderheiten« (Weinrich 2001, 312) zu entgehen, haben die lokalen Institutionen sich dafür entschieden, die Einführung der jeweiligen ›Dachsprache‹ als Unterrichts- und Amtssprache vorzuschlagen. Dieser Vorschlag ist nun nicht ganz so harmlos, wie es gelegentlich von den lokalen und regionalen Staatsorganen dargestellt wird. Mit der Einführung einer Standardsprache als Unterrichts- und Amtssprache wächst nämlich, wie oben bereits erwähnt, nicht nur die Gefahr, dass eine derartige »lingua tetto« sehr weit von den lokalen Mundarten entfernt ist, sondern es entsteht gleichzeitig die Gefahr, dass die lokale Kulturvielfalt zu einer Monokultur wird. Es ist daher kein Zufall, dass die schärfsten Bedenken gegen diesen Gesetzesentwurf von den minderheitlichen Bevölkerungsgruppen selbst vorgebracht worden sind. So haben sich z.B. einige Provinz- und Gemeindeinstitutionen in Trient geweigert, das Standarddeutsche vorzuschreiben, und haben – wie im Falle der Fersentaler und der Kimber in der autonomen Provinz Trient – Wiederbelebungsversuche der lokalen Mundarten unternommen.

Eine in gewissen Grenzen analoge Entscheidung wurde nun auch für das Arbëresh in Piana degli Albanesi in Sizilien getroffen. Interessanterweise hat hier die Bevölkerung, unter der viele Intellektuelle zu finden sind, zwei verschiedene Entscheidungsmöglichkeiten öffentlich diskutiert. Sue Wright fasst in »Il diritto a utilizzare la propria lingua: alcune riflessioni su teoria e pratica« (2007) beide Standpunkte zusammen, indem sie einerseits diejenigen nennt, »che ritenevano avesse più senso adottare lo standard scritto dell'Albania, già esistente, che avrebbe dato accesso a un più ampio spettro di fonti e contatti, e ad una letteratura estesa [...]«, und andererseits bemerkt, dass

> Chi si è opposto alla sua adozione ha osservato l'incongruenza di combattere per conservare una lingua quando quel che viene conservato non è la lingua del gruppo ma un'altra che, per quanto simile sotto alcuni aspetti, è sentita come estranea sotto molti altri. È stato notato che importare lo standard albanese avrebbe introdotto un altro codice, e adottandolo si sarebbe creata una situazione di doppia diglossia per i parlanti arbëresh (ebd., 40).

Zugunsten des Erlernens einer »lingua tetto« scheinen sich bis heute nur die Schüler in der Region Molise entschieden zu haben. Die Bezeichnung des slawischen Dialekts in Molise als ›kroatisch‹ hat nämlich dort neben der Einführung dieses lokalen Dialekts in der Tat auch die Einführung des Standardkroatischen in die Unterrichtspraxis legitimiert; mit dem Ergebnis, dass niemand mehr die Dialekt-Kurse besucht, sondern sich alle für die Standardkroatisch-Kurse anmelden. Ein zentraler Grund dafür sind natürlich die Vorteile einer sicheren Beherrschung der kroatischen Standardsprache, welche »da accesso a un più ampio spettro di fonti e contatti e ad una letteratura più estesa« (vgl. Marra 2007, 170). Obwohl gegen diese (subjektive) Entscheidung der Sprachlernenden prinzipiell nichts einzuwenden ist bzw. nichts eingewendet werden darf, wird hier aber deutlich – wie Marra mit Recht betont –, dass

> la scelta nella scuola della varietà standard a discapito di quella locale segnala che il riconoscimento ufficiale di una lingua non basta per modificare il ruolo e il valore che essa assume all'interno della comunità (ebd., 171).

Gerade dann also, wenn der Staat mit seinen politischen Institutionen und Instanzen eine Sprachvarietät bzw. eine lokale Mundart und deren Kultur offiziell anerkennt und zu deren Schutz auffordert, diese Mundart aber von den betroffenen Sprachbenutzern nicht als solche ›wahrgenommen‹ wird, handelt es sich lediglich um ein »riconoscimento formale«, welches allein juristisch relevante Implikationen hat, wie etwa »di apporre il nome di battesimo nella lingua della minoranza« (Art. 11 ECRM), nicht aber um ein »riconoscimento effettivo«. Nur letzteres aber könnte für die Existenz und die tatsächliche Bewahrung einer Sprache von Bedeutung sein (vgl. de Mauro 1987, 34).

Der einschneidendste Misserfolg des Gesetzes ist jedoch erst nach dessen parlamentarischer Verabschiedung zu verzeichnen, und zwar durch die Entscheidung, eine neutrale Schriftvarietät zu entwickeln, in der jeweils die verschiedenen Idiome und Dialekte in lautlicher, morphologischer und lexikalischer Hinsicht nach dem Mehrheitsprinzip angeglichen werden sollten. Die ladinischen und sardischen Kulturinstitute, um nur ein illustratives Beispiel zu nennen, haben daraufhin Experten beauftragt, eine schriftliche Standardvarietät zu entwickeln, die dem Status der jeweiligen Sprache als Amtssprache Rechnung tragen sollte. Im Fall der »limba sarda comune«, deren Modell am 18.4.2006 festgelegt wurde, handelt es sich ›leider‹ um eine Varietät, die von niemandem gesprochen wird. Toso schreibt: »Il modello di limba sarda comune deliberazione 16/14 del 18 aprile 2006 non corrisponde ad alcuna varietà parlata nell'isola« (2008, 172).

Auch das Projekt des *Ladin Standard* wurde 2004 aus den gleichen Gründen abgebrochen. In den ladinischen Tälern werden in amtlichen Publikationen weiterhin die Talvarianten Gadertalisch und Grödnerisch verwendet. Als Misserfolg werden ebenfalls die o.g. Kodifizierungs- und Standardisierungsvorschläge von Intellektuellen und Dichtern für die Orthographie des Arbëresh angesehen, da es sich um eine höchst literarische, für sehr wenige Sprecher verständliche Standardsprache handelt.

Wenn nun das Gesetz 482, wie hier dargelegt wurde, in seiner Formulierung von der falschen Prämisse ausgeht, dass ausgearbeitete sprachliche Formen existieren und von den Sprechern akzeptiert werden, die in der Realität großer Teile der Sprachminderheiten im italienischen Sprachraum inexistent sind (vgl. Wright 2007, 40), dann haben die Sprecher keinen nennenswerten Vorteil davon, dass der Staat die Minderheitensprache offiziell anerkennt. Das gleiche gilt, wenn sich unter den Sprachminderheiten Gruppen finden, die aufgrund der historischen Bedingungen der Besiedlung, der dialektalen Typologien oder der soziolinguistischen Realität sehr unterschiedlich sind. Dann sollte man sich Gedanken machen, ob eine solche Zuordnung, die lediglich allgemeine typologische Aspekte der Sprache von der Dominanz einer lokal präsenten Dachsprache berücksichtigt, sinnvoll ist. Alle weiteren wichtigen Aspekte der Sprache, wie etwa die territoriale Distribution, die in Italien sehr komplex ist, wie das Sprachbewusstsein und das Zugehörigkeitsgefühl einer Gruppe von Sprechern, werden im Gesetzestext leider nicht berücksichtigt. Mit Recht betont Wright: »Non si combatte per tutelare una varietà locale, bensì per una ›lingua altra‹ che per quanto simile su diversi aspetti, è sentita come estranea sotto molti altri« (2007, 40).

Es ist eine berechtigte Frage, ob der italienische Staat mit seinen politischen Institutionen und Instanzen das Recht habe, auf seinem Territorium ohne die

Berufung einer kompetenten Sprachkommission von Sprachwissenschaftlern, Soziolinguisten und Sprachdidaktikern für ein angemessenes Sprachgesetz zum Schutz und zur Förderung der Minderheitensprachen zu sorgen. Wenn daraufhin aber eine derart hohe Anzahl an komplexen Problematiken festzustellen ist, so kann dies als Indiz dafür gelten, dass die Alleinverantwortlichkeit von Staatsorganen offensichtlich nicht zu geeigneten Lösungen führt und der Einsatz einer kompetenten Sprachkommission, die über die nötige linguistische Kompetenz verfügt, daher unverzichtbar ist, um ein sinnvolles Gesetzgebungsverfahren zum Schutz und zur Förderung der Minderheitensprachen in Gang zu bringen.

3. Die italienische Standardsprache als Minderheitensprache

In diesem Zusammenhang stellt sich nun eine weitere, vielleicht noch zentralere Frage, und zwar, ob die älteste aller europäischen Sprachakademien, die Florentiner *Accademia della Crusca*, die über eine hochkompetente Forschungsstelle für Linguistik verfügt, mit ihrer Autorität nicht die Aufgabe einer Lösung der komplexen Problematik übernehmen sollte. »Diese Akademie«, schreibt Weinrich 2001 zu Recht, »könnte wohl für einen guten Gebrauch der italienischen Sprachen tätig werden, hält sich aber im allgemeinen, von einigen diskreten Ratschlägen abgesehen, mit normativen Äußerungen zurück« (ebd., 311). Einer der Gründe, warum die *Accademia della Crusca* sich in allen Angelegenheiten, die mit den Sprachen und Kulturen im italienischen Sprachraum in Zusammenhang stehen, ausdrücklich zurückhält, hängt zweifellos mit der Berufung auf die alte, philologische und philosophische Tradition der Akademiker zusammen. Schon immer enthielt diese das Prinzip der Trennung von Politik und Kultur. Es wurde somit bewusst Abstand von politischen und ideologischen Regierungsentscheidungen gehalten, um die (Sprach)Kultur unabhängig von der Politik zu bewahren und zu schützen. So nahm die *Crusca* bereits in den vergangenen Jahrhunderten kaum Stellung zu sprachpolitischen Entscheidungen und zwang nichts auf. Tatsache ist aber, dass sie dennoch effektiv die Norm vorschrieb, und zwar durch ihre Autorität und das Prestige ihres *Vocabolario*. Heutzutage, da sie kein Wörterbuch mehr redigiert und auch ihre wissenschaftlichen und philologischen Tätigkeiten eingeschränkt hat, versucht die *Accademia* gelegentlich, Stellung zu nehmen. Dabei bezieht sie sich allerdings weiterhin auf die alte puristische Tradition der Pflege der italienischen Standardsprache. Ein Beweis dafür ist ihre Einstellung zu dem Gesetz 482. Wie gewöhnlich, hat sie sich diesbezüglich offiziell zurückgehalten. Ihre polemische Stimme war allerdings inoffiziell zu hören, und zwar in den Worten ihres damaligen Präsidenten, des Linguisten und Sprachhistorikers Giovanni Nencioni am Ende seiner Amtszeit. Die schärfsten Bedenken Nencionis gegen das Gesetz 482 sind im Jahre 2000 in der angesehenen Zeitschrift *Rivista di studi politici internazionali* erschienen, die sich – wie der Titel erkennen lässt – mit politischen und nicht wirklich linguistischen Grundfragen beschäftigt. Die starke Kritik von Nencioni bezieht sich nicht etwa auf den Artikel 2, der die Minderheitensprachen betrifft, sondern auf den Artikel 1, der die italienische Sprache zum Gegenstand hat:

> Art. 1
> 1. La lingua ufficiale della Repubblica è l'italiano.
> 2. La Repubblica, che valorizza il patrimonio linguistico e culturale della lingua italiana, promuove altresì la valorizzazione delle lingue e delle culture tutelate dalla presente legge.

Der Gesetzestext des Artikels 1 setzt implizit voraus, dass die italienische Republik ohnehin bemüht ist, die Standardsprache und ihre Kultur stetig aufzuwerten. Nach Nencioni entspreche dies aber nicht der Realität, es sei vielmehr das Gegenteil wahr:

> Non si spiega perché sia data per scontata non solo la tutela ma la valorizzazione della lingua nazionale e del suo patrimonio culturale, quando una legge organica che la tuteli non esiste e nella stessa legge che esaminiamo [482] non ve n'è traccia, perché vi mancano disposizioni che la tutelino e la valorizzino quando essa stessa si trovi a costituire minoranza in un ambiente italiano in cui prevalgono le lingue elencate nell'art. 2 (2000, 70).

Gegen den hoch pertinenten Vorwurf, dass die italienische Republik, verglichen mit anderen Ländern, wie etwa Frankreich, kein Gesetz zum Schutz und zur Förderung des Italienischen verabschiedet habe, ist nichts einzuwenden. Zu Recht schreibt Nencioni:

> Dall'art. 1 mi ha felicemente sorpreso il primo comma, che ha finalmente dichiarato la lingua ufficiale della Repubblica essere l'italiano; dichiarazione assente anche nella Costituzione (ebd., 69).

Es ist folglich zu wünschen, dass in einem Land wie Italien außer den Minderheitensprachen auch das Italienische als Nationalsprache verfassungsrechtlich verankert würde. Problematisch scheint mir aber die Bemerkung, dass der italienischen Sprache der Status einer Minderheitensprache im italienischen Sprachraum zuzusprechen sei:

> E' lo stesso art. 1 a ricordarci che la nuova legge intende valorizzare non solo la lingua ma anche la cultura delle minoranze tutelate; minoranze nel cui numero può ricadere, agli effetti sia della lingua sia della cultura (cioè anche del costume), la lingua nazionalmente maggioritaria, come implicitamente prevede l'art. 7 (ebd., 70).

Die italienische Sprache steht natürlich – numerisch betrachtet – zu den anderen Minderheitensprachen in einem gewissen Konkurrenzverhältnis. Jedoch ist im Unterschied zu den Minderheitensprachen das Italienische insbesondere als Kultursprache eine Weltsprache geworden. Für die Verbreitung und den Austausch kunstwissenschaftlicher, musikwissenschaftlicher und literaturwissenschaftlicher Informationen gibt es heute in vielen Disziplinen zum Italienischen keine Alternative. Mozarts *Don Giovanni* ist nur ein Beispiel. Daraus ergibt sich, dass der italienischen Sprache seit Jahrhunderten ein »riconoscimento effettivo« zukommt, welches den Minderheitensprachen mit einer Art »riconoscimento ufficiale« durch das Gesetz 482 zum ersten Mal zuerkannt wurde:

> La legge apre un'epoca nuova nella cultura linguistica italiana, poiché mette al centro dell'attenzione dei cittadini e degli studiosi un problema che era stato sempre esorcizzato nel dibattito pubblico, e cioè il plurilinguismo costitutivo ed essenziale della società italiana (Pinto 2004, 135; vgl. auch Savoia 2003, 86).

Das Fehlen eines solchen »riconoscimento ufficiale«, wenngleich es für das Italienische selbst sekundär erscheinen mag, hat allerdings zur Folge, dass die Nationalsprache keinen Zugriff auf den 1999 eingerichteten nationalen Fond zum Schutze der Minderheitensprachen hat, welcher die nicht unbeträchtliche Summe von 9.800.000.000 Lire umfasst.

Wenn man diesen Faktor nun mit berücksichtigt, scheinen die Probleme, die sich daraus ergeben, evident: Sprachliche Minderheitenidentitäten werden *ad hoc* konstruiert, um konkrete Vorteile zu erhalten. Ein Beispiel dafür ist der Fall Reschen (Resia), welches als slowenische Minorität dargestellt wurde, ohne zu berücksichtigen, dass die Bevölkerung im Jahre 2004 eintausend Unterschriften dagegen vorgelegt hat, als slowenische Minderheit angesehen zu werden. Noch größeres Aufsehen hat der Fall der Provinz Neapel erregt, die einen Antrag zum Schutze einer historischen germanophonen Minderheit in den Gemeinden der Insel Ischia genehmigt hat. Bei der Genehmigung der staatlichen Mittel für Projekte einzelner Gemeinden wurde keine historische Motivation geliefert, da evidenterweise alte Verwurzelungen einer germanischen Bevölkerung auf der Insel fehlen. Es wurde hingegen das Argument angeführt, dass auf der Insel mit 65.000 Einwohnern 2.000 deutsche oder österreichische Frauen leben, die Männer aus der Gegend geheiratet haben, und größtenteils im Unternehmenssektor, im Hotelgewerbe oder im Thermaltourismus beschäftigt sind.

Man könnte natürlich weitere Problemfälle und Schwierigkeiten im Zusammenhang mit dem Gesetz und der Ratifizierung der Charta aufzählen. Ich glaube aber, diese Beispiele konnten bereits zeigen, dass das gesamte Problemfeld nicht nur mit im weiteren Sinne linguistischen Fragen oder bestimmten terminologischen Festlegungen zu tun hat. Es geht vielmehr um komplexe politisch-ökonomische Konstellationen. Einerseits existieren natürlich die legitimen Interessen der Minderheiten, anderseits dürfen aber auch politische Konkurrenz und die Vorteile, die der Status einer Minderheitensprache mit sich bringen kann, nicht aus dem Blickfeld geraten. Die Zukunft wird zeigen, ob und wie eine solche Problematik gelöst werden kann.

4. Bibliographie

4.1. Quellen

»Norme in materia di tutela delle minoranze linguistiche storiche. Legge 15 Dicembre 1999, n. 482«. In: *Gazzetta Ufficiale* 297, 20.12.1999.

4.2. Literatur

Aresu, Alessandro: »›Pocos, locos y mal unidos‹. I sardi temono l'altrui differenza«. In: *Lingua è potere. I quaderni speciali di Limes. Rivista italiana di Geopolitica*, anno 2/3, 2010: 61–70.

Dapit, Roberto: »Il resiano di fronte allo sloveno standard«. In: Vincenzo Orioles / Fiorenzo Toso (Hrsg.): *Le eteroglossie interne. Aspetti e problemi. Numero tematico di Studi Italiani di Linguistica Teorica e Applicata*, n. 34/3, 2005: 431–447.

Cevolin, Guglielmo: »Lingue di confine (Furlan e non solo)«. In: *Lingua è potere. I quaderni speciali di Limes. Rivista italiana di Geopolitica*, anno 2/3, 2010: 71–80.

Consani, Carlo / Desideri, Paola (Hrsg.): *Minoranze linguistiche. Prospettive, strumenti, territori*, Roma: Carocci 2007.

De Mauro, Tullio: *L'Italia delle Italie*, Roma: Editori Riuniti 1987.

Fontanini, Pietro: *Resoconto stenografico dell'Assemblea*, Seduta n. 371 del 13.10.2003. <http://documenti.camera.it/Leg14/BancheDati/ResocontiAssemblea/sed371/s090.htm> (20.9.2010).

Heidegger, Martin: »Das Wesen der Sprache«. In: Ders.: *Unterwegs zur Sprache*, Pfullingen: Neske 1959: 157–238.

Kabatek, Johannes / Pusch, Claus D. (Hrsg.): *Spanische Sprachwissenschaft*, Tübingen: Narr 2009.

Kloss, Heinz: »Abstandsprachen und Ausbausprachen«. In: Joachim Göschel u.a. (Hrsg.): *Zur Theorie des Dialekts. Aufsätze aus 100 Jahren Forschung mit biographischen Anmerkungen zu den Autoren* [= *Zeitschrift für Dialektologie und Linguistik*, Beihefte N.F. 16], Wiesbaden: Steiner 1976: 301–322.

Liver, Ricarda: *Rätoromanisch. Eine Einführung in das Bündnerromanische*, Tübingen: Narr ^{1}1991/^{2}2010.

Marra, Antonietta: »Politiche linguistiche e piccole comunità minoritarie, tra sociolinguistica e glottodidattica«. In: Consani / Desideri, 2007: 161–185.

Nencioni, Giovanni: »Tutela delle minoranze linguistiche storiche«. In: *Rivista di studi politici internazionali*, LXVV n. 1, Gennaio-Marzo 2000: 69–76.

Orioles, Vincenzo (Hrsg.): *La legislazione nazionale sulle minoranze linguistiche. Problemi, Applicazioni, Prospettive, Contatti di lingue e culture 9* (Numero monografico di *Plurilinguismo*), Università degli studi di Udine: Centro internazionale sul plurilinguismo 2002.

Orioles, Vincenzo: *Le minoranze linguistiche. Profili sociolinguistici e quadro dei documenti di tutela*, Roma: Il Calamo 2003.

Piergigli, Valeria: *La tutela delle minoranze linguistiche storiche nell'ordinamento italiano tra principi consolidati e nuove (restrittive) tendenze della giurisprudenza costituzionale.* <http://www.associazionedeicostituzionalisti.it/dottrina/libertadiritti/Piergigli.pdf> (20.9.2010).

Pinto, Raffaele: »La legge per la tutela delle minoranze linguistiche. A proposito degli Atti di un convegno«. In: *Quaderns d'Italià*, 8/9, 2003/2004: 133–137.

Pla-Lang, Luisa: *Occitano in Piemonte: riscoperta di un'identità culturale e linguistica?*, Frankfurt am Main u.a: Lang 2008.

Savoia, Leonardo: »Componenti ideologiche nel dibattito sulle leggi di tutela linguistica«. In: Orioles, 2002: 85–114.

Toso, Fiorenzo: »Alcuni episodi di applicazione delle norme di tutela delle minoranze linguistiche in Italia«. In: *Ladinia*, XXXII, 2008: 165–222.

Vàrvaro, Alberto: »Sulla nozione di area isolata: il caso della Lucania«. In: Frederico Albano Leoni / Daniele Gambarara / Franco Lo Piparo / Raffaele Simone (Hrsg.): *Italia linguistica. Studi in onore di Tullio De Mauro*, Bologna: Il Mulino 1983: 149–166.

Weinrich, Harald: »Gedanken zu einer europäischen Sprachenpolitik«. In: Ders.: *Sprache, das heißt Sprachen*, Tübingen: Narr 2001: 295–320.

Wright, Sue: »Il diritto a utilizzare la propria lingua: alcune riflessioni su teoria e pratica«. In: Consani / Desideri, 2007: 32–47.

Felix Tacke (Bonn)

Belgien

Territorialitätsprinzip und Minderheitenproblematik vor dem Hintergrund der ECRM

As is well-known, Belgium is one of the few countries of Western Europe that has neither signed nor ratified the *European Charter for Regional or Minority Languages*. This paper examines why a ratification by the Kingdom of Belgium is not – and probably will not be – expectable any time soon. After a short discussion of the notions of ›language‹, ›dialect‹ and the Belgian term ›endogenous regional language‹, I will therefore portray the history of Belgium as the history of a multilingual communication space. This provides the basis to explain the problematic application of the principle of territoriality which articulates itself in the competing interests of majorities and minorities on the one hand and national and European politics on the other hand.

1. Einführung

Die sich durch das Nebeneinander v.a. einsprachiger Volksgruppen definierende Mehrsprachigkeit Belgiens wird bereits seit der Gründung des Staates 1830 durch einen Sprachkonflikt zwischen dem Französischen und dem Niederländischen geprägt.[1] Zwar hat sich der Konflikt in den vergangenen Jahrzehnten, während derer das Land sich eine föderalistische Form gab, abgeschwächt, da sich die drei Amtssprachen Belgiens – das Französische, das Niederländische und das Deutsche – aufgrund der territorialen Organisation in ihren jeweiligen Gebieten zu konsolidieren vermochten. Andererseits haben sich die Spannungen zwischen den Sprachgemeinschaften, gewissermaßen als Nebenwirkung der Anwendung des Territorialitätsprinzips und der Etablierung einer innerstaatlichen, rechtlich fixierten Sprachgrenze, in die Grenzgemeinden verlegt, wo die sprachliche Realität mehrsprachiger Bevölkerungen auf eine juristisch verordnete Einsprachigkeit trifft. Damit hat das Territorialitätsprinzip zwar zu einer Lösung des Sprachkonflikts auf staatlicher Ebene beigetragen, jedoch auf regionaler Ebene eine Minderheitenproblematik erzeugt, die mithin das Zusammenleben der beiden dominanten Volksgruppen empfindlich stört.[2]

---

1 Ebenso wie die Sprachkontaktsituationen in Québec und in Katalonien wurde Belgien daher immer wieder zum Thema soziolinguistischer Untersuchungen. Beispielhaft sei hier nur auf das *International Journal of the Sociology of Language* verwiesen, das der soziolinguistischen Situation Belgiens zwei komplette Ausgaben, herausgegeben von Verdoodt (1978) und Verdoodt / Sonntag (1993), gewidmet hat.

2 Der Streit um die Zuweisung der Gemeinde Fourons/Voeren zu Flandern und die damit einhergehende Pflicht zur Verwendung des Niederländischen als Amtssprache führte 1987

Belgien gehört zu den wenigen westeuropäischen Staaten, welche die *Europäische Charta der Regional- oder Minderheitensprachen* (ECRM) bislang weder unterzeichnet noch ratifiziert haben. Ähnlich wie im Falle eines anderen Vertragstextes des Europarats, dem *Rahmenübereinkommen zum Schutz nationaler Minderheiten*, ist ein Beitritt, trotz zahlreicher Diskussionen und mancher Ankündigung, wohl auch in naher Zukunft nicht zu erwarten.[3] Der dazu notwendige Konsens aller Volksgruppen erscheint in Anbetracht der konträren Positionen kaum möglich. Die Gründe dürften v.a. in der (Sprach-)Geschichte Belgiens liegen, die zugleich als Schlüssel zum Verständnis der heutigen Minderheitenproblematik betrachtet werden kann.[4] Der belgische Sprachkonflikt ist indessen nicht erst seit den Diskussionen um Charta und Rahmenübereinkommen in den Blickpunkt europäischer Institutionen geraten, sondern beschäftigt den Europarat bereits seit der ersten Festlegung der Sprachgrenze durch das Gesetz vom 8.11.1962 (vgl. Alen / Clement 2008).

Verwiesen werden muss an dieser Stelle auf die Aufsätze von Jean-Luc Fauconnier (2008) und Yves Lejeune (2010), die beide im Rahmen der vom Europarat herausgegebenen und publizierten Reihe *Regional or minority languages* erschienen sind und die belgische Diskussion um die Charta thematisieren. Bei beiden Autoren herrscht Einigkeit darüber, dass die Gründe für den Nicht-Beitritt zur Charta einerseits im föderalstaatlichen System Belgiens zu suchen sind, da dieses zur Unterzeichnung internationaler Verträge auf den Konsens aller Gemeinschaften gleichermaßen angewiesen ist; andererseits sei die Schuld konkret bei den Flamen sowie den deutschsprachigen Belgiern zu suchen, die einem Beitritt bislang ihre Zustimmung verweigerten.[5] Lejeune macht überdies den Text der Charta selbst mitverantwortlich: Die Charta definiert nicht, was unter ›Sprache‹ in Abgrenzung zu Dialekten von Amts- und Nationalsprachen gemeint ist und überlässt es den Staaten, diese Frage nach eigenem Ermessen zu klären. Dies habe jedoch im Fall Belgiens, wo die Rechtsprechung in sprachli-

---

sogar zum Scheitern einer Regierungskoalition und ist nur ein Beispiel für die Virulenz solcher ›Grenzkonflikte‹ (vgl. dazu Murphy 1993, 59–61).

3 Das Rahmenübereinkommen wurde am 31.7.2001 zwar unterzeichnet, jedoch resultierte die Unterzeichnung aus einem innenpolitischen Kompromiss und wurde mit Blick auf eine spätere Ratifizierung durch so weitgehende Einschränkungen ergänzt, dass die Parlamentarische Versammlung des Europarats diese in der *Résolution 1301 (2002)* zum Minderheitenschutz in Belgien als »vidant cette convention de son sens« (Abs. 4) beurteilte (vgl. auch Scholsem 2005, 661f.).

4 Zur komplexen geographischen Zusammensetzung des belgischen Staates im Rahmen der politischen Umbrüche in der Zeit vor und nach 1830 vgl. Dagnino (2010, 127f.).

5 Zumindest Fauconnier, dessen Biographie eng mit der Förderung der wallonischen Varietäten verbunden und der überdies Präsident des *Conseil des Langues régionales endogènes* ist, lässt es diesbezüglich in seinem Aufsatz an wissenschaftlicher Distanz fehlen und rückt in die Nähe engagierter Literatur, wie das folgende exemplarische Zitat zeigt: »The discussion on this issue has dragged on in Belgium for the last fifteen years owing to the fact that only states can sign the charter. […] In other words, just because the Flemish Community is not interested in its own linguistic heritage, it should not be allowed to prevent the French Community from supporting efforts to protect its linguistic heritage through an ad hoc international charter« (2008, 156).

chen Angelegenheiten den drei Gemeinschaften obliege, dazu geführt, dass »contradictory solutions« zur Anwendung kämen und dass einzig die Französische Gemeinschaft »has granted endogenous language status to the main dialects used within its geographical area« (2010, 57). Ein weiteres Hindernis stelle für Belgien die Bestimmung dar, so Lejeune, dass auch eine »official language which is less widely used on the whole or part of its territory« (Art. 3,1 ECRM) geschützt werden könnte, da dies den auf dem Territorialitätsprinzip basierenden und zugleich gewissermaßen als Schutzzonen (vgl. Anm. 29) fungierenden Sprachräumen von Flamen und Deutschsprachigen entgegenstehe.

Im Folgenden soll in einem ersten Schritt zunächst dargestellt werden, welche Sprachen in Belgien im Falle eines Beitritts unter den Schutz der Charta fallen könnten, und es sollen die in Belgien zugrunde gelegten, unterschiedlichen Definitionen von ›Sprache‹ diskutiert werden (2.). Erst in einem zweiten Schritt möchte ich an Fauconnier und Lejeune anknüpfend die komplexe sprachliche Gliederung Belgiens darstellen, um auf dieser Grundlage die ablehnende Haltung Flanderns innerhalb des historischen Kontextes erläutern zu können (3.). Als Ansatzpunkt soll dazu die Geschichte Belgiens als diejenige eines mehrsprachigen Kommunikationsraums fungieren. Darauf aufbauend möchte ich die in ihrer Umsetzung äußerst problematische Anwendung des Territorialitätsprinzips in Belgien im Spannungsfeld zwischen Mehrheiten und Minderheiten einerseits und zwischen nationaler Gesetzgebung und supranationaler Kontrolle andererseits näher beleuchten (4.), um schließlich eine Bewertung abzugeben (5.).

2. Regional- oder Minderheitensprachen in Belgien?

Das belgische Königreich unterliegt gemäß seiner Verfassung territorial einer komplexen föderalstaatlichen Organisation, die das Land einerseits in die Flämische Region, die Wallonische Region und die Brüsseler Region gliedert (Art. 3), welche Zuständigkeiten in den Bereichen Wirtschaft, Beschäftigung und Raumplanung haben; und andererseits in die Flämische Gemeinschaft, die Wallonische Gemeinschaft und die Deutschsprachige Gemeinschaft (Art. 2), denen die Zuständigkeiten in den Bereichen Sprache, Kultur und Bildung obliegen. Ferner gliedert sich Belgien in vier rechtlich sanktionierte Sprachgebiete, das niederländische, das französische, das deutsche und das zweisprachige Gebiet Brüssel-Hauptstadt (Art. 4),[6] wodurch in Belgien drei nach dem Territorialitäts-

---

[6] Die Komplexität rührt daher, dass es sich um voneinander unabhängige territoriale Entitäten handelt, deren geographischer Geltungsbereich sich nur teilweise überschneidet: So umfasst die Flämische Gemeinschaft die gesamte Region Flandern, teilt sich jedoch mit der Französischen Gemeinschaft die Zuständigkeit für die Brüsseler Region. Die Französische Gemeinschaft hat dagegen nur Zuständigkeiten für den größten Teil Walloniens, während ein kleiner Teil der Region der Deutschsprachigen Gemeinschaft obliegt.

prinzip regional begrenzte Amtssprachen gelten.[7] Da es sich bei der Charta um einen Vertrag handelt, der Kultur und Sprache betrifft, wären in der Frage einer Benennung von zu schützenden Sprachen folglich die Gemeinschaften die maßgebliche Instanz, wenngleich nur der belgische Föderalstaat als Ganzes, unter der Zustimmung sowohl der Gemeinschaften als auch der Bundesbehörden, den Vertrag unterzeichnen und ratifizieren kann, wie Fauconnier (2008, 156) und Lejeune (2010, 60) korrekt konstatieren.[8] Getrennt von einander soll nun dargestellt werden, welche Regionalsprachen (2.1.) und welche Minderheitensprachen (2.2.) im Sinne der Charta für Belgien im Falle eines Beitritts in Frage kommen könnten, wobei die Frage nach Regionalsprachen überdies sprachwissenschaftlich problematisiert werden soll.

2.1. Dialekt oder Regionalsprache? Die Definition von ›Sprache‹ als Politikum

Die Beurteilung der traditionell auf dem Gebiet des heutigen belgischen Staates gesprochenen Varietäten der drei Amtssprachen fällt bei den drei Gemeinschaften überraschend unterschiedlich aus: Während die Deutschsprachige und die Flämische Gemeinschaft diese sämtlich – und auch gegen den Vorwurf einer mehr ideologisch als wissenschaftlich motivierten Beurteilung – als Dialekte ansehen,[9] die folglich nicht von der Charta berücksichtigt würden, fährt die Französische Gemeinschaft seit einigen Jahrzehnten Programme zum Schutz des eigenen sprachlich-kulturellen Erbes und hat seit Ende der 1980er bzw. Anfang der 1990er Jahre im Lichte der beim Europarat ausgearbeiteten Charta konkrete Maßnahmen ergriffen, um die v.a. den Status betreffenden Voraussetzungen für einen Schutz zu erfüllen. Es ist aufschlussreich, den Diskurs über die sprachlichen Varietäten Walloniens genau zu betrachten, denn es zeigt sich bereits bei einem Blick auf die damit eigens befassten Institutionen, Einrichtungen und Gesetze, dass diese bis 1988 noch als Dialekte bezeichnet wurden: So schuf die Französische Gemeinschaft am 19.2.1976 die sog. *Commission de Promotion des Lettres dialectales de Wallonie* und erließ im Januar 1983 ein Dekret[10] zum Gebrauch der Dialekte (*recours à un dialecte*) in der Bildung. Als

---

7 Pfeil bezeichnet die belgischen Gemeinschaften als »Bevölkerungsgliederungen mit territorialer Grundlage«, die Regionen dagegen als »de jure rein gebietskörperschaftliche Einrichtungen«; der Bildung der Gemeinschaften und Sprachgebiete liege ein »typisch *nationalitätenstaatliches Konzept* zugrunde: die Idee des gleichberechtigten Zusammenlebens verschiedener Ethnien in einem Staat« (2006, 42f.). Eine Analyse der sprachpolitischen Aspekte der Umwandlung Belgiens in einen Föderalstaat durch die Verfassungsreform von 1993/94 bietet Treude (1996, 221–290).

8 Detailliert beschreibt Lejeune (2010, 60) die rechtlichen Details und den technischen Ablauf des zur Unterzeichnung und Ratifizierung notwendigen Verfahrens.

9 Vgl. dazu die Ausführungen bei Lejeune (2010, 61), der jedoch keine Quelle für die Vorwürfe angibt.

10 *Décret du 24 janvier 1983 relatif au recours à un dialecte de Wallonie dans l'enseignement primaire et secondaire de la Communauté française.*

sich jedoch abzeichnete, dass der Europarat Dialekte von Amtssprachen vom Schutz ausschließen würde, änderte die Französische Gemeinschaft ihre Politik und erließ im Dezember 1990 das *Décret relatif aux langues endogènes de la Communauté française*, das – wie der Titel bereits zeigt – anstelle von Dialekten nun von ›endogenen Regionalsprachen‹ spricht;[11] ferner wurde die o.g. Kommission durch den *Conseil des Langues régionales endogènes* (CLRE) abgelöst. Fauconnier, der an dieser Politik bis heute als Präsident des CLRE beteiligt ist (vgl. Anm. 5), thematisiert dies explizit und begründet die Schaffung des neuen Konzepts überdies aus (vermeintlich) sprachwissenschaftlicher Perspektive:

> Calling them ›endogenous regional languages‹ means that the designation ›language‹ now applies to these tongues which often used to be labelled ›dialects‹; calling these languages dialects was wrong from a linguistic viewpoint and would have excluded them from the benefits of the ECRML [= *European Charter for Regional or Minority Languages*] (2008, 153).

Fauconnier versäumt es indessen, diesen »linguistic viewpoint« mit Argumenten zu stützen, wodurch er den programmatischen Eindruck seines Aufsatzes noch verstärkt. Tatsächlich würde eine sprachwissenschaftliche Perspektive auf die Frage ›Sprache oder Dialekt?‹ im Fall der Varietäten des Französischen in Wallonien wohl zu einem anderen Schluss kommen. Nach der Terminologie Coserius (1980) wären das Pikardische, das Wallonische, das Lothringische und das Champagnische als *primäre Dialekte* des Französischen zu bezeichnen, die, wenngleich sie sich historisch parallel zur französischen Gemeinsprache entwickelt haben, dem Status nach dieser heute als Dialekte zuzuordnen sind. Auch in der Kloss'schen Begriffstypologie[12] wären die genannten Varietäten als *Normaldialekte* und allenfalls das in einigen wenigen Domänen auch schriftlich verwendete Wallonische als *Ausbaudialekt* zu bezeichnen.[13] Es wird ersichtlich, dass die Französische Gemeinschaft das Konzept der *langues régionales endogènes*[14] aus rein (sprach-)politischen Beweggründen geschaffen hat, ohne sich

---

11 Vgl. dazu auch den Beitrag von Alain Viaut in diesem Band.

12 Die Begriffe ›Normal-‹ und ›Ausbaudialekt‹ sowie die ihnen zuzuordnenden schriftsprachlichen Anwendungsbereiche finden sich bei Kloss (^{2}1978, 55–60).

13 Francard stellt (minimale) Ausbaubemühungen sowohl für die Vergangenheit als auch für die Gegenwart fest, so habe sich seit dem 17. Jahrhundert eine »literary tradition in which drama became the dominant genre« (2009, 106) entwickelt; heute versuche man, nach langer Vernachlässigung, im Rahmen von Revitalisierungsmaßnahmen eine einheitliche Schriftsprache zu kodifizieren. Insgesamt lässt sich anhand der Darstellung Francards jedoch erkennen, dass die Maßnahmen bislang nicht über die für Ausbaudialekte charakteristischen folkloristischen und belletristischen Bereiche hinausgehen.

14 Seinen Ursprung hat das Konzept der ›Regionalsprache‹ vermutlich in der Tradition Frankreichs, wo der Begriff *langue régionale* – wie Bertile (2010, 71–74) belegt – bereits seit 1966 in amtlichen Rundschreiben, Verwaltungsvorschriften und Gesetzestexten zu finden ist (vgl. auch Viaut 2002). Aber auch dort ist die Bezeichnung nicht Teil einer linguistischen Typologie, sondern zeigt vielmehr einen politischen Status an: So stellt Bernard Cerquiglini, Linguist und damaliger Leiter der *Délégation générale à la langue française et aux langues de France*, in einem von ihm herausgegebenen Band zu den Sprachen

dabei – anders als Fauconnier es suggeriert – auf sprachwissenschaftliche Argumente stützen zu können. Es soll jedoch nicht darum gehen, den ›Wert‹ von primären Dialekten zu schmälern – die Bemühungen, das sprachliche Erbe Walloniens unter den Schutz der Charta zu stellen, sind durchaus legitim. Doch unterscheidet der Text der Charta nicht zwischen primären und sekundären Dialekten, sondern schließt beide als »dialects of the official language(s)« (Art. 1a ECRM) aus.[15] Insofern überrascht es nicht, dass manche Interessengruppe den sprachwissenschaftlich völlig substanzlosen Terminus ›Regionalsprache‹ verwendet, um die von der Charta gelassene Grauzone auszufüllen.[16] Es drängt sich daher die über den Fall hinausgehende, allgemeine Frage auf: Was ist eine Regionalsprache? Und inwiefern müssen Regionalsprachen Ausbau- und/oder Abstandsprachen sein?

2.2. *Amtssprachen in Minderheitensituation*

Um trotz der unterschiedlichen Bewertung der lokalen Varietäten eine Unterzeichnung der Charta zu erreichen, schlug die Französische Gemeinschaft vor, im Einklang mit dem Vertragstext nur die in ihrem eigenen Geltungsbereich gesprochenen Varietäten zu benennen und auf diese Weise die Geltung der Charta, die sich stets auf den Staat als ganzes bezieht, in der Praxis auf den frankophonen Teil Walloniens zu beschränken (Fauconnier 2008, 155f.). Gänzlich außen vor gelassen wurde in der Diskussion um die Charta jedoch die Frage nach Minderheitensprachen, insofern sich diese auf das Deutsche, das Niederländische und das Französische als weniger verbreitete Amtssprachen in einem Teil des Territoriums beziehen könnten.[17] In diesem Punkt offenbart sich die

---

Frankreichs »la langues officielle«, »[l]es langues régionales« und »[l]es langues sans assise territoriale« (2003, 9) in Opposition zu einander. Bezeichnenderweise hat der Ausdruck *langue régionale* über die Kapitelbezeichnung »Langues régionales de France métropolitaine« innerhalb des Bandes keinerlei Relevanz und findet nicht einmal im einleitenden Kapitel »Quelques notions sur les langues« (Launey 2003, 11–17) Erwähnung.

15 In diesem Kontext erklärt sich auch die Tatsache, dass Fauconnier (2008, 148) die Amtssprachen Belgiens, das Französische, das Niederländische und das Deutsche, explizit als fremde bzw. *exogene* Sprachen apostrophiert, um damit den Kontrast zu den traditionell gesprochenen und als ›*endogene* Regionalsprachen‹ bezeichneten Varietäten zu verstärken.

16 Es ist interessant festzustellen, dass der v.a. politische Gebrauch des Terminus ›Regionalsprache‹ wiederum auf den wissenschaftlichen Diskurs Auswirkungen hat: Betrachtet man beispielsweise die Bibliographie von Francard, so fällt auf, dass er in einem Aufsatz von 1988 noch die »vitalité des dialectes wallons« untersucht, einige Jahre später, als die Charta längst bekannt ist, er jedoch über die »perception des langues régionales de la Wallonie« (1994) schreibt und auch in der Folge den Ausdruck ›Regionalsprache‹ anstelle von ›Dialekt‹ verwendet. Die Frage muss also erlaubt sein, inwiefern der Diskurs über die Charta auf die sprachwissenschaftliche Terminologie Einfluss nimmt und zuvor geschaffene Trennschärfe (vgl. Kloss ^{2}1978, Coseriu 1980) wieder vermindert.

17 »Each Contracting State shall specify in its instrument of ratification, acceptance or approval, each regional or minority language, or official language which is less widely used

grundsätzliche Problematik der Anwendung des Territorialitätsprinzips auf sprachliche Realitäten: Die juristische Etablierung der belgischen Sprachgrenze 1962/63 hat zwar, rechtlich gesehen, einsprachige Gebiete geschaffen, doch hinterließ sie auch in einer Reihe von Grenzgemeinden Sprachminderheiten, denen man durch die Gewährung von sprachlichen Sonderrechten, sog. *facilités linguistiques/taalfaciliteiten*, gerecht werden will. Insofern können das Französische im deutschen Sprachgebiet, Deutsch und Niederländisch im französischen Sprachgebiet sowie Französisch im niederländischen Sprachgebiet als Minderheitensprachen bezeichnet werden.[18]

Dass die Flämische Gemeinschaft jedoch einem Vertragstext zustimmt, der die frankophonen Minderheiten in Flandern – zusätzlich zu den bereits auf nationaler Ebene in der Vergangenheit höchst problematischen (verfassungs-) rechtlichen Regelungen – unter den Schutz einer europäischen Institution stellen könnte, ist politisch ausgeschlossen. Diese politische Grundhaltung der Flamen ist jedoch auf die historische Entwicklung des Verhältnisses der Sprachen Belgiens zueinander, v.a. der Sorge vor einer ›Französierung‹ (*francisation/verfraansing*), sowie auf die aus der territorialen Gliederung hervorgegangenen Probleme zurückzuführen. An dieser Stelle überschneidet sich die Frage eines Beitrittes zur Charta überdies mit derjenigen einer Ratifizierung des Rahmenübereinkommens. Im Folgenden sei daher zunächst ein Überblick über die Sprachgeschichte Belgiens gegeben.

3. Die Geschichte Belgiens als Entwicklung eines mehrsprachigen Kommunikationsraums

Die hochkomplexe sprachliche Gliederung Belgiens unterliegt aus diachronischer Perspektive nicht erst seit der staatlichen Unabhängigkeit 1830 einem stetigen Wandelprozess.[19] Für das mehrsprachige Belgien bildet das Jahr 1830 indessen den Ausgangspunkt eines Sprachkonfliktes, der sich am charakteristischsten am Beispiel des heutigen (erweiterten) Großraums Brüssel darstellen lässt, in dem der Konflikt in den letzten Jahrzehnten besonders virulent scheint.

---

on the whole or part of its territory, to which the paragraphs chosen in accordance with Article 2, paragraph 2, shall apply« (Art. 3,1 ECRM).

18 Vgl. dazu auch Lejeune (2010, 62), der darlegt, dass die Nicht-Berücksichtigung nur der frankophonen Minderheit im niederländischen Sprachgebiet sowohl gegen den Internationalen Pakt über bürgerliche und politische Rechte als auch gegen die belgische Verfassung verstoßen würde und daher – anders als im Falle der Regionalsprachen bzw. lokalen Varietäten – nicht möglich wäre.

19 Eine Darstellung des Verhältnisses zwischen Standardsprachen und germanischen sowie galloromanischen Varietäten findet sich bei Kramer (1984, 113–121) sowie bei Aunger (1993), wobei letzerer jedoch wie Francard (s.o. Anm. 16) den Terminus ›Regionalsprache‹ verwendet und sich von der Bezeichnung der Varietäten als ›Dialekte‹ distanziert: »These languages are commonly referred to as dialects, although this description is misleading« (1993, 34).

Als Kommunikationsraum betrachtet, wird Belgien durch das funktionelle Nebeneinander mehrerer Sprachen und einer Vielzahl von (diatopischen) Varietäten gekennzeichnet, deren Verbreitung und Funktion sich im Laufe der letzten Jahrhunderte starken Veränderungen unterworfen sahen. Nach einer Darstellung der allgemeinen Entwicklung des ›Kommunikationsraums Belgien‹ (3.1.) soll die Perspektive auf die Brüsseler Hauptstadtregion verengt werden (3.2.), wo die Umgestaltung eines mehrsprachig konnotierten Kommunikationsraumes zu einem immer stärker einsprachigen Sprachraum unter dem Begriff der Französierung am deutlichsten zutage tritt.

3.1. Der belgische Kommunikationsraum seit 1830

Wenn man das belgische Staatsgebiet seit seiner Gründung im Jahr 1830 als einen sich in diachronischer Perspektive stetig wandelnden Kommunikationsraum betrachtet, so muss gerade im Übergang vom 19. zum 20. Jahrhundert nicht nur zwischen der Ebene der nähesprachlichen und der distanzsprachlichen Kommunikation unterschieden werden, sondern es gilt, auch zwischen sozialen (Sprecher-)Schichten zu differenzieren.

In der Fortsetzung der sprachlichen Verhältnisse des Mittelalters und der Renaissance ergibt sich für das 19. Jahrhundert dadurch im Bereich der nähesprachlichen Kommunikation der ausschließliche Gebrauch lokaler Varietäten: Im Norden germanische Dialekte, die oft unter der Bezeichnung ›flämische Dialekte‹ subsummiert werden,[20] im Süden galloromanische Dialekte, die nach der von Coseriu (1980) eingeführten Terminologie als primäre Dialekte des Französischen zu bezeichnen wären (vgl. 1.1.). Der distanzsprachliche Bereich, der bis zur Einführung der allgemeinen Schulpflicht am Ende des Ersten Weltkriegs nur einer Minderheit der belgischen Bevölkerung, d.h. den Eliten und dem Bildungsbürgertum zur Verfügung stand, war – und dies gilt für den flämischen Norden in gleicher Weise wie für den wallonischen Süden – der französischen Standardsprache vorbehalten. Es kann folglich von einer Diglossiesituation[21] gesprochen werden, wobei nur eine privilegierte Schicht einen (aktiven) Anteil an der distanzsprachlichen Kommunikation hatte.[22] Während des 19.

---

[20] Vgl. etwa Francard (2009, 100), der von germanischen Dialekten »generally labeled as ›Flemish‹ (in its widest sense)« spricht.

[21] Für das Verhältnis zwischen flämischen Dialekten und dem Standardfranzösischen als Distanzsprache ist der Diglossiebegriff freilich nur in seiner erweiterten Definition nach Fishman (1967) anwendbar, nach Ferguson müsste hier von Bilingualismus gesprochen werden, da das Kriterium der Verwandtschaft nicht erfüllt wird.

[22] Francard differenziert für das Verhältnis zwischen den in Wallonien gesprochenen primären Dialekte und dem Französischen insgesamt drei Phasen vom Mittelalter bis heute, wobei nicht klar ersichtlich wird, inwiefern die Phasen (i) und (ii) sich von einem Diglossieverhältnis unterscheiden: »(i) a situation of complementarity between the two languages was followed by (ii) one of functional competition leading to (iii) the current diglossia« (2009, 106). Von einer »functional competition« kann m.E. nicht die Rede sein, solange

Jahrhunderts änderte sich die Situation insofern, als dass das Französische von der wallonischen Bevölkerung auch im nähesprachlichen Bereich immer mehr gebraucht wurde, was durch die Verbreitung des französischen Jakobinismus und der damit einhergehenden Geringschätzung gesprochener Varietäten als *patois* verstärkt wurde.

Seit der Staatsgründung war das Französische nicht nur die Sprache der gesellschaftlichen Eliten, sondern fungierte *de facto* in ganz Belgien als Amtssprache. Sozialer Aufstieg war damit klar mit der französischen Hochsprache verbunden,[23] was seitens der flämischen Bevölkerung während des 19. Jahrhunderts immer mehr als Benachteiligung empfunden wurde und zur Bildung der Flämischen Bewegung (*Vlaamse Beweging*) führte, die sich für die politische Gleichstellung des Niederländischen, als eine den flämischen Dialekten näherstehende Standardsprache neben dem Französischen einsetzte.[24] Seit 1898 wurde diese Gleichstellung auf gesetzlicher Ebene schrittweise eingeführt, wenngleich eine gesellschaftliche Gleichstellung der beiden Sprachen weiterhin ausblieb (vgl. Lejeune 2010, 49f.). Die soziolinguistisch als partielle Diglossie zu bezeichnende Situation wurde im Übergang zum 20. Jahrhundert damit zunehmend als Sprachkonflikt wahrgenommen. Die Lösung dieses Konflikts, namentlich die Schaffung von rechtlich sanktionierten, strikt einsprachigen Gebieten, sollte das 20. Jahrhundert prägen und bis zur heutigen föderalstaatlichen Organisation Belgiens führen (vgl. Nelde / Darquennes 2001, 92–94). Dass flämische Interessenvertreter ursprünglich eine Gleichstellung in Form einer landesweiten Zweisprachigkeit und keine territoriale Lösung anstrebten, doch am Widerstand der Wallonen scheiterten, kann heute lediglich noch als geschichtliche Randnotiz zur Kenntnis genommen werden.[25]

Die Einführung der Schulpflicht in Belgien ab 1918 führte zwar zunächst zu einer allgemeinen Diglossie, in welcher der Nähebereich von den lokalen Dialekten als *low varieties* und der Distanzbereich im Norden zunehmend durch das Niederländische und im Süden durch das Französische als *high varieties* gebildet wurde. Doch ist während des gesamten 20. Jahrhunderts ein starker Rückgang des Gebrauchs der Dialekte zu verzeichnen, weshalb Francard die

---

sich der schriftliche Gebrauch des Wallonischen, wie Francard selbst darstellt, auf einige wenige belletristische Texterzeugnisse beschränkte.

23 Laut Nelde / Darquennes (2001, 94) wurde das Französische durch die Etablierung Brüssels als politisches Zentrum Belgiens und die rapide Zunahme des Großbürgertums »zu einem gesamtbelgischen Symbol für den sozialen Aufstieg«.

24 Zum Sprachkonflikt in der ersten Hälfte des 19. Jahrhunderts, zu dessen Wahrnehmung und zur Entstehung der Flämischen Bewegung vgl. auch McRae (1986, 22–33), Swiggers (2001), Dagnino (2010).

25 Selma K. Sonntag belegt anhand von Parlamentsdebatten und der damaligen Zeitungsberichterstattung eindrucksvoll, dass die Sprachgesetze von 1932, die der später auch in der Verfassung festgeschriebenen territorialen Lösung den Weg bereiteten, eben nicht die konkreten Ziele von Flamen oder Wallonen widerspiegelten, sondern vielmehr als Kompromiss zwischen drei alternativen Vorschlägen gelten müssen: »(1) no reform, that is, maintaining the status quo with *de facto* dominance of the French language; (2) mandatory nationwide bilingualism; and (3) regional unilingualism« (1993, 10).

Schulen gar als »spearhead in the eradication of patois« (2009, 107) verurteilt. Der Kommunikationsraum hat sich in der Folge dahingehend gewandelt, dass ein großer Teil der Bevölkerung heute einsprachig zugunsten einer der Standardsprachen ist und nur noch ein kleiner Teil die jeweiligen lokalen Varietäten beherrscht.[26]

(Sprach-)Politisch folgte 1962/63 als Fortsetzung der Gesetzgebung der 1930er Jahre die Etablierung einer Sprachgrenze und 1970 die Konstituierung der heutigen belgischen ›Gemeinschaften‹ und ›Regionen‹. Aus der daraus resultierenden Einteilung des Landes in juristisch als einsprachig definierte Gebiete, welche sich geographisch an den historisch gewachsenen Räumen der galloromanischen und flämischen Dialekte orientieren, ging die heutige föderalistische Organisation Belgiens hervor.

Aus einem Kommunikationsraum, der im sprachlichen Distanzbereich zunächst homogen durch den Gebrauch des Französischen und nähesprachlich durch den Gebrauch lokaler germanischer und galloromanischer Varietäten gekennzeichnet war, wurde politisch ein zwei- (bzw. mit dem Deutschen ein drei-)geteilter Raum geschaffen, welcher heute aus rechtlich sanktionierten Sprachräumen besteht, in denen die Standardsprachen nicht nur den Distanz-, sondern zunehmend auch den Nähebereich einnehmen. Die Sprachkonfliktsituation, die vor allem deswegen als solche wahrgenommen wurde, weil sich Flamen einer zunehmenden Französierung ausgesetzt sahen, hat sich seit der juristischen Etablierung der Sprachgebiete jedoch nicht etwa gelöst, sondern sich in die Grenzgebiete verschoben und findet ihren »Nährboden« (Schmitt ²2008, 105) insbesondere in der Brüsseler Region, weshalb die Hauptstadtregion – ebenfalls als Kommunikationsraum konzipiert – im folgenden Abschnitt genauer betrachtet werden soll.

3.2. Zur Französierung Brüssels und seiner Peripherie

Ein Blick auf die Studien, nach denen heute 70 % der Brüsseler Einwohner zuhause das Französische gebrauchen und 95,6 % angeben, die Sprache sehr gut oder nahezu perfekt zu beherrschen (Francard 2009, 114, Anm. 3), legt nahe, Brüssel dem französischsprachigen Belgien zuzurechnen und außen vor zu lassen, dass die Stadt geographisch und historisch zu Flandern gehört. Die Französierung Brüssels hat indessen eine fast ebenso lange Tradition, Schmitt (²2008, 105) setzt ihren Beginn im 16., Hasquin sogar im 15. Jahrhundert an, wenngleich er einräumt, der Prozess sei bis zum 18. Jahrhundert »extrêmement lent et limité à une fraction très réduite de la société« (1989, 54) gewesen. Das Französische diente folglich bereits sehr früh als Schriftsprache und gewann an

---

26 Die aktuellen Zahlen bezüglich der Dialekt-Kompetenz in Wallonien gehen je nach Studie stark auseinander, was unterschiedlichen Methodologien geschuldet ist. Einer Übersicht bei Francard (2009, 108) zufolge verfügen zwischen 25,63 % und 58,5 % der ca. 3,2 Mio. Wallonen über dialektale Kompetenzen.

Bedeutung für die distanzsprachliche Kommunikation; dennoch bescheinigt Hasquin der Stadt noch für die Zeit unmittelbar vor der staatlichen Unabhängigkeit Belgiens, während des *Directoire* und des *Empire*, einen »caractère flamand dominant de la population« (1989, 61). Dagegen hat sich das Verhältnis von Flamen zu Frankophonen seit 1830 in relativ kurzer Zeit umgekehrt: 1846 gaben schon 38,4 % der Brüsseler an, ihre Hauptsprache sei Französisch und aufgrund von stetiger, durch die wirtschaftliche und politische Bedeutung der Stadt noch beschleunigte Zuwanderung aus Wallonien ist der flämisch- bzw. niederländischsprachige Teil der Bevölkerung heute in der Minderheit. Den Höhepunkt der Französierung sehen Nelde / Darquennes (2001, 94) zu Beginn des 20. Jahrhunderts. Auf diese Weise wurde aus einer einstmals flämischen Stadt, in welcher der Gebrauch flämischer Dialekte dominierte, ein heute durch die französische Hochsprache dominierter Kommunikationsraum, wobei es zweifellos der dominanten Rolle des Französischen einerseits und dem historischen Ursprung der Stadt andererseits geschuldet ist, dass bei der Etablierung rechtlich sanktionierter Sprachgebiete 1962/63 die Hauptstadtregion neben den drei einsprachigen Gebieten offiziell zum zweisprachigen Gebiet Brüssel-Hauptstadt erklärt wurde, das von der Französischen und der Flämischen Gemeinschaft gemeinsam verwaltet wird.[27]

Weitaus komplexer ist die sprachliche Situation unmittelbar um die 19, die Brüsseler Region bildenden, juristisch zweisprachigen Gemeinden im *Brusselse Rand*. Besonders interessant erscheint die Brüsseler Peripherie überdies, wenn man sich das Wechselspiel zwischen sprachlicher Realität, d.h. dem deskriptiven Sprachgebrauch und den juristischen Sprachenregelungen vor Augen führt. Politisch und administrativ gehört die ebenfalls 19 Gemeinden umfassende Peripherie zur Region Flandern und damit zugleich zur Flämischen Gemeinschaft, weshalb sie – rein rechtlich gesehen – einsprachig niederländisch ist.[28] Der sozio-ökonomisch bedingte Zuzug frankophoner Belgier in den erweiterten Großraum Brüssel in den letzten Jahrzehnten hat zu der bemerkenswerten Situation geführt, dass die zu Flandern zählende Peripherie in einigen Gemeinden mittlerweile *de facto* mehrheitlich frankophon ist. Es sind dies die sog. Fazilitätengemeinden (fr. *commune à facilités*, nl. *faciliteitengemeente*) Wemmel, Wezembeek-Oppem, Kraainem/Crainhem, Sint-Genesius-Rode/Rhode-Saint-Genèse, Linkebeek und Drogenbos, denen bereits bei der Einrichtung der Sprachgebiete sprachliche Sonderrechte zugestanden worden waren. Ihnen stehen in

---

[27] Eine ausführliche kommentierte Bibliographie zur Situation des Französischen speziell im Brüsseler Raum wie auch in Belgien allgemein, die den Zeitraum von 1945 bis 1978 abdeckt, bieten Heckenbach / Hirschmann (1981, 49–78). Bereits die Kommentare zu Brüssel (Nr. 376–396) bieten einen hervorragenden Einblick in die Französierung sowie deren zeitgenössischer Bewertung.

[28] Der sog. *Noordrand* umfasst die Gemeinden Asse, Merchtem, Wemmel, Meise, Grimbergen und Vilvoorde, der *Oostrand* die Gemeinden Machelen, Zaventem, Wezembeek-Oppem, Kraainem/Crainhem und Overijse, der *Zuidrand* die Gemeinden Sint-Genesius-Rode/Rhode-Saint-Genèse, Linkebeek, Beersel und Drogenbos und der *Westrand* die Gemeinden Sint-Pieters-Leeuw, Lennik, Dilbeek sowie einen Teil der Gemeinde Asse.

juristischer Hinsicht die übrigen Gemeinden der Peripherie gegenüber, die zwar tendenziell wachsende frankophone Minderheiten beheimaten, diesen jedoch keinerlei sprachliche Rechte gewähren. Verständlich scheint daher die Forderung der Frankophonen, den juristisch zweisprachigen Raum Brüssel-Hauptstadt auch auf die Peripherie auszudehnen und damit die sprachpolitische Rechtslage der sprachlichen Realität anzupassen, welcher sie unbestritten nicht mehr entspricht. Auf der anderen Seite versuchen die Flamen jedoch, eine weitere Französierung ihrer ›sprachlichen Schutzzone‹ zu verhindern und lehnen jede Veränderung des verfassungsrechtlich garantierten *status quo* ab.[29] In diesem Kontext ist auch die eigentümliche Interpretation der Fazilitätengemeinden seitens der Flamen zu verstehen, nach welcher diese nur übergangsweise eingerichtet wurden, um den jeweiligen Minderheiten die Möglichkeit zu geben, sich der juristisch geltenden einsprachigen Situation anzupassen.[30] Der von Kenneth D. McRae vor über zwanzig Jahren getroffenen Einschätzung, »Brussels – in one aspect or another – has become the largest outstanding issue dividing the language communities« (1986, 293) kann folglich auch heute noch uneingeschränkt zugestimmt werden.[31]

4. Die Anwendung des Territorialitätsprinzips in Belgien

4.1. Zwischen sprachlicher Realität und juristischer Geltung

Aus dem bisher Gesagten wird deutlich, dass die territoriale Einteilung des belgischen Staates im Unterschied zu den meisten anderen Föderalstaaten beinahe ausschließlich nach sprachlichen Kriterien erfolgt ist. Genau hier liegt auch das Problem, wenn sich aufgrund von Binnenmigration und Sprachwechsel die sprachlichen Gegebenheiten so sehr verändern, dass die ursprüngliche Grenzziehung der Realität nicht mehr gerecht wird und folglich ihre Legitimität in Frage steht. Erhellend sind in diesem Zusammenhang die Ausführungen der Rechtswissenschaftlerin Jordane Arlettaz, die sich aus einer juristischen Perspektive mit ›sprachlichen Territorien‹ auseinander gesetzt hat. Sie stellt fest, dass es sich bei rechtlich sanktionierten Sprachräumen einerseits immer um

---

29 In diesem Sinne verstehen André Alan und Jan Clement das in Belgien sprachlichen Kriterien folgende Territorialitätsprinzip insgesamt: »Comme le démontre l'exemple belge, le principe de territorialité est une technique institutionnelle de protection d'un groupe linguistique« (2008, 77). Schmitt bezeichnet die Peripherie, insbesondere im Süden, als »Sperriegel« (^{2}2008, 106) zu Wallonien und geht davon aus, dass eine weitergehende Gewährung von Sonderrechten zu erwarten ist.

30 Vgl. dazu Scholsem (2005, 657f.), Lejeune (2010, 51). Die Französische Gemeinschaft sieht die *communes à facilités* indessen als definitive und dauerhafte Lösung an.

31 Vgl. auch Dagnino (2010, 131f.), der die Situation bis in die 1980er Jahre als »piccola guerra fredda tra amministrazioni comunali, politici e comitati d'azione per evitare (o per favorire) l'assimilazione linguistica della minoranza locale« bezeichnet.

einen »domaine spatial de validité normative« (2006, 25), andererseits um ein Gebiet »sur lequel une entité locale dispose d'une compétence linguistique« (2006, 34) handelt. Im konkreten Fall Belgiens stellen die in Artikel 4 der Verfassung festgelegten Sprachgebiete demnach – und die Rechtsprechung des belgischen Verfassungsgerichtshof bestätigt dies – die räumlichen Geltungs- und Zuständigkeitsbereiche der Gemeinschaften dar, die idealiter auf dem geographischen Raum basieren, in welchem die jeweiligen Amtssprachen einer soziologischen Realität entsprechen. Bei der Festlegung der Grenzen ging und geht es im Allgemeinen, so Arlettaz, um die Frage einer »adéquation du droit aux faits« (2006, 27).

Dass die Flämische Gemeinschaft bei fortschreitender Französierung insbesondere des Brüsseler Großraumes einschließlich seiner Peripherie eine solche Angleichung des Rechts an die realen Gegebenheiten zu vermeiden sucht, da sie die territoriale Integrität des eigenen Einflussgebietes in Gefahr sieht, ist insofern also durchaus verständlich und erklärt daher nicht nur die Interpretation der in den Fazilitätengemeinden gewährten sprachlichen Sonderrechte als provisorisch (vgl. 2.2.), d.h. nämlich gerade umgekehrt als eine Möglichkeit der *adéquation des faits au droit*, sondern es ist überdies auch symptomatisch, dass von flämischer Seite die Erhebung von Sprachstatistiken bereits seit 1947 strikt abgelehnt wird.[32]

4.2. Zwischen nationaler und europäischer Politik

Die Anwendung des Territorialitätsprinzips in Belgien erscheint dabei nicht erst seit den Diskussionen um einen Beitritt zur Charta und zum Rahmenübereinkommen als problematisch. Vielmehr sind die beiden supranationalen Verträge nur Meilensteine eines bereits seit den frühen 1960er Jahren währenden Konfliktes zwischen nationaler und europäischer Politik, in dessen Zentrum stets die durch die Grenzziehung hervorgerufene Minderheitenproblematik stand.[33]

Bezeichnenderweise wurde schon der erste zwischen Belgien und Europa ausgehandelte Konflikt als »affaire linguistique belge« betitelt, was abermals unterstreicht, dass in Belgien sämtliches Konfliktpotential letztlich am Kriterium der Sprache zu bemessen ist. Konkret ging es um Verstöße gegen das Recht auf Bildung, die von einigen frankophonen Bewohnern der Brüsseler Grenzgemeinden beim Europäischen Gerichtshof für Menschenrechte angezeigt

---

32 Siehe Francard (2009, 114, Anm. 3). Zur Problematik von Sprecherstatistiken und -schätzungen in Belgien unter dem Einfluss von Politik und Ideologie vgl. Levy (1978, 10–16), Nelde (1981), Laponce (1984, 88), Treude (1996, 36f.), Nelde / Darquennes (2001, 95f.).

33 Der Verfassungsrechtler Jean-Claude Scholsem bezeichnet Belgien diesbezüglich als »terre par excellence des ›minorités‹, conçues au sens large et politique du terme« (2005, 649) und überdies – aus juristischer Sicht – als »une sorte de laboratoire du droit de minorités« (651).

wurden.[34] Die Konsequenzen hätten kaum größer sein können, denn schließlich beantwortete Belgien das Urteil[35] vom 23.7.1968 mit der Verfassungsänderung von 1970.[36] Seit diesem ersten, direkten Eingreifen eines Organs des Europarats in die Territorialpolitik Belgiens steht das Land unter ständiger Beobachtung. Die Aufmerksamkeit, die der Europarat dem belgischen Minderheitenproblem in den Grenzgemeinden seither gewidmet hat, hat sich mit der Charta und dem Rahmenübereinkommen sogar noch intensiviert. Dies belegt etwa die 1998 von der Parlamentarischen Versammlung verabschiedete Resolution 1172,[37] in welcher der Europarat gewissermaßen als außenstehender Streitschlichter auftritt, wenn er zur Lösung des Konflikts um die Fazilitätengemeinden um Brüssel (vgl. 3.1.) einerseits an die Flämische Gemeinschaft die Empfehlung richtet, »d'essayer d'intégrer, mais non d'assimiler, les locuteurs d'autres langues (en particulier les citoyens belges francophones) en Flandre« (Abs. 8i) und andererseits der frankophonen Minderheit rät, »d'essayer de s'intégrer à la région dans laquelle ils habitent, c'est-à-dire en Flandre, par exemple en essayant d'apprendre le néerlandais« (Abs. 9i) sowie »de reconnaître qu'ils habitent dans les communes à facilités linguistiques situées dans une région unilingue, et non bilingue« (ii) und »de cesser d'essayer d'élargir les facilités linguistique en un bilinguisme de fait« (iii). Die an den Gesamtstaat gerichtete Empfehlung, dem Rahmenübereinkommen beizutreten (Abs. 10ii), unterstreicht überdies zweierlei: Zum einen geht es darum, über den politischen Druck hinaus auch rechtlich auf den Minderheitenschutz Einfluss nehmen zu können; zum anderen hängt die politische Glaubwürdigkeit des Europarats auch davon ab, dass seine Gründungsmitglieder sich den sogenannten ›europäischen Normen‹ im Bereich der Menschen-, Bürger- und Minderheitenrechte anpassen, zumal diese zugleich als Voraussetzung bzw. Auflagen für die neuen Mitglieder des Europarats gelten.[38]

---

34 »A l'origine de cette affaire se trouvent six requêtes introduites devant la Commission, en vertu de l'article 25 (art. 25) de la Convention de sauvegarde des Droits de l'Homme et des Libertés fondamentales (ci-après dénommée ›la Convention‹), et dirigées contre le Royaume de Belgique. Lesdites requêtes, dont la plus ancienne remonte au 16 juin 1962 et la plus récente au 28 janvier 1964, émanaient d'habitants d'Alsemberg et de Beersel, de Kraainem, d'Anvers et environs, de Gand et environs, de Louvain et environs ainsi que de Vilvorde« (*Arrêt du 23 juillet 1968*).

35 *Arrêt du 23 juillet 1968, Série A, n°6 de la Cour européenne des droits de l'homme dans l'affaire linguistique belge* (Affaire »relative à certains aspects du régime linguistique de l'enseignement en Belgique«).

36 Zur Verfassungsänderung als Konsequenz der »affaire linguistique belge« vgl. Alen / Clement (2008, 72f.).

37 Assemblée parlementaire du Conseil de l'Europe: *Résolution 1172 (1998) du 25 septembre 1998 (Situation de la population francophone vivant dans la périphérie bruxelloise)*.

38 Darauf weist der Europarat explizit in der *Résolution 1301 (2002)* hin: »l'Assemblée rappelle que, depuis quelques années, l'engagement d'un Etat à signer et ratifier la convention-cadre, et à appliquer la Recommandation 1201 (1993) relative à un protocole additionnel à la Convention européenne des Droits de l'Homme sur les droits des minorités nationales, est une condition préalable à son adhésion au Conseil de l'Europe. Il incombe tout particulièrement aux Etats fondateurs du Conseil de l'Europe de s'acquitter des obligations auxquelles ils soumettent les nouveaux Etats membres« (Abs. 2).

Zuletzt wiederholte der Europarat diese Empfehlung mit der Resolution 1301 von 2002, in der er nun, aus den genannten Gründen, auch zu einem baldigen Beitritt zur Charta aufforderte (Abs. 20iii). Der Befürchtungen, die insbesondere für die Flämische Gemeinschaft mit den rechtlichen Verpflichtungen eines Beitrittes einhergehen würden, scheint sich der Europarat bewusst, wenn er die Empfehlung durch den Hinweis ergänzt: »La ratification [de la convention-cadre] en soi ne change pas l'ordre constitutionnel de l'Etat ni les frontières territoriales existantes« (Abs. 22).

Insgesamt zeigt sich, dass die Flämische Gemeinschaft sich mit ihrer Sprach- bzw. Minderheitenpolitik immer wieder im Konflikt mit dem Europarat wiederfindet.[39] Die explizite Anerkennung der territorialen Gliederung und auch des Prinzips der juristischen Einsprachigkeit seitens der europäischen Behörden ändert indessen nichts daran, dass die Flämische Gemeinschaft eine zusätzliche rechtliche Einflussnahme europäischer Institutionen auf die Minderheitenproblematik weiterhin ablehnt. Dass der Zusammenhang zwischen dem Rahmenübereinkommen und der Charta im belgischen Fall größer ist als er mitunter dargestellt wird,[40] ergibt sich aus der Tatsache, dass Minderheiten und Minderheiten*sprachen* in Belgien nahezu äquivalent sind.

5. Schlussbetrachtung

Die Geschichte des belgischen Kommunikationsraumes hin zu einem strikt getrennten territorialen Nebeneinander juristisch einsprachiger Gebiete und die daraus resultierende Minderheitenproblematik in den Grenzgemeinden zeigt, dass nicht nur das ursprünglich mit Blick auf das östliche Europa konzipierte Rahmenübereinkommen zum Schutz nationaler Minderheiten, sondern auch die zunächst für Westeuropa gedachte Europäische Charta der Regional- oder Min-

---

[39] Den jüngsten Höhepunkt bildet wohl die Tatsache, dass sich der Innenminister Flanderns, Marino Keulen, seit 2006 weigert, die in den Kommunalwahlen gewählten Vertreter frankophoner Parteien der Fazilitätengemeinden Wezembeek-Oppem, Linkebeek und Kraainem/Crainhem zu Bourgmestre zu ernennen, weil ihnen Verstöße gegen geltende Sprachgesetze beim Versenden von Wahlbenachrichtigungen angelastet werden. Die *Recommendation 258 (2008)* des Kongresses der Gemeinden und Regionen des Europarats vom 3.12.2008, die Ernennung durchzuführen (Abs. 7a) und die geltende Sprachgesetzgebung hinsichtlich einer Ausdehnung der Zweisprachigkeit in den Fazilitätengemeinden (b) zu überdenken, stellt ein weiteres Beispiel für den durch den Europarat aufgebauten politischen Druck dar. Eine zumindest teilweise Lösung der Spannungen in den Grenzgemeinden zeichnet sich durch die am 19./20.10.2011 zwischen den an der Regierungsbildung beteiligten Parteien erzielten Einigung über die Spaltung des Wahlbezirks Brüssel-Halle-Vilvoorde ab.

[40] Fauconnier (2008, 154) lastet es flämischen Politikern an, die Charta und das – politisch für Belgien freilich problematischere – Rahmenübereinkommen absichtlich miteinander gleichzusetzen. Lejeune (2010, 56) räumt dagegen ein, dass beide Vertragstexte klar miteinander verbunden sind.

derheitensprachen auf einen nach wie vor virulenten Sprachkonflikt stoßen, der sich vor allem in der Sorge der Flämischen Gemeinschaft vor einer weiterführenden Französierung ihres Territoriums und in einer daraus resultierenden Politik artikuliert, die versucht, den verfassungsrechtlichen *status quo* unter bewusster Ausblendung sich wandelnder sprachlicher und soziologischer Realitäten zu perpetuieren. Vor diesem Hintergrund ist m.E. weder ein Beitritt zur Charta noch zum Rahmenübereinkommen in naher Zukunft zu erwarten. Dass im Rahmen dieser Politik, die von Kritikern bisweilen auch als ›flämische Doktrin‹ bezeichnet wird, das Interesse am eigenen sprachlich-kulturellen Erbe in den Hintergrund rückt, ist einerseits naheliegend; eine Verurteilung der flämischen Haltung gegenüber den traditionell auf ihrem Territorium gesprochenen Varietäten, ist aus sprachwissenschaftlicher Perspektive andererseits nicht zu rechtfertigen (vgl. 1.1.), vielmehr ist es die Französische Gemeinschaft, die mit ihrem Konzept der ›endogenen Regionalsprachen‹ eine politische Beurteilung sprachlicher Fakten demonstriert.

6. Bibliographie

6.1. Quellen

Assemblée parlementaire du Conseil de l'Europe: *Résolution 1172 (1998) du 25 septembre 1998 (Situation de la population francophone vivant dans la périphérie bruxelloise).*

Assemblée parlementaire du Conseil de l'Europe: *Résolution 1301 (2002) du 26 septembre 2002 (Protection des minorités en Belgique).*

Communauté française de Belgique: *Décret du 24 janvier 1983 relatif au recours à un dialecte de Wallonie dans l'enseignement primaire et secondaire de la Communauté française.* In: *Moniteur Belge*, 15.3.1983: 3391.

Communauté française de Belgique: *Décret relatif aux langues endogènes de la Communauté française.* In: *Moniteur Belge*, 1.2.1991: 2052.

Congrès de pouvoirs locaux et régionaux: *Recommandation 258 (2008) du 3 décembre 2008 (Démocratie locale en Belgique: la non-nomination de trois bourgmestres par les autorités flamandes).*

Cour européenne des droits de l'homme: *Arrêt du 23 juillet 1968, Série A, n°6 dans le cadre de l'affaire relative à »certains aspects du régime linguistique de l'enseignement en Belgique«.*

6.2. Literatur

Alen, André / Clement, Jan: »Fédéralisme personnel et territorial en Belgique«. In: Thomas Fleiners (Hrsg.): *Federalism: A Tool for Conflict Management in Multicultural Societies with Regard to the Conflicts in the Near East*, Münster: Lit Verlag 2008: 59–79.

Arlettaz, Jordane: »L'appréhension juridique du territoire linguistique au regard de la Charte Européenne des Langues Régionales ou Minoritaires«. In: Alain Viaut (Hrsg.): *La Charte Européenne des Langues Régionales ou Minoritaires et la territorialité linguistique* [= *Lengas*, 59], 2006: 21–36.

Aunger, Edmund A.: »Regional, National, and Official Languages in Belgium«. In: *International Journal of the Sociology of Language*, 104, 1993: 31–48.

Bertile, Véronique: »L'approche juridique française du rapport langue/espace«. In: Alain Viaut / Joël Pailhé (Hrsg.): *Langue et espace*, Pessac: Maison des Sciences de l'Homme d'Aquitaine 2007: 69–84.

Cerquiglini, Bernard (Hrsg.): *Les langues de France*, Paris: Presses Universitaires de France 2003.

Coseriu, Eugenio: »›Historische Sprache‹ und ›Dialekt‹«. In: Joachim Göschel u.a. (Hrsg.): *Dialekt und Dialektologie. Ergebnisse des internationalen Symposiums ›Zur Theorie des Dialekts‹*, Wiesbaden: Steiner 1980: 106–115.

Covell, Maureen: »Political Conflict and Constitutional Engineering in Belgium«. In: *International Journal of the Sociology of Language*, 104, 1993: 65–86.

Dagnino, Roberto: »Fiamminghi e valloni, separati in casa«. In: Lucio Caracciolo (Hrsg.): *Lingua è potere* [= *I quaderni speciali di* Limes, 2], Roma: L'Espresso 2010: 127–136.

Dunbar, Robert / Parry, Gwynedd (Hrsg.): *The European Charter for Regional or Minority Languages: Legal Challenges and Opportunities*, Strasbourg: Council of Europe Publishing 2008.

Fauconnier, Jean-Luc: »Challenges of Applying the European Charter for Regional or Minority Languages to a Federal Country: the Belgian Example«. In: Dunbar / Parry (Hrsg.), 2008: 147–156.

Ferguson, Charles A.: »Diglossia«. In: *Word*, 15, 1958: 325–340.

Fishman, Joshua A.: »Bilingualism with and without Diglossia. Diglossia with and without Bilingualism«. In: *The Journal of Social Issues*, 23, 1967: 29–38.

Francard, Michel: »Comment évaluer la vitalité des dialectes wallons?«. In: *Les dialectes de Wallonie*, 16, 1988: 5–22.

– »La perception des langues régionales de la Wallonie chez les jeunes«. In: Luc Coutois / Jean Pirotte (Hrsg.): *L'imaginaire wallon: Jalons pour une identité qui se construit*, Louvain-la-Neuve: Fondation wallonne Pierre-Marie et Jean-François Humblet 1994: 223–234.

– »Regional Languages in Romance Belgium: the Point of no Return?«. In: *International Journal of the Sociology of Language*, 196/197, 2009: 99–119.

Hasquin, Hervé: »La francisation de Bruxelles sous la République et l'Empire. Mythes et réalités«. In: Roland Mortier / Hervé Hasquin (Hrsg.): *Études sur le XVIIIe siècle. Deux aspects contestés de la politique révolutionnaire en Belgique: langue et culte*, Brüssel: Éditions de l'Université de Bruxelles 1989: 53–62.

Heckenbach, Wolfgang / Hirschmann, Frank G.: *Weltsprache Französisch. Kommentierte Bibliographie zur Frankophonie (1945–1978)*, Tübingen: Narr 1981.

Kloss, Heinz: *Die Entwicklung neuer germanischer Kultursprachen seit 1800*, München: Pohl ^{2}1978.

Kramer, Johannes: *Zweisprachigkeit in den Benelux-Ländern*, Hamburg: Buske 1984.

Laponce, Jean A.: *Langue et territoire*, Québec: Les presses de l'Université Laval 1984.

Launy, Michel: »Quelques notions sur les langues«. In: Cerquiglini (Hrsg.), 2003: 11–17.

Lejeune, Yves: »The Case of Belgium«. In: Council of Europe (Hrsg.): *Minority Language Protection in Europe: Into a New Decade*, Strasbourg: Council of Europe Publishing 2010: 43–66.

Leton, André: »Les problèmes linguistiques dans l'histoire politique de la Belgique«. In: *International Journal of the Sociology of Language*, 104, 1993:113–118.

Levy, Paul M.G.: »Linguistic and Semantic Borders in Belgium«. In: *International Journal of the Sociology of Language*, 15, 1978: 9–19.

McRae, Kenneth D.: *Conflict and Compromise in Multilingual Societies*, Bd. 2 »Belgium«, Waterloo, Kanada: Wilfrid Laurier University Press 1986.

Murphy, Alexander B.: »Linguistic Regionalism and the Social Construction of Space in Belgium«. In: *International Journal of the Sociology of Language*, 104, 1993: 49–64.

Nelde, Peter / Darquennes, Jeroen: »Sprachenwechsel in der Großstadt – eine Brüsseler Perspektive«. In: Joachim Born (Hrsg.): *Mehrsprachigkeit in der Romania. Französisch im*

Kontakt und in der Konkurrenz zu anderen Sprachen. Akten des 2. Frankoromanistenkongresses, Dresden, 25. bis 27. September 2000, Wien: Praesens 2001: 91–104.

Nelde, Peter: »Zur Problematik von Sprachzählungen«. In: Per Sture Ureland (Hrsg.): *Kulturelle und sprachliche Minderheiten in Europa. Aspekte der europäischen Ethnolinguistik und Ethnopolitik. Akten des 4. Symposiums über Sprachkontakt in Europa, Mannheim 1980*, Tübingen: Niemeyer 1981: 219–223.

Pfeil, Beate Sibylle: »Die Minderheitenrechte in Belgien«. In: Christoph Pan / Beate Sibylle Pfeil (Hrsg.): *Minderheitenrechte in Europa. Handbuch der europäischen Volksgruppen*, Bd. 2, Wien: Springer 2006: 42–58.

Schmitt, Christian: »Das Französische außerhalb Frankreichs: Belgien, Schweiz, Luxemburg«. In: Ingo Kolboom / Thomas Kotschi / Edward Reichel (Hrsg.): *Handbuch Französisch. Sprache – Literatur – Kultur – Gesellschaft*, Berlin: Schmidt ²2008: 103–109.

Scholsem, Jean-Claude: »Rapport belge – ›Les minorités en droit public interne‹ ou ›La périlleuse définition des minorités en Belgique‹«. In: *Les minorités: journées mexicaines*, Mexiko D.F.: Instituto de Investigaciones Jurídicas (UNAM) 2005: 649–676.

Sonntag, Selma K.: »The Politics of Compromise: the Enactment of Regional Unilingualism«. In: *International Journal of the Sociology of Language*, 104, 1993: 9–30.

Swiggers, Pierre: »L'antagonisme linguistique en Belgique 1830–1850: Tensions et conflits politico-linguistiques«. In: Marie-Christine Kok Escalle / Francine Melka (Hrsg.): *Changements politiques et statut des langues. Histoire et épistémologie 1780–1945*, Amsterdam: Atlanta 2001: 325–370.

Treude, Michael: *Zweisprachigkeit in Belgien. Forschungsbericht, historische und juristische Perspektiven*, Veitshöchheim: Lehmann 1996.

Verdoodt, Albert F. / Sonntag, Selma K. (Hrsg.): *Sociology of Language in Belgium (Revisited)* [= *International Journal of the Sociology of Language*, 104], Berlin/New York: de Gruyter 1993.

Verdoodt, Albert F.: *Belgium* [= *International Journal of the Sociology of Language*, 15], Berlin/New York: de Gruyter 1978.

Verdoodt, Albert F. / Sonntag, Selma K.: »Introduction«. In: *International Journal of the Sociology of Language*, 104, 1993: 5–8.

Viaut, Alain (Hrsg.): *Variable territoriale et promotion des langues minoritaires*, Pessac: Maison des Sciences de l'Homme d'Aquitaine 2007.

– »Apport et réception française de la Charte Européenne des Langues Régionales ou Minoritaires: approche sociolinguistique «. In: *Revue d'études comparatives Est-Ouest*, 33, 2002: 9–48.

– »Le territoire linguistique et ses limites«. In: Viaut (Hrsg.), 2007: 47–63.

Tomasz Wicherkiewicz (Poznań)

Georgia

A Non-EU State Awaiting the Ratification of the ECRML

This article deals with the situation of lesser-used languages in the Republic of Georgia, the benchmarks of the official and minority language policy in this Transcaucasian state, and the challenges faced by it. Georgia's political history over recent decades and centuries has resulted in considerable rearrangements among the local languages, and even in the ravaging of some. Despite of being a member of the Council of Europe, Georgia has neither ratified nor even signed the *European Charter for Regional or Minority Languages*. However, the role of this charter for the national language policy has been continually discussed, especially in recent years. The main issues under debate have included the role and development of the state language (Georgian), the status of other Kartvelian language varieties (Megrelian, *Svan* and *Laz*), the future position of the hitherto recognized minority languages in Abkhazia and South Ossetia, the development of language planning methods for large minority groups (Armenians and Azerbaijani), the development of language revitalization strategies for the most endangered language communities (Assyrian, Yezidi, Tsova-Tush/Batsb, Udi), and strategies for dealing with the numerous allochthonous language groupings in Georgia (e.g. Russian, Polish, Ukrainian, German etc.).

1. The Linguistic Situation in Georgia

For the most part of its modern history, the Transcaucasian nation of Georgia has been constituted by a multiethnic and polyglotic society; although the term ›society‹ can sometimes be perceived (in terms of the social and political sciences) as terminologically premature in relation to the population of the young independent republic, which has focused much more on the strengthening of national (*natio*) rather than social (*demos*) cohesion and unity.

As far as the linguistic landscape of Georgia is concerned, the various languages spoken in its territory or particular regions (also counting the irredentist republics of Abkhazia and South-Ossetia) include the official Georgian language (*Kharthuli-ქართული*); national minority languages used as official/state languages in neighbouring countries or their autonomous units: Armenian, Azerbaijani, Russian, Chechen;[1] one recognized co-official language – *Abkhaz* in the Autonomous Republic of Abkhazia; several recognized autochthonous minority languages: Ossetian, *Udin*, *Batsb*, Assyrian (Neo-Aramaic), *Avar*; allochthonous languages such as Polish, German, Moldavian (Romanian), Bulgarian, Estonian, Lithuanian, Latvian etc.; and the non-territorial diaspora lan-

1 Spoken in north-eastern Georgia by the ethnic group of the Kists.

guages Romani, Yiddish, *Kurmanji* (Kurdish), Turkic *Urum* and Pontic Greek.[2] These languages belong to various genetic families: North-Caucasian, Altaic, Indo-European or Semitic (on the structural and genealogical diversity in the entire Caucasus region, see Comrie 2008; Hewitt 2004).

The Georgian ethnic majority speaks the South-Caucasian language varieties, also known as the Kartvelian language complex, which consists of Georgian (proper), Megrelian and *Laz*[3] (referred to jointly as the *Zan* languages) and *Svan* (for their linguistic profiles, see Schulze 2002).

According to article 8 of the *Constitution of the Republic of Georgia*: »The state language of Georgia shall be Georgian, and in Abkhazia – also Abkhazian« (this article was added by the Constitutional Law of Georgia in October 2002).

In the past – including in the last decades of the 20th century – the population of Georgia developed heterogeneously in distinct, (relatively) large language communities – with a Georgian-speaking majority on the one hand, and non-Georgian minority communities on the other; the latter included mainly Armenians, Azerbaijanis, Russians, and other ethnic groups sharing Russian as their interethnic language of communication. The groups interacted in various aspects, which obviously resulted in rich language contacts, but much more frequent, however, were highly politicised language conflicts (cf. Wicherkiewicz 2010), involving the Georgian majority on the one side, and various regional communities on the other, including the Armenians of Samtskhe-Javakheti, the Azerbaijanis of Lower Kartlia, Ossetians in the Tskhinvali/South-Ossetia region[4] and Abkhazians in Abkhazia[5], as well as the dispersed Russian-speaking population. These groups have substantially preserved their native languages, which are spoken in most domains (even if in broad multilingual and multiglossic contexts), and the knowledge of Georgian as the state language is quite low – especially within some remote Armenian and Azerbaijani settlements. Also, Armenian and Azerbaijani enjoy extremely low prestige among the Georgian majority, which also influences the self-perception of the two linguistic communities. On the other hand, these two languages, as well as Russian, are not endangered as far as the corpus language planning is concerned, whereas the corpus planning measures for the Abkhaz and Ossetian languages – quite developed and advanced in the Soviet period – are nowadays extremely limited, lar-

---

2 See the detailed list below.

3 The vast majority of the Laz (who have the ethno-confessional identity of a Muslim Georgian diaspora) live in the region of Lazistan in Turkey and in the Isfahan area in Iran, while in the Republic of Georgia they can be found solely in southern Adjara, mainly in the village of Sarpi on the Turkish border.

4 The former South Ossetian Autonomous *Oblast*, now formally a part of Inner Kartlia.

5 From the legal point of view, in the light of the ECRML, the situation of Abkhaz is particularly intricate, as the language is used mainly in the territory of Abkhazia, which *de facto* remains out of the jurisdiction and control of the Georgian state, while *de iure*, as a co-official language of the state, Abkhaz can hardly be considered a regional or minority language, according to article 1a ii of the Charter (»different from the official language(s) of the state«).

gely as a result of the uncertain political situation in the two respective territories (although it should also be mentioned that the Georgian state has undertaken some – mostly symbolic – actions in this regard).

Smaller language minorities have hardly had any chance to maintain their cultural separateness in recent times, as their linguistic assimilation (in favour of Russian and/or Georgian) has been commonly regarded as a *sine qua non* precondition of their social and civic advancement and equality. This is the case for groups such as the Udi, Tsova-Tush (speakers of the *Batsb* language), Avars and Assyrians (speakers of Neo-Aramaic), who have no reference kin state (or even autonomous regions), and no tradition of corpus or acquisition language planning, and in which the systematically diminishing self-esteem for the mother tongues has caused irreversible changes in mother tongue transmission patterns. Therefore, it is only the Georgian state that is in a position to carry out practical measures aimed at preserving these highly endangered languages as elements of the cultural heritage of the entire nation.

2. The Kartvelian Regional Languages

In the case of the Kartvelian languages, it is the linguistic status of Megrelian, *Svan* and *Laz*, and their resulting official position, that are often questioned by various circles in Georgian society. Criteria such as mutual intelligibility with Georgian and between the regiolects (with the exception of relations between mutually comprehensible Megrelian and *Laz*) are not matched by a common conviction – proclaimed frequently and overtly by Georgian officials – of their inferior (dialectal) position in relation to Georgian. In common opinion, the lack of literary tradition in Megrelian, *Svan* and *Laz* is of decisive importance, in spite of the fact that folklore, literary texts[6] and dictionaries have been published in all three of them. Moreover, objective sociolinguistic characteristics shared by the three non-Georgian Kartvelian varieties are:

- their regional (Megrelian and Svan) or local (Laz) range,
- complete bilingualism, or rather diglossia, within all three language communities, with Georgian as the dominating language of the (Georgian Orthodox) church, media, education etc.,
- common illiteracy in the three varieties, with Georgian playing the role of the only written standard.

The sociolinguistic history and current situation of the three varieties could qualify them as regional languages, e.g. under the definition given in Wicherkiewicz 2003 or 2008:

---

6 E.g., the Megrelian version of the Georgian national epic, »The Knight in the Panther's Skin«, written by Shota Rustaveli.

- they are closely related to the respective dominant standard language – in the *Abstandsprache* (language by distance) meaning of the relation, with the latter acting as *Dachsprache* (umbrella language, literally ›roof language‹ – cf. Kloss 1972);
- Despite common perceptions, they have often developed not from the dominant majority languages but alongside and parallel to them;
- in common opinion they have been regarded as underdeveloped, bad, corrupted, rural, and spoilt varieties of the corresponding dominant language (*Dachsprache*);
- their standardization processes are in progress, but often only at an initial stage, usually lacking a full scope of language planning;
- they function as dialect-clusters, or even language complexes, with an insignificant role for, or even the lack of, a unified standard;
- the regional language communities are commonly diglossic;
- the languages under discussion are scarcely present in the education system;
- the languages have developed some forms of literary tradition, in some cases even more ancient and richer than those of the corresponding dominating languages. Contemporary literary production, however, has usually developed only selected genres, like poetry, folk tales, local myths, memoirs, or children's literature, while other literary forms, such as drama or contemporary novels, are largely under-represented.

Social factors which are common for these regional language communities are:

- a lacking or not fully-formed feeling of national separateness within the group of speakers (…);
- a strong regional and/or ethnic identity, with language as its main constituent;
- relatively low social prestige, often lower than in the past (…) (Wicherkiewicz 2003, 474–475);
- a peripheral location and position of the regiolects.

The fairly common opposition of the Georgians to any endeavour aimed at granting Megrelian, *Svan* and *Laz* any status other than that of an unofficial dialectal results from their fears that any concession to these regional communities and their languages could lead to separatist movements and undermine the unity of the Georgian nation-state (see extensively Putkaradze et al. 2010). The respective groups are never referred to by Georgian decision- and policy-makers as national or ethnic minorities, ethnic groups, or language minorities, with the (semi-)official terminological repertoire including terms such as ›Modern Kartvelian Sub-systems‹ or ›Idioms‹ (cf. ibid.) or ›Non-written languages‹ (cf. Tabatadze et al. 2008).

The political sensitivity about this issue might be explained by the Georgian majority's perception of a direct correlation between ›nation‹ and ›language‹ as the foundation of the Georgian state and its future functioning. A further decisive factor which should be taken into consideration and mentioned here is the status (and status planning, or – better said – engineering) of the Megrelian identity within the modern history of the region. Until the total incorporation of Georgia into the Russian Empire at the beginning of the 19th century, Megrelian was the local language spoken on an everyday basis by the majority (or rather the entirety) of the population of the Samegrelo region and parts of today's Abkhazia, with the literary language, used by a relatively small caste of clergy writers, being Georgian. At the end of the 19th century, on the basis of linguistic differences, Russian ethnographers started classifying Megrelians as a separate nationality (or rather an ethnic group – Russian: *narodnost'*), distinct from Georgians, and this provoked fierce and unrelenting protests among the Georgian elites. This debate also continued into the Soviet times: in the first all-Union census of the population, carried out in 1926, Megrelians, *Svans* and *Laz*[7] were classified as distinct *narodnosti*. In the 1930s, several newspapers were published in Megrelian, with the aim of promoting communism among the local population. Before the next census was carried out in 1939, though, the Megrelian press was already a thing of the past, and the Megrelians themselves were classified merely as Georgians. The elites in Georgia, however, have never abandoned their suspicions that the issue of Megrelian (and *Svan*) separateness was orchestrated by Moscow for the purpose of dividing and conquering the Georgian nation. The controversy became acute again after Georgia proclaimed its independence in 1991, and particularly after the military actions which led to the *de facto* breakaway of Abkhazia. The new Abkhazian authorities made a few attempts to »promote« a separate Megrelian language in some parts of the self-proclaimed republic, for example by publishing a trilingual (Russian-Abkhaz-Megrelian) newspaper in the region of Gali. The intention was to encourage those Georgians who remained in the region after the ethnic purges to identify with the Megrelian language and ethnicity, rather than with other Georgians – which was again perceived by the Georgian side as a mere act of hostility and as a renewed attempt to reduce the Georgian ethnic area. It is no wonder, therefore, that any effort to promote or support the use of Megrelian (or *Svan*) is viewed with widespread mistrust or even hostility.[8] Most debates on the possible ratification of the *European Charter for Regional or Minority Languages* (ECRML) consequently seek to exclude the Megrelian, *Svan* and *Laz* issue.[9]

---

7 As well as Adjarians – the titular ethnic group (*narodnost'*) of the Adjara Autonomous Soviet Socialist Republic (1921–1991).

8 As is evident in the poem published in the journal »Literaturuli Sakartvelo« in 1999 by the poet Murman Lebanidze:
»Just as next to the mother – Mtkvari, the Chorokhi and Enguri,
The Rioni and Tekhuri, Iori and Aragvi,
So with language, – next to Georgian, Megrelian
Does not have the right to make its voice heard...« (after: Wheatley 2009, 14).
[The Mtkvari is the main river flowing in Georgia through predominantly ethnic Georgian territories, while the Chorokhi, Enguri, Rioni, Tekhuri, Iori and Aragvi also flow through areas inhabited by minorities].

9 The issue of Georgia's regional languages (also in context of the ECRML) has also been debated by the European Centre for Minority Issues (Flensburg-Tbilisi); the results will be

3. Minority and Regional Languages in Georgia

The languages listed in the present article represent varying degrees of vitality, but all of them (with the exception of Russian) can actually be considered as endangered to some extent in the ecolinguistic and socio-political environment of Georgian as the state language. The smallest language communities have very few – if any – mechanisms (including language planning instruments) at their disposal in securing their languages' maintenance and viability, let alone its healthy development and secure inter-generational transmission patterns. Even if the Soviet system of education and language teaching nominally gave privileges to the languages of the so-called ›titular nationalities‹ or ›ethnic groups‹ (*natsionalnosti* and *narodnosti*) of individual territorial units (union republics, autonomous republics or districts), members of smaller language communities were often urged or tempted, through a variety of administrative decisions and moves, to use either Russian or the titular language of the unit they inhabited. Thus, while schools in Georgia provided education and teaching in Russian, Azerbaijani, Armenian, Abkhaz or Ossetian, the children of Kurds and Yezidi (speakers of *Kurmanji*), Greeks, Assyrians, Tsova-Tush and Udi had to attend Russian- or Georgian-language schools, which definitely increased the sociolinguistic attractiveness of those languages at the expense of the already recessing native tongues.

Language	**Language situation** [10]	**Number of speakers**
Abkhaz	official in Abkhazia, scattered elsewhere	3.500
Armenian	territorial minority	235.653
Avar	territorial minority	< 2.000
Azerbaijani	territorial minority	283.632
Batsb (Tsova-Tush)	microlanguage, rural	< 1.000
Bulgarian	allochthonous, urban	< 150
Chechen (Kist)	territorial minority, rural	ca. 7.000
Czech	allochthonous, urban	< 50
Estonian	allochthonous, urban	< 100
German	traditional allochthonous, urban	< 1.000

published as: Trier, Tom / LePrevost, Alfred: The European Charter for Regional or Minority Languages and its Application in Georgia with Regard to Regional Languages in the series ECMI Working Papers.

10 Unofficial assessment by the present author.

Language	Language situation [10]	Number of speakers
Greek (Pontic)	non-territorial	ca. 1.000
Kurmanji (Kurdish)	non-territorial	ca. 10.000
Laz	regional/collateral	< 1.000
Lezgin	allochthonous, urban	< 50
Lithuanian	allochthonous, urban	< 100
Latvian	allochthonous, urban	< 100
Megrelian	regional/collateral	ca. 400.000
Moldavian (Romanian)	allochthonous, urban	< 1.000
Neo-Aramaic (*Assyrian)	traditional allochthonous, rural	3.000
Ossetian	territorial in South-Ossetia, scattered elsewhere	31,381
Polish	traditional allochthonous, urban	< 1.000
Romani	non-territorial	ca. 1.,500
Russian	urban/non-territorial, interethnic	83.007
Svan	regional/collateral	ca. 30.000
Turkish (Urum)[11]	microlanguage, rural	ca. 1.500
Udi	microlanguage, rural	< 500
Ukrainian	traditional allochthonous	5.466
Yiddish	non-territorial	< 1.000

Tab.: Minority and regional languages in Georgia.[12]

After Georgia regained its independence in 1991, even the previously scant institutional support offered to the less spoken languages disappeared entirely, due to a lack of funds. At present, apart from in the separatist regions of Abkhazia and South Ossetia, there are only Georgian-, Russian-, Armenian- and Azerbaijani-language schools currently functioning in Georgia, and any actions aimed at the maintenance of other minority or regional languages lie in the hands of a very small number of non-governmental organizations, which usually lack adequate sources.

---

11 In this article, the author does not discuss the question of the Meskhetian Turks or any aspects of their language situation (for details see: Pentikäinen / Trier 2004).

12 Based on Wheatley (2009, 9–12) and Tabatadze / Gabunia / Odzeli / Wicherkiewicz (2008).

The most endangered elements of the ecolinguistic landscape of multilingual Georgia are unquestionably the autochthonous microlanguages of *Batsb* and *Udi*. The former is used by a small ethnic group of Tsova-Tush in one single village, Zemo Alvani, in eastern Georgia. Together with Chechen and Ingush, the language is classified within the Nakhi subgroup of Caucasian languages. As the majority of Tsova-Tush identify themselves as Georgians, the group has developed an astonishing resistance to any actions which aim to preserve the *Batsb* language and which could be interpreted as demonstrating a lack of ethnic loyalty to ›Georgianness‹. The lack of inter-generational transmission patterns has caused a situation where only the older generation speaks *Batsb*, and where there are hardly any perspectives for the preservation of the language. Equally endangered is the *Udi* language (a contemporary descendant of Caucasian Albanian), which is nowadays exclusively spoken in the single village of Oktomberi in eastern Georgia, and in one other village in Azerbaijan. Both rural communities are linguistically assimilated within the neighbouring dominant language and do not undertake any significant efforts to revitalize the *Udi* language.

Even if they are not endangered by imminent extinction, the other language communities are experiencing a constant reduction in the number of speakers and in the range of language use domains. An example is the Assyrian community in their only significant centre of concentration – the village of Kanda in central Georgia. In this village, where one quarter of Georgia's Assyrians live, there is no form of teaching of the native tongue whatsoever, and the only language of education is Georgian. As a result, many younger Assyrians do not speak Neo-Aramaic anymore, and even only a minority of adults knows the traditional Syriac alphabet.

It could seem that Megrelian and *Svan*, in spite of the political obstacles described above, do not face any considerable endangerment – chiefly because of the quite sizeable number of speakers (ca. 400 and 30 thousand respectively); but *Laz*, however, faces hazards typical for smaller languages (with less than one thousand speakers in Georgia). The Georgian state and organizations dealing with broadly defined human rights do not undertake any measures that could help Megrelian, *Svan*[13] or *Laz* to develop new domains of use. As none of these regional languages enjoys any institutional support in education and culture, their traditional regions of use may soon face the results of globalisation, which has already happened in the case of some Svan communities in remote mountain valleys, which disappeared as a consequence of mudslides, their inhabitants being resettled to lowland villages in southern Georgia (which had previously been abandoned by other minorities, such as Russian Old-Believers – *Molokans*). Such unplanned ethnic and language engineering can and does have disastrous results and after-effects, one of them being the destruction of the traditional language landscape and ethno-linguistic relations in Georgia. The speakers of Megrelian, *Svan* and *Laz* – deprived of any protection in the spheres of

---

[13] The first ever attempt at celebrating the (presence of) *Svan* language in local schools was undertaken as late as 2011.

education and culture (not to speak of other spheres of public life) – are commonly seen as low-prestige, under-developed, and less valuable language varieties of the official language. These language communities also experience quite intensive emmigration and depopulation, which in turn discourages parents from transmitting their language to younger generations, who – in their opinion – should not develop linguistic inhibitions as a result of their coming from a non-standard language background. The key issue in the language policy is therefore the strengthening of the prestige of all the vernaculars discussed within the context of the Georgian language policy (including the ratification of the ECRML).

The Russian language – regardless of the political circumstances of the last two centuries – has usually played a crucial role in the linguistic repertoire of Georgians. Historically a *primus inter pares* language of ›interethnic‹ communication between the various nationalities and ethnic groups on their way to a united Soviet nation, nowadays it still holds a similar (inter-ethnic) role on the Georgian local scale. Although the recent figures display a mere 83.000 who speak Russian as their mother tongue, more than half of the country's population speaks Russian (relatively fluently) as a second language. It is the minority communities, in particular the Armenians and Azerbaijani, but also mention the other, smaller, groups, who use it as their first language, not only for external communication, but also, in increasingly more situations, for internal communication. Previous education programmes imposed by the administration have even strengthened these patterns, for example, by forcing minorities to take all obligatory exams in Russian, as there were no examination paths in Armenian or Azerbaijani etc., and students' poor knowledge of the state language prevented them from taking their exams in Georgian. Over the past few years, several new programmes have been implemented, focusing on language integration, with more accessible teaching of Georgian for speakers of minority languages, and with an educational career also being made possible in the two minority languages. This could change the hitherto existing model of bilingualism (in Russian and the native minority language) to one of multilingualism (with the native minority language, Georgian as the state language, and Russian as a foreign and inter-ethnic language; although the latter role does not explicitly emerge from the language education reform programmes). Such developments would almost certainly stabilize the role of Russian as the commonly preferred foreign language of Georgians (together with English) for future generations. Therefore, Russian does not seem to be in the position of an endangered language at all, with the possible exception of the severely vanishing language varieties used by communities of Russian Old-Believers (such as the above mentioned *Molokans* or *Dukhobors* – see Lohm 2006). Firstly, aside from the disappearing Old-Believers' settlements, there is no compact Russian-minority centre in Georgia. Secondly, the position of Russian, for instance, in the system of education in Georgia is more than secure (e.g. in the year 2000, there were still more schools providing education in Russian than in Armenian and Azerbaijani together). Moreover, a few state universities still offer complete study curricula at their Russian-language faculties, which practically levels the education opportunities in Georgian and Russian. Thirdly, Russian has already been used as fully-fledged and *quasi*-formal language of local administration, at least in the areas inhabited by the Armenian and Azerbaijani minorities in Samtskhe-Javakheti and Lower Kartli.

4. Georgia and the ECRML

When Georgia was accepted as a member state of the Council of Europe in 1999, one of its crucial commitments was the signing and ratification of the conventions aiming at the protection of national minorities (*Framework Convention for the Protection of National Minorities*, FCNM) and regional or minority languages. The latter convention, however, (which is under discussion here), has never been signed by the Georgian authorities, let alone ratified by the state. There have been several reasons behind this. Firstly, during the final stages of Shevardnadze's rule as State President (abruptly brought to an end by the Rose Revolution in 2003), the Georgian establishment circles had lost a lot of their previous fervour for the European integration of Georgia, with its main advocate being the Speaker of the Parliament Zhvania. After the political landmark of 2003–2004 and with Saakashvili as the newly elected President, the Parliament quite easily passed the ratification of the FCNM in 2005, leaving the agenda open for the ECRML. However, any further steps have been officially postponed as result of the conflicts with Abkhazia and South-Ossetia (and of course, with the Russian Federation) and any minority-related issues have come to be commonly perceived (by public opinion, the central authorities, and the influential Georgian Orthodox Church) as a potential threat to Georgia's political independence and territorial unity. Since 2009, though, thanks to the activities of international (the *Council of Europe's Secretariat of the ECRML*, or the Tbilisi branch of the *European Centre for Minority Issues* from Flensburg, Germany) and Georgian institutions (such as the *Public Defender Office of Georgia*), as well as non-governmental organizations (such as the *Centre for Civil Integration and Inter-Ethnic Relations* or the *Young Republican Institute*), the debate on the possible signature and ratification of the Charter was recommenced and gained some momentum in 2010, only to be postponed again after the recent elections at the end of 2010.

The language question is highly politicized in Georgia, with the state (and church) language having been assigned and associated with almost mystic values, as the proto-source of Georgian identity as a ›nation-état‹. The central position of the language issue in the ethno-national(ist) discourse reached its zenith during the military conflicts on the territory of Georgia in the 1990s, but it still retains its crucial point and reference today.

At the same time, the presence and the use of minority languages is still perceived by most Georgians as a *sui generis* aberration, which needs correction or at least some treatment, while national minorities, particularly those who have their kin states in neighbouring countries, are commonly perceived as a ›fifth column‹, whose loyalty to the Georgian state cannot be taken for granted. These ideological aspects of the debate on the ECRML and on its potential ratification (unviable in the near future) are not the only reasons for Georgia's reluctance to deal with this convention however; another one is the serious doubts which are held as to whether the provisions offered by the Charter (promoting linguistic diversity and multilingual development within society) can be at all compatible with the key points of the current state language policy, which aim primarily at the civic integration of minorities. In this respect, it is symptomatic that in 2002, only 31 % of the population belonging to minority communities could speak Georgian fluently.

When considering the fact that the only languages present in mass-media and official administration are Georgian and Russian (the latter in international and local contexts), most of the minority communities are deprived of substantial access to information on events, decisions and news etc. occurring at the state level. This leads to a specific information vacuum between the Georgian-speaking majority and the state authorities on the one hand, and the isolated (not only in a geographical sense, but also linguistically, politically, socially, educationally and culturally) non-Georgian speaking minorities, in particular the previously mentioned Azerbaijani and Armenian communities inhabiting the peripheral areas of Lower Kartli and Samtskhe-Javakheti, who are definitely more tightly linked to the information spheres of neighbouring Azerbaijan and Armenia (not to mention the crucial influence of information broadcast by Russia), than to the Georgian ›centre‹.

Therefore, the foundations of the ECRML and the provisions it offers could be interpreted and later used as a many-sided instrument for the normalisation of the Georgian language policy as a whole, as well as for the promotion of multilingualism, which explicitly constitutes the superior value expressed by the Charter's authors. Prior to and during the 2009–2010 debate, mentioned above, on the possible ratification of the ECRML by Georgia, concrete proposals were made by both Georgian and international experts (cf. Tabatadze et al. 2008; Wheatley 2009). The experts' recommendations essentially included similar proposals for individual languages to be assigned by the Charter in the future. Thus, the list of languages to be covered by Part III of the ECRML should doubtlessly include Armenian and Azerbaijani, while the granting of this level of provision to Abkhaz, Ossetian and Russian would, for reasons discussed earlier in this paper, require more detailed analysis. Accordingly, the more general and fundamental provisions of Part II would be suitable for Abkhaz, Armenian, *Avar*, Azerbaijani, *Batsb* (Tsova-Tush), Chechen (Kist), German, (Pontic) Greek, *Kurmanji*, Neo-Aramaic (Assyrian), Ossetian, Polish, Russian, (*Urum*) Turkic, *Udi*, Ukrainian, Yiddish and Ivrit – the list comprising both territorial and non-territorial, autochthonous and traditional allochthonous languages. The status of regional language, if it is adopted into the Georgian language policy terminology, could be granted to Megrelian, *Svan* and *Laz*, and –

because of extra-linguistic factors – could qualify them for the provisions of Part II.

Nevertheless, as mentioned already, the current prospects for the ratification of the ECRML in Georgia are not very promising. The attitudes which currently prevail among quite a considerable share of Georgian society can be seen in the statement closing the most recent Georgian publication on the Charter (cf. Putkaradze et al. 2010, 348):

> European Charter for regional or Minority Languages must cover native languages of autochthonous peoples of other ethnic origin in Georgia; also, it must cover the languages of such non-autochthonous minorities that are characterized **by all** of the following four features **simultaneously**:
> – **resided in Georgia prior to the Russian occupation**
> – **must be a number of people** justifying the adoption of the various protective and promotional measures provided for in the Charter,
> – **are under risk of forgetting their native language,**
> – **their native language does not represent a state language of any of the neighbouring states.**

It is not a difficult task to sum up and to state that the number of languages to be protected by the Charter, according to »all four features simultaneously«, would be … zero.

5. Bibliography

5.1. Sources

Council of Europe: *European Charter for Regional or Minority Languages*, 5.11.1992.
Council of Europe: *Framework Convention for the Protection of National Minorities*, 1.2.1995.
Constitution of the Republic of Georgia, 24.8.1995.

5.2. Literature

Comrie, Bernard: »Linguistic Diversity in the Caucasus«. In: *Annual Review of Anthropology*, 37, 2008: 131–143.

Hewitt, George: *Introduction to the Study of the Languages of the Caucasus,* München: Lincom 2004.

Kloss, Heinz: *Die Entwicklung neuer germanischer Kultursprachen seit 1800*, Düsseldorf: Schwann 1978.

Lohm, Hedvig: *Dukhobors in Georgia: A Study of the Issue of Land Ownership and Inter-Ethnic Relations in Ninotsminda rayon (Samtskhe-Javakheti)* [= *Working Papers*, 35], Flensburg/Tbilisi: European Centre for Minority Issues 2006.

Pentikäinen, Oskari / Trier, Tom: *Between Integration and Resettlement: The Meskhetian Turks* [= *Working Papers*, 21], Flensburg/Tbilisi: European Centre for Minority Issues 2004.

Putkaradze, Tariel / Dadiani, Eka / Sherozia, Revaz: *»European Charter for Regional or Minority Languages« and Georgia*, Kutaisi: National Institute of Education 2010 [in Georgian and English].

Schulze, Wolfgang: »Kaukasische Sprachen«. In: Miloš Okuka / Gerald Krenn (Hrsg.): *Lexikon der Sprachen des europäischen Ostens* [= *Wieser Enzyklopädie des europäischen Ostens*, 10], Klagenfurt: Wieser Verlag 2002: 837–890.

Tabatadze, Shalva / Gabunia, Kakha / Odzeli, Marika / Wicherkiewicz, Tomasz: *Recommendations on Language Policy to Protect Linguistic Minorities in Georgia*, Tbilisi: YRI, CCIIR, Public Defender Office of Georgia 2008.

Trier, Tom / LePrevost, Alfred: *The European Charter for Regional or Minority Languages and its Application in Georgia with Regard to Regional Languages*, to be published by the European Centre for Minority Issues in Flensburg in the series ECMI Working Papers.

Wheatley, Jonathan: *Georgia and the European Charter for Regional or Minority Languages* [= *Working Papers*, 42], Flensburg/Tbilisi: European Centre for Minority Issues 2006.

Wicherkiewicz, Tomasz: »Becoming a Regional Language – a Method in Language Status Planning«. In: *Actes del 2n Congrés sobre Planificació Lingüística*, Barcelona: Generalitat de Catalunya 2003: 473–476.

– »Welcome and Unwelcome Minority Languages«. In: Susanna Pertot / Tom M.S. Priestly / Colin H. Williams (Hrsg.): *Rights, Promotion and Integration Issues for Minority Languages in Europe*, Hampshire/New York: Palgrave Macmillan 2009: 181–188.

– »Kontakty i konflikty językowe w Gruzji – perspektywa ekolingwistyczna«. In: Przemysław Adamczewski (Hrsg.): *Konflikty na Kaukazie Południowym*, Poznań: UAM 2010: 85–97 [in Polish].

Ruth Bartholomä (Gießen)

Türkei

Die ECRM und die Minderheitenfrage[1]

This paper deals with the Republic of Turkey which, although member of the Council of Europe since 1949, has not signed the *European Charter for Regional or Minority Languages* yet and is not planning to do so in the near future. The discussion of minority and language issues has been a taboo in Turkey for a long time; this is closely connected with the official understanding of »minority« as a non-Muslim group only and an understanding of »Turk« not as an ethnic category, but in the sense of »Turkish citizenship« – still dominant in the construction of a so-called »upper identity« which was expressed by the Turkish government recently. Turkey's wish to join the European Union led to its recognition as a candidate for full membership in 1999 and might be an important factor for introducing and implementing legal changes in favour of minority rights. Recent developments, since about the year 2000, show that such an orientation towards Europe can be observed.

1. Einführung

Die Republik Türkei, bereits seit 1949 Mitglied des Europarats, hat die *Europäische Charta der Regional- oder Minderheitensprachen* (ECRM) nicht unterzeichnet und lässt auch keine Absichten erkennen, dies zu tun. Im offiziellen politischen Diskurs der Türkei finden sich keine Äußerungen zur ECRM, und gleichzeitig erfolgte lange Jahre kaum eine offizielle Diskussion über die im Staat lebenden Minderheiten sowie deren Sprachen und sprachliche Rechte. Dies wirkte sich auch auf weite Teile der Presse aus, die diese Tabus häufig weitgehend zu akzeptieren schien (vgl. Human Rights Watch 1999, 1–2).

Die Ablehnung der ECRM von offizieller Seite hängt eng mit der ideologischen Vorstellung eines Nationalismus zusammen, nach dem ›Türke‹ mit ›türkischer Staatsbürger‹ gleichzusetzen ist sowie die Auffassung vertreten wird, dass das Türkische als Muttersprache aller Türken zu gelten habe. In der Türkei vorherrschend ist eine spezielle Definition von ›Minderheit‹, die ihre historischen Wurzeln im Osmanischen Reich hat und durch die beispielsweise die Kurden als zahlenmäßig zweitgrößte ethnische Gruppe[2] nach den Türken nicht

---

1 Für hilfreiche Anmerkungen zu früheren Versionen dieses Beitrags bedanke ich mich bei Prof. Dr. Mark Kirchner (Gießen), Prof. Dr. Jens Peter Laut (Göttingen) und Dr. Béatrice Hendrich (Gießen).

2 Genaue Zahlen zur Zusammensetzung der Bevölkerung sind nicht verfügbar, da bei neueren Volkszählungen keine Einteilung nach Ethnien erfolgt (vgl. Rumpf / Steinbach ^{3}2010, 1054). Ergebnisse auf die Frage nach der Muttersprache, die in den ersten Volkszählungen

offiziell als Minderheit anerkannt werden. Die hieraus resultierenden Probleme für die kurdische Bevölkerungsgruppe und die kurdische Sprache finden sich anschaulich in einer Schilderung aus dem Jahr 1990, die von dem zu dieser Zeit in Schweden lebenden kurdischen Journalisten Esref Okumuş verfasst wurde (zitiert nach Skutnabb-Kangas / Bucak 1995, 347):

> As a Kurd in Turkey you are born in a village or a town the name of which is not valid, because names of nearly all Kurdish villages and towns I know are today changed into Turkish.
> If your parents wish to give you a Kurdish name, your name will not be registered by the authorities. It will be changed into Turkish. If your parents still insist to keep your Kurdish name, they will be prosecuted and forced by a court to change your name into a non-Kurdish name.
> When you, seven years old, go to school, you won't be able to communicate with your teachers. At least if you, just like me, have parents who do not speak Turkish. It will take 4 or 5 years before you at all can speak with your teachers.
> When you have become an adult, you must be aware of all the laws which prevent you from keeping your Kurdish identity.
> First of all, you are not allowed to claim that your mother tongue is Kurdish. The third section of law no. 2932 tells you what your mother tongue is: ›The mother tongue of Turkish citizens is Turkish.‹ You are not allowed to speak Kurdish in public places [...].

In diesem Beitrag soll zunächst auf das in der Türkei vorherrschende Verständnis von ›türkischer Nation‹ und ›Minderheit‹ eingegangen werden. Die Bemühungen der Republik Türkei, eine Aufnahme in die Europäische Union (EU) zu erreichen, werden häufig als Motor für Reformen in Bezug auf Minderheitenrechte gesehen. Gerade in den letzten Jahren sind zahlreiche Gesetzesänderungen beschlossen worden, die insbesondere für das Kurdische eine Verbesserung der Situation bedeuteten: Es wurde beispielsweise die Verwendung nichttürkischer Sprachen in den Medien gestattet, und neben privaten Sendern begann auch die öffentlich-rechtliche Rundfunkgesellschaft *TRT* mit der Ausstrahlung eines kurdischsprachigen Vollprogramms. Die so genannte ›kurdische Öffnung‹, die von der türkischen Regierung im Sommer 2009 angekündigt wurde, brachte weitere Veränderungen mit sich: So wird u.a. das Kurdische seit Oktober 2010 erstmals als Fach an einer türkischen Universität unterrichtet.

---

gestellt wurde, wurden nur bis 1965 veröffentlicht und 1990 aus der Liste der Fragen gestrichen (vgl. İçduygu u.a. 1999, 1009). Schätzungen gehen jedoch davon aus, dass »mindestens ein Zehntel der Gesamtbevölkerung der Türkei [...] eine nichttürkische Erstsprache« besitzt (Johanson 2002, 311); Schätzungen zum kurdischen Anteil an der Bevölkerung bewegen sich zwischen etwa 15 % (İçduygu u.a. 1999, 1002) und »bis zu 25 % der Gesamtbevölkerung« (Rumpf / Steinbach ^{3}2010, 1055). Geschätzte statistische Daten zu den Kurden in der Türkei finden sich auch in Strohmeier / Yalçın-Heckmann (^{3}2010, 243–246).

2. Nation, Ethnie und Sprache in der Republik Türkei

Zentral für ein Verständnis des Problems der Republik Türkei mit einer Anerkennung bestimmter Minderheiten ist die Auffassung von ›türkischer Nation‹ und ›Minderheit‹, die bereits in den letzten Jahrzehnten des Osmanischen Reiches verwurzelt und in der Republik Türkei staatlich verankert ist. Die Bezeichnung ›Minderheit‹ kann nach offiziellem Verständnis nur auf nicht-muslimische Gruppen in der Türkei angewendet werden, nicht jedoch auf muslimische. Dieser Gebrauch hat seinen Ursprung ebenfalls im Osmanischen Reich: Hier erfolgte eine Einteilung von Gruppen nach Religionszugehörigkeit, wobei diese Gruppen im Osmanischen als ›Millet‹[3] bezeichnet wurden. Die einzelnen Millets durften ihre religiösen, schulischen, sozialen und juristischen inneren Angelegenheiten selbstverantwortlich regeln; zu den wichtigsten nicht-muslimischen Millets gehörten u.a. die armenisch-gregorianische und die jüdische (vgl. Seufert 2008, 22). Innerhalb der muslimischen Millet erfolgte keine weitere Differenzierung, beispielsweise nach ethnischen Kriterien. Diese Auffassung schlug sich auch im Vertrag von Lausanne, der nach dem türkischen Unabhängigkeitskampf (1919–1922) am 24.7.1923 zwischen der Türkei auf der einen Seite und verschiedenen europäischen sowie nicht-europäischen Staaten (Großbritannien, Frankreich, Italien, Japan, Griechenland, Rumänien, Königreich der Serben, Kroaten und Slowenen) auf der anderen Seite geschlossen wurde, nieder. Der Vertrag enthielt einen Abschnitt über den »Schutz der Minderheiten« (*Akalliyetlerin himayesi*; Abschnitt III, Art. 37–45; vgl. Başvekâlet Müdevvenat Müdiriyeti 1931, 36–42), in dem die Rechte der nicht-muslimischen Minderheiten in der Türkei sowie der muslimischen Minderheiten in Griechenland definiert wurden. Dabei wurde in Bezug auf die Türkei ausdrücklich und ausschließlich von »nicht-muslimischen Minderheiten« (*gayri müslim akalliyetler*) gesprochen, womit die Einteilung von Gruppen erneut nach religiösen, nicht nach ethnischen Kriterien erfolgte, wie dies auch dem *millet*-System entsprach. Zu Sprachfragen wurden in den Artikeln 39–41 Regelungen getroffen, mit denen weitgehende Rechte für die nicht-muslimischen Minderheiten festgelegt wurden (wie beispielsweise die Gewährung der Möglichkeit, Grundschulen mit muttersprachlichem Unterricht einzurichten). Für muslimische Gruppen galten diese Bestimmungen hingegen nicht.

Mit dem weitgehenden Wegfall der Religion als identitätsstiftendes Element, wie es der Zerfall des Osmanischen Reiches, das Ende der Institution des Kalifats (des religiösen Amtes der osmanischen Herrscher) im Jahre 1924 sowie die Trennung von Staat und Religion und die Abschaffung des Islams als Staatsreligion im Jahre 1928 zur Folge hatten, wurde die Konstruktion einer Identität auf nationaler Basis zum Ersatz. ›Nationalismus‹ (*milliyetçilik*) wurde zu einem der

---

[3] Bei der Bezeichnung ›Millet‹ handelt es sich um ein arabisches Lehnwort (*milla*), das bereits im Koran verwendet wird und dort mit ›Religion‹ zu übersetzen ist. Spätere Autoren gebrauchten den Ausdruck zunehmend im Sinne von ›Religionsgemeinschaft‹ (vgl. Hendrich 2003, 35–36).

Grundprinzipien der später als ›Kemalismus‹ bezeichneten Staatsideologie, die seit 1937 auch im Text der Verfassung verankert war (vgl. Rumpf 2004, 26). Hierbei zählte nicht die ethnische Zugehörigkeit; der Nationalismus »dürfte sich – jedenfalls theoretisch – als pragmatisches antirassistisches Konzept darstellen, das den Zusammenhalt der verschiedenen Ethnien auf anatolischem Boden in einer Staatsnation, die nur aus ›Türken‹ [...] besteht, gewährleisten soll« (ebd., 27).[4]

Im Folgenden wurde der türkischen Sprache eine zentrale Rolle zugeschrieben. Mit der Abschaffung des Sultanats im November 1922 und der Ausrufung der Republik durch Mustafa Kemal (Atatürk) am 29.10.1923 wurde die Ausarbeitung einer Verfassung für das neu geschaffene Staatswesen notwendig. In diesem ersten Grundgesetz der Republik Türkei, das im April 1924 verabschiedet wurde, nahm das Türkische die Stellung der offiziellen Staatssprache ein. Auch in den weiteren Verfassungen der Republik Türkei[5] blieb diese die Sprache betreffende Regelung bis heute bestehen. Andere Sprachen besitzen hingegen keinen offiziellen Status.

In der – mit Änderungen noch heute gültigen – Verfassung von 1982 wurden darüber hinaus weitere Bestimmungen getroffen, die Sprachfragen betrafen. So waren nach Artikel 26 Meinungsäußerungen in einer per Gesetz verbotenen Sprache[6] unzulässig, und Artikel 28 verbot Veröffentlichungen in einer dieser Sprachen. Beide Artikel wurden 2001 per Gesetzesbeschluss aus der Verfassung entfernt (vgl. dazu Kap. 4). Bis heute ist jedoch Artikel 42 in Kraft, der Folgendes festlegt:

> *Türkçeden başka hiçbir dil, eğitim ve öğretim kurumlarında Türk vatandaşlarına ana dilleri olarak okutulamaz ve öğretilemez.* (Außer dem Türkischen kann keine andere Sprache als Muttersprache den türkischen Landsleuten in Erziehungs- und Bildungseinrichtungen unterrichtet werden).

Diese Bestimmung, mit der das Türkische als Muttersprache aller Türken[7] definiert wurde, verhindert bis heute weitgehend, dass Schulunterricht in einer anderen Sprache als dem Türkischen stattfindet.[8] Denn nach Artikel 66 der Verfassung gelten alle Staatsbürger der Republik Türkei als ›Türken‹, so dass das

---

4 Zu verschiedenen Auffassungen von ›Nationalismus‹ vgl. den umfangreichen Sammelband von Bora (2002).

5 Eine weitere Verfassung wurde nach dem Militärputsch von 1960 erarbeitet und trat 1961 nach der Annahme durch ein Referendum in Kraft. Sie behielt bis zu ihrer Ablösung durch die Verfassung von 1982 Gültigkeit, die – ebenfalls nach einem Militärputsch – unter Vorsitz des Militärs verfasst wurde (vgl. Rumpf / Steinbach ^{3}2010, 1056).

6 Dieses Verbot wurde 1991 aufgehoben (vgl. hierzu genauer Skutnabb-Kangas / Bucak 1995, 357–358).

7 Eine ähnliche Bestimmung enthält das – auch von Okumuş (s.o.) erwähnte – Gesetz Nr. 2932 vom 19.10.1983, in dem ebenfalls das Türkische als Muttersprache aller türkischen Bürger benannt wird.

8 Ausnahmen bilden lediglich die im Vertrag von Lausanne erwähnten Minderheitensprachen sowie europäische Sprachen (u.a. Englisch, Französisch, Deutsch), die an einigen Schulen und Universitäten als Unterrichtssprachen dienen.

Türkische als ihre Muttersprache zu betrachten ist: »*Türk Devletine vatandaşlık bağı ile bağlı olan herkes Türktür*« (»Jeder, den mit dem türkischen Staat das Band der Staatsangehörigkeit verbindet, ist Türke«).

Diese Konstruktion einer ›Überidentität‹, eines Verständnisses von ›Türke‹ nicht im ethnischen Sinne, sondern als ›Bürger der Republik Türkei‹, wird in offiziellen Äußerungen der letzten Jahre ebenfalls betont. Als Beispiel soll hier die Reaktion auf einen Bericht der *European Commission against Racism and Intolerance* (ECRI) des Europarats zur Lage in der Türkei aus dem Jahre 1999 zitiert werden. Bei der Veröffentlichung wurde dem Bericht ein Appendix unter dem Titel »Observations Provided by the Turkish Authorities Concerning ECRI's Report on Turkey« beigefügt, da die türkischen Behörden offenbar mit einigen der in dem Bericht erhobenen Aussagen nicht einverstanden waren und diese aus ihrer Sicht kommentieren wollten. Hierbei wurde das Verständnis von ›Türke‹ deutlich, das von offizieller Seite vertreten wurde (ECRI 1999, 29):

> Turkish nation consists of different groups, Kurds being one of them. Being »a Turk« does not refer to membership in the largest of these ethnic groups, i.e. the Turkish ethnic group, but to an upper identity otherwise expressed as »Turkish citizenship«. The latter concept in fact refers to an all-embracive legal status encompassing, besides other ethnic groups, those of Kurdish origin, and granting equal rights and freedoms under the guarantee of the Turkish constitution.

Im gleichen Sinne äußerte sich in einem Interview mit dem deutschen Nachrichtenmagazin *Spiegel* auch der Vorsitzende der türkischen Oppositionspartei *Republikanische Volkspartei* (*Cumhuriyet Halk Partisi*, CHP), Kemal Kılıçdaroğlu (*Spiegel* 23.8.2010): »[...] wir in der Türkei [haben] einen anderen Begriff von Nationalismus [...] als Sie in Deutschland. Unser Nationalismus basiert nicht auf ethnischer Zugehörigkeit, sondern auf einem gemeinsamen Bekenntnis zur Nation«.

Auf die explizite Nachfrage: »Das sehen viele Kurden in der Türkei anders. Wie sehen Sie es – als Kurde und Alevit?« antwortete Kılıçdaroğlu:

> Jeder soll ungeachtet seiner Herkunft als Staatsbürger der Republik Türkei akzeptiert werden. Aber ich finde es falsch, Politik aufgrund der ethnischen oder religiösen Identität zu betreiben. Das ist in unserer Geschichte mit viel Blut bezahlt worden.

Äußerungen führender Persönlichkeiten der regierenden *Partei für Gerechtigkeit und Entwicklung* (*Adalet ve Kalkınma Partisi*, AKP) ließen eine ähnliche Argumentationsstrategie erkennen. So hatte Ministerpräsident Erdoğan im November 2005 von der türkischen Staatsbürgerschaft als einer ›Über-Identität‹ (*üst kimlik*) gesprochen, die alle ethnischen Gruppen vereine (*Hürriyet* 22.11.2005):

> *Türk »Türküm«, Kürt »Kürdüm«, Laz »Lazım«, Boşnak »Boşnağım« diyecek. Ama hepimizi birleştiren üst kimlik Türkiye Cumhuriyeti Vatandaşlığıdır.* (Ein Türke wird sagen »Ich bin Türke«, ein Kurde »Ich bin Kurde«, ein Lase »Ich bin Lase«, ein Bosnier »Ich bin Bosnier«. Doch die Über-Identität, die uns alle vereint, ist die Staatsbürgerschaft der Republik Türkei).

3. Die Türkei und Europa

Ungeachtet dieser offiziellen Argumentation orientiert sich die Gesetzgebung der Türkei in der Praxis der letzten Jahre jedoch immer mehr an Forderungen Europas nach größeren Rechten für die nicht-türkischen ethnischen Minderheiten der Republik. Zu sehen ist dies auch an der Tatsache, dass im offiziellen politischen Diskurs die Existenz ethnischer Gruppen nicht mehr kategorisch geleugnet wird. Dies geschieht hauptsächlich, »um das politische System in Richtung auf die politischen Wertvorstellungen, Strukturen und Standards der EU im Hinblick auf eine eventuelle Mitgliedschaft der Türkei in ihr zu reformieren« (Rumpf / Steinbach [3]2010, 1054). Die Orientierung der Türkei in Richtung europäischer Institutionen hat eine relativ lange Tradition: So erfolgte der Beitritt zum Europarat bereits am 9.8.1949 (und damit noch im Gründungsjahr dieser Institution).[9] Als Mitglied des Europarats ratifizierte die Türkei im Jahr 1954 die *Europäische Menschenrechtskonvention* (EMRK) (vgl. ebd., 1053). Die Aufnahme der Türkei in den Europarat hatte dabei auch für die übrigen Staaten durchaus symbolischen Charakter, der auch in der Gegenwart weiterhin betont wird. So heißt es in der »Zeittafel zur Geschichte des Europarates« in einem 2000 herausgegebenen Band mit dem Titel *50 Jahre Europarat*:

> Die Aufnahme der Türkei in den Europarat (Ratifikation des Statuts am 13.5.1950) verdeutlicht, dass es sich beim Europarat nicht um einen exklusiven Club christlich geprägter Staaten handelt, sondern um eine Organisation, deren Identität vor allem politisch definiert ist. Der Europarat ist zuallererst das Europa der politischen Freiheit und der Herrschaft des Rechts (Holtz 2000, 344).

Durch den Aufnahmewunsch der Türkei in die EU, deren offizieller Beitrittskandidat das Land seit 1999 ist, sieht die politische Führung sich zunehmend gezwungen, die Realisierung von Forderungen in Bezug auf Menschenrechte (und darunter auch Sprachenfragen) in Angriff zu nehmen, um die Kopenhagener Kriterien erfüllen zu können. Der türkische Politikwissenschaftler Şahin Alpay hat dies in einer Analyse treffend als »the European Union's ›soft power‹, its ability to attract and persuade countries to adopt its norms and goals« (Alpay 2006, 1) beschrieben. Kontakte der Türkei zu den Vorgängerorganisationen der heutigen EU bestehen bereits seit den 1960er Jahren: So wurde am 12.9.1963 ein Assoziierungsabkommen der Europäischen Wirtschaftsgemeinschaft mit der Türkei geschlossen, das durch ein am 1.1.1973 in Kraft getretenes Zusatzprotokoll ergänzt wurde.

In nach 2000 getroffenen Beschlüssen des Rates *Über die Grundsätze, Prioritäten und Bedingungen der Beitrittspartnerschaft mit der Türkei* (Europarat 2003, 2006, 2008) wurde die Türkei wiederholt zu weiteren Reformen aufgerufen, die auch Minderheitenrechte, kulturelle Rechte und Minderheitenschutz

---

9 Vgl. die entsprechenden Informationen zur Republik Türkei auf der Seite des Europarates unter <http://www.coe.int/aboutCoe/index.asp?page=47pays1europe&l=de>.

beinhalteten. 2008 wurden von Seiten der EU u.a. folgende Forderungen aufgestellt (vgl. ebd. 2008, 9):

- Verbesserung des effektiven Zugangs zu Radio- und Fernsehprogrammen in anderen Sprachen als Türkisch, insbesondere durch die Aufhebung der noch bestehenden rechtlichen Beschränkungen.
- Erlass geeigneter Maßnahmen zur Förderung des Unterrichts von anderen Sprachen als Türkisch.

Zwar wurden diese Punkte bereits zu Beginn der 2000er Jahre von der Türkei durch Gesetzesänderungen in Angriff genommen (vgl. Kap. 4), doch sah die EU auch 2008 offenbar noch Mängel bei der Umsetzung der gesetzlichen Regelungen in die Praxis.

Von Seiten Europas wird ebenfalls Druck auf die Türkei ausgeübt, die ECRM zu unterzeichnen, was bisher nicht geschehen ist. Die ECRI des Europarats hat in ihren Berichten zur Türkei (vgl. ECRI 1999, 9; 2001, 5; 2005, 8) wiederholt die Unterzeichnung und Ratifikation der ECRM gefordert. Die Tatsache, dass dieser Schritt von offizieller Seite nicht erwogen wird, obwohl in den letzten zehn Jahren beschlossene oder in Angriff genommene Gesetze durchaus in Richtung der von EU und Europarat geforderten Veränderungen zielen, lässt sich wohl nur damit erklären, dass eine ausdrückliche Bezeichnung der nicht-türkischen Sprachen als ›Minderheitensprachen‹ oder ›Regionalsprachen‹ ebenso vermieden werden soll wie die verbindlichen rechtlichen Implikationen, die sich aus einer Unterzeichnung ergäben.

4. Aktuelle gesetzliche Entwicklungen in der Türkei (seit 2000)

Das Ziel, das mit einer Reihe von Gesetzesänderungen in den letzten Jahren verfolgt wurde, war eine Annäherung an diejenigen Standards, die von der EU als Bedingung für eine Aufnahme gefordert wurden. In den Gesetzen, die Bestimmungen zu anderen Sprachen als dem Türkischen beinhalteten, wurde die Bezeichnung ›Minderheitensprachen‹ jedoch explizit vermieden. Stattdessen wurden nicht-türkische Sprachen ausschließlich mit dem umschreibenden Ausdruck »verschiedene Sprachen und Dialekte, die von türkischen Bürgern in ihrem täglichen Leben traditionell verwendet werden« (»*Türk vatandaşlarının günlük yaşamlarında geleneksel olarak kullandıkları farklı dil ve lehçeleri*«) bezeichnet (Yönetmelik 2002a).

Zunächst wurden im Oktober 2001 durch ein Paket von Verfassungsänderungen (Gesetz Nr. 4709)[10] u.a. die Sätze, die die Verwendung einer verbotenen Sprache in Meinungsäußerungen (Art. 26 der Verfassung) sowie Veröffent-

---

10 Mit dem Gesetz Nr. 4709 wurden insgesamt 37 Änderungen an der Verfassung vom Parlament der Türkei angenommen.

lichungen (Art. 28 ebd.; vgl. hierzu Kap. 2) betrafen, gestrichen. Dies bedeutete zwar *de facto* das Ende des Verbots von Radio- und Fernsehübertragungen in kurdischer Sprache, jedoch noch keine explizite Neuregelung. Diese erfolgte im August 2002 mit Gesetz Nr. 4771, das sich neben diesem Thema auch mit der Frage des Erlernens von anderen Sprachen als Türkisch befasste: Es sollte nun erlaubt sein, die »verschiedenen Sprachen und Dialekte, die von türkischen Bürgern in ihrem Leben traditionell verwendet werden« (Art. 11), in Privatkursen systematisch zu erlernen bzw. vorhandene Kenntnisse zu vertiefen.

Noch im gleichen Jahr folgten dem Gesetz konkrete Verordnungen, um die beschlossenen Änderungen in die Praxis umzusetzen. Mit einer Verordnung des Nationalen Bildungsministeriums (vgl. Yönetmelik 2002a) wurden u.a. folgende Regelungen getroffen: Kurse wurden nur nach der Erfüllung bestimmter Bedingungen des Bildungsministeriums sowie der Zulassung durch dieses erlaubt. Das Lehrpersonal musste ebenfalls bestimmte Bedingungen erfüllen: Unterrichtende Personen mussten türkische Staatsbürger sein sowie mindestens eine Grundschulausbildung abgeschlossen haben. Daneben wurden weitere Regelungen getroffen, die in der Praxis einschränkend wirkten: So mussten beispielsweise die Kursteilnehmer volljährig sein oder mit Einwilligung der Eltern an einem Kurs teilnehmen. Die Kurszeiten wurden ebenfalls beschränkt: Kurse sollten lediglich zwischen 8 und 22 Uhr sowie nicht an offiziellen Feiertagen stattfinden dürfen.

Eine Verordnung des Obersten Rundfunk- und Fernsehrates (vgl. Yönetmelik 2002b) sowie das Gesetz Nr. 4903, das im Juni 2003 verabschiedet wurde, erlaubten u.a. privaten Radio- und Fernsehstationen, in nicht-offiziellen Sprachen zu senden sowie nicht-türkische Namen zu tragen. Mit weiteren Änderungen im Mediengesetz vom November 2009 wurden zeitliche Beschränkungen für kurdischsprachige Sendungen in privaten Radio- und Fernsehstationen aufgehoben. Die Zahl von Fernseh- und Radiostationen, die über eine Lizenz für ein 24-Stunden-Programm in kurdischer Sprache verfügten, wird für Februar 2010 mit 14 angegeben (vgl. NZZ, 29.7.2010). Auch die öffentlich-rechtliche Rundfunkgesellschaft *TRT* begann ab 2004, Sendungen in kurdischer Sprache auszustrahlen (vgl. hierzu Kap. 5).

Im April 2010 fand darüber hinaus mit Gesetz Nr. 5980 eine Änderung der Wahlgesetze statt, durch die politische Veranstaltungen auch in kurdischer Sprache gestattet wurden. Dies bewirkte die Einstellung hunderter Verfahren gegen kurdische Politiker (vgl. NZZ, 29.7.2010).

Zu den bisher unerfüllten Forderungen insbesondere kurdischer Politiker gehören eine Neudefinition des Staatsbürgerschaftsbegriffs sowie die Zulassung von anderen Sprachen außer dem Türkischen als Unterrichtssprache in den Schulen. Entsprechende Forderungen wurden von der kurdischen *Partei des Friedens und des Demokratie* (*Barış ve Demokrasi Partisi*, BDP) in Verhandlungen mit der regierenden AKP um eine Zustimmung zu einem Reformpaket von Verfassungsänderungen im Herbst 2010 gestellt, jedoch nicht erfüllt (vgl. Meier / Berktaş 2010, 11–12).

5. Konkrete Veränderungen und die ›kurdische Öffnung‹ (›kurdische Initiative‹)

Dennoch haben sich im Zuge einer Initiative[11] der türkischen Regierung, die am 29.7.2009 durch den türkischen Innenminister Beşir Atalay angekündigt wurde, in vielen Bereichen konkrete Veränderungen der Situation ergeben. Dies gilt beispielsweise für den kulturellen Bereich, in dem die Verwendung des Kurdischen in der Öffentlichkeit in den letzten Jahren zugenommen hat.

Erste Anzeichen für eine Änderung der Regierungshaltung ließen sich im August 2005 erkennen, als Ministerpräsident Erdoğan bei einem Besuch der Stadt Diyarbakır im Südosten der Türkei erstmals die Existenz eines »kurdischen Problems« zugab und von Fehlern in der staatlichen Politik gegenüber den Kurden sprach (*Sabah*, 12.8.2005).

In Atalays Ankündigung der so genannten »demokratischen Öffnung« vom Juli 2009 zeigte der Minister jedoch keine konkreten Schritte auf, die von der Regierung unternommen werden sollten, sondern formulierte »eine Aufforderung zum Gespräch über das, was gemacht werden sollte, mit Parteien, Vereinen, Anwaltskammern, Journalisten und Akademikern« (NZZ, 29.7.2010). Trotz dieser Einschränkung war bereits die Tatsache, dass ein Problem eingestanden wurde und angegangen werden sollte, als Tabubruch zu sehen, bedeutete es doch in gewissem Sinne eine Abkehr von der Vorstellung der Homogenität der Bevölkerung der Türkei und damit gleichzeitig die Anerkennung der Existenz einer muslimischen Minderheit. Auf die Ankündigung der Initiative folgte eine Reihe von Veränderungen, im Zuge derer beispielsweise die Verwendung kurdischer Ortsnamen, die verboten worden waren, wieder gestattet wurde und dementsprechend gestaltete, zweisprachige Ortsschilder angebracht wurden (vgl. ebd.).

Betroffen durch Veränderungen war auch das Bildungssystem: Hier spielt das Türkische die Rolle der alleinigen Unterrichtssprache, da durch die Verfassung die Verwendung anderer Sprachen verboten ist (vgl. hierzu Kap. 2). Dies bedeutet, dass bereits der Unterricht in den Grundschulen verpflichtend und ausschließlich in türkischer Sprache stattfindet. Die hierdurch entstehenden sprachlichen Probleme für Kinder, die nicht mit Türkisch als Muttersprache aufwachsen, tragen nach Untersuchungen aus den 1990er Jahren dazu bei, dass nicht unbedeutende Teile der kurdischen Bevölkerung nicht einmal die Grundschule abschließen, obwohl in der Türkei Schulpflicht herrscht.[12] In diesem Be-

---

[11] Diese Initiative wird in türkischen Medien häufig als ›kurdische Öffnung‹ (*kürt açılımı*) bezeichnet (vgl. *Sabah*, 29.7.2009a), wenn auch in Verlautbarungen der Regierung offiziell von einer ›demokratischen Öffnung‹ (*demokratik açılım*) gesprochen wurde (vgl. z.B. ebd., 29.7.2009b). In deutschsprachigen Medien finden sich neben den Bezeichnungen ›kurdische Öffnung‹ und ›demokratische Öffnung‹ auch der Ausdruck ›kurdische Initiative‹, den der Analyst Güzeldere in einer Analyse für die NZZ verwendete (vgl. NZZ, 29.7.2010) und den auch andere Autoren gebrauchen.

[12] Nach Daten von 1993 beenden nur 61 % der kurdischen Männer und 38 % der kurdischen Frauen die Grundschule (Ergebnisse des *Turkish Demographic and Health Survey* von

reich wurde die Einführung anderer Sprachen als Türkisch auch im Rahmen der Initiative konsequent abgelehnt. Eine Veränderung bahnte sich jedoch im universitären Sektor an: Hier waren bestimmte nicht-türkische Sprachen lange Jahre nicht nur als Unterrichtssprache nicht zugelassen, sondern wurden an türkischen Universitäten auch nicht als Fach unterrichtet. Dies änderte sich nach der Ankündigung der ›Öffnung‹. So fiel am 10.9.2009 die Entscheidung des *Hochschulrates* (*Yükseköğretim Kurulu*, YÖK), an der Universität Mardin in der Südosttürkei die Gründung des Instituts *In der Türkei gesprochene Sprachen* (*Türkiye'de Yaşayan Diller Enstitüsü*) zuzulassen (vgl. Beschluss des Ministerrates Nr. 2009/15597). Als eine der Sprachen sollte neben Arabisch, Persisch und Aramäisch auch Kurdisch unterrichtet werden (vgl. NZZ, 29.7.2010). Ein Blick auf die Webseite des Instituts[13] zeigt, dass aktuell drei Abteilungen existieren: Eine *Abteilung für Kurdische Sprache und Kultur* (*Kürt Dili ve Kültürü Anabilim Dalı*), eine *Abteilung für Aramäische Sprache und Kultur* (*Süryani Dili ve Kültürü Anabilim Dalı*) und eine *Abteilung für Arabische Sprache und Kultur* (*Arap Dili ve Kültürü Anabilim Dalı*). Nach Informationen der Universität haben 20 Studierende im Oktober 2010 ihr Studium an der *Abteilung für Kurdische Sprache und Kultur* aufgenommen (vgl. Mardin Artuklu Üniversitesi 2010). Der Vertreter der AKP in Mardin äußerte sich im Sommer 2010 zufrieden (*Sabah* 20.7.2010):

> AK Parti Mardin Milletvekili Cüneyt Yüksel, »Kürtçe ve Süryanice derslerinin başlaması demokratik açılımın başarısından kaynaklanıyor« dedi«. (Der AKP-Abgeordnete von Mardin, Cüneyt Yüksel, sagte: »Der Beginn von Kurdisch- und Aramäisch-Unterricht rührt vom Erfolg der demokratischen Öffnung her«).

Die wohl größten Veränderungen der letzten Jahre fanden jedoch im kulturellen Bereich statt. Auch hier war das Türkische lange Zeit die einzige Sprache, die in der Öffentlichkeit erlaubt war, so dass der Gebrauch anderer Sprachen beispielsweise in Fernsehen und Radio verboten war. Ab 2004 wurden jedoch im Fernsehsender *TRT* (*Türkiye Radyo ve Televizyon Kurumu*) bereits einzelne Sendungen in Kurdisch und anderen Sprachen ausgestrahlt, und am 1.1.2009 startete mit *TRT-6* der erste nicht-private Fernsehsender der Türkei in kurdischer Sprache, der ein 24-stündiges Programm umfasste. Eröffnet wurde das Programm von Ministerpräsident Erdoğan, der dem Sender gutes Gelingen wünschte – in kurdischer Sprache, was als ›gezielter Tabubruch‹ empfunden wurde. Häufig wurde die Gründung dieses Senders auch als Reaktion auf den Erfolg ausländischer kurdischsprachiger Sender betrachtet (vgl. Hoffmann 2009). Ein weiterer Grund könnte sein, dass man die auf diesem Sender ausge-

---

1993; zitiert nach İçduygu u.a. 1999, 1003). An gleicher Stelle führen die Autoren an, dass von Kurden in den östlichen Regionen zwei von fünf kurdischen Männern und zwei von drei kurdischen Frauen überhaupt keine Schulausbildung erhielten.

13 <http://tyde.artuklu.edu.tr>.

strahlten Nachrichten und Sendungen als eine Möglichkeit zur Verbreitung der Staatsideologie betrachtet.[14]

Das Kurdische wurde – ebenfalls eine kleine Sensation – zur Sprache in Kinos. So wurde im Oktober 2009 der Film *Zwei Sprachen, ein Koffer* (*İki dil, bir bavul*) gezeigt, der vom Bildungsministerium unterstützt wurde. Der Film schilderte die Geschichte eines Lehrers aus der Westtürkei, der sein erstes Unterrichtsjahr in einem kurdischen Dorf absolviert. Die Gespräche der Dorfbewohner und Kinder wurden dabei nicht in das Türkische übersetzt, sondern in kurdischer Sprache gezeigt, lediglich mit türkischen Untertiteln versehen (vgl. NZZ, 29.7.2010). Ebenso wurde dies bei der Aufführung des Films *Min dît – Die Kinder von Diyarbakir* gehandhabt, der fast ausschließlich kurdische Dialoge enthielt und im April 2010 in die türkischen Kinos kam. In dem Film des in Deutschland lebenden Regisseurs Mîraz Bêzar geht es um zwei kurdische Kinder, deren Eltern von Mitgliedern des Gendarmerie-Geheimdienstes Jitem ermordet werden und die sich anschließend allein durchschlagen müssen. Nicht nur die Tatsache, dass der Film weitgehend auf Kurdisch gezeigt und nicht in türkischer Sprache synchronisiert wurde, war bemerkenswert, sondern auch das Aufgreifen des brisanten Themas ›Jitem‹ (vgl. SZ, 26.4.2010). Beide Filme wurden auf Filmfestivals in der Türkei und in anderen Ländern gezeigt und mit Preisen ausgezeichnet, u.a. auf dem 46. Filmfestival von Antalya im September 2009.[15]

Weiterhin wurde das Kurdische in politischen Zusammenhängen erlaubt. Im Februar 2011 hielt der Abgeordnete Selahattin Demirtaş im Parlament eine Rede auf Kurdisch, deren Übertragung durch das Parlamentsfernsehen – anders als in früheren Fällen – nicht abgebrochen wurde (vgl. *Sabah*, 22.2.2011).

Trotz all dieser Fortschritte gab es jedoch auch zahlreiche Rückschläge für die ›Öffnung‹, so dass die FAZ im Sommer 2010 von einer »halben Initiative« sprach (vgl. FAZ, 22.6.2010), während die NZZ im Herbst 2010 konstatierte, dass sich die »türkische Kurdenpolitik in der Sackgasse« befände (NZZ, 8.10.2010). Beispiele für Rückschläge in der jüngeren Vergangenheit sind u.a. die Vorkommnisse während eines Gerichtsprozesses gegen kurdische Politiker, der im November 2010 stattfand: Hier wurde die Forderung der Angeklagten, sich in kurdischer Sprache zu verteidigen, mit der Begründung abgelehnt, dass sie das Türkische doch beherrschten. Im Dezember 2010 schloss Präsident Gül die Einführung von Kurdisch als zweiter Amtssprache neben dem Türkischen kategorisch aus (vgl. NZZ, 30.12.2010).

---

14 Nach Rumpf / Steinbach (^{3}2010, 1083) liegt der Marktanteil des Senders *TRT* insgesamt jedoch bei lediglich 3,3 %, so dass zumindest fraglich scheint, ob ein breites Publikum das Programm auf *TRT-6* verfolgen wird.

15 Vgl. die Liste der Preisträger des Festivals auf der Homepage des Festivalveranstalters (Antalya Kültür Sanat Vakfı).

6. Fazit

Inwiefern die ›kurdische Öffnung‹ oder auch andere Reformen der türkischen Regierung zu tatsächlichen Veränderungen führen, ist schwer abzuschätzen. Es ist durchaus möglich, dass der Wunsch der Türkei, in die EU aufgenommen zu werden, zu weiteren Reformen und größeren Rechten für die nicht-türkischen Bevölkerungsgruppen und ihre Sprachen führt. Andererseits zeigt sich, wenn Ministerpräsident Erdoğan von der türkischen ›Über-Identität‹ aller Staatsbürger der Republik Türkei spricht, auch weiterhin die gespaltene Haltung und doppelzüngige Argumentation, die einerseits allen ›Türken‹, d.h. allen Staatsbürgern, gleiche Rechte zuspricht, in der Praxis jedoch die Stellung des Türkischen als Muttersprache aller und als alleinige Amtssprache betont. So wird beispielsweise mit dem Verbot anderer Sprachen als Türkisch als Unterrichtssprache in Schulen die vorherrschende Stellung des Türkischen weiter zementiert und dessen Beherrschung und Gebrauch von allen Bewohnern gefordert. Von einer Unterzeichnung der ECRM scheint die Türkei im Moment weit entfernt.

7. Bibliographie

7.1. Quellen

Beschluss des Ministerrates Nr. 2009/15597: *Mardin Artuklu Üniversitesi Rektörlüğüne Bağlı Olarak Türkiye'de Yaşayan Diller Enstitüsü Kurulması Hakkında Karar*, 10.9.2010.

ECRI: *Second Report on Turkey (Adopted on 15 December 2000)* [= CRI (2001)37], 3.7.2001.

ECRI: *Third Report on Turkey (Adopted on 25 June 2004)* [= CRI (2005)5], 15.2.2005.

Europarat: *Beschluss des Rates vom 19. Mai 2003 über die Grundsätze, Prioritäten, Zwischenziele und Bedingungen der Beitrittspartnerschaft mit der Türkei (2003/398/EG)*, 19.5.2003.

Europarat: *Beschluss des Rates vom 23. Januar 2006 über die Grundsätze, Prioritäten und Bedingungen der Beitrittspartnerschaft mit der Türkei (2006/35/EG)*, 23.1.2006.

Europarat: *Beschluss des Rates vom 18. Februar 2008 über die Grundsätze, Prioritäten und Bedingungen der Beitrittspartnerschaft mit der Republik Türkei und zur Aufhebung des Beschlusses 2006/35/EG (2008/157/EG)*, 18.2.2008.

Europarat: *Europäische Charta der Regional- oder Minderheitensprachen*, 5.11.1992.

Europarat: *Konvention zum Schutze der Menschenrechte und Grundfreiheiten*, 4.11.1950.

Europarat: *Verordnung (EWG) Nr. 2760/72 des Rates vom 19. Dezember 1972 über den Abschluss des Zusatzprotokolls und des Finanzprotokolls, die am 23. November 1970 unterzeichnet wurden und dem Abkommen zur Gründung einer Assoziation zwischen der Europäischen Wirtschaftsgemeinschaft und der Türkei als Anhänge beigefügt sind, und über die zu deren Inkrafttreten zu treffenden Maßnahmen*, 19.12.1972.

European Commission against Racism and Intolerance (=ECRI): *ECRI's Country-by-Country Approach: Report on Turkey* [= CRI (1999)52], 1999.

Gesetz Nr. 2932: *Türkçeden Başka Dillerle Yapılacak Yayınlar Hakkında Kanun*, 19.10.1983.

Gesetz Nr. 4709: *Türkiye Cumhuriyeti Anayasasinin Bazi Maddelerinin Değiştirilmesi Hakkinda Kanun*, 3.10.2001.

Gesetz Nr. 4771: *Çeşitli Kanunlarda Değişiklik Yapılmasına İlişkin Kanun*, 3.8.2002.

Gesetz Nr. 4903: *Çeşitli Kanunlarda Değişiklik Yapılmasına İlişkin Kanun*, 19.6.2003.

Gesetz Nr. 5980: *Seçimlerin Temel Hükümleri Ve Seçmen Kütükleri Hakkinda Kanun İle Milletvekili Seçimi Kanununda Değişiklik Yapılmasına Dair Kanun*, 8.4.2010.
Yönetmelik 2002a: *Türk Vatandaşlarının Günlük Yaşamlarında Geleneksel Olarak Kullandıkları Farklı Dil ve Lehçelerin Öğrenilmesi Hakkında Yönetmelik*, 2002.
Yönetmelik 2002b: *Radyo ve Televizyon Yayınlarının Dili Hakkında Yönetmelik*, 2002.

7.2. Literatur

Alpay, Şahin: *EU's »Soft Power«: The Case of Turkey* [= *Fokus Türkei*, 3], Istanbul: Friedrich-Ebert-Stiftung 2006.
Antalya Kültür Sanat Vakfı: *46. Altın Portakal Ulusal Uzun Metraj Film Yarışması (10–17 Ekim 2009)*. <http://www.aksav.org.tr/altinportakal.php?id=2> (10.5.2011).
Başvekâlet Müdevvenat Müdiriyeti (Hrsg.): *Düstur. Üçüncü tertip. Kanunları, Tefsirleri, ve B.M.M.si Kararlarını, Nizamname ve Muahede ve Umumî hizmetlere ait Mukavelâtı muhtevidir (Cilt 5: 11 ağustos 1339 – 19 teşrinievvel 1340)*, İstanbul: Necmi İstikbal Matbaası 1931.
Bora, Tanıl (Hrsg): *Milliyetçilik* [= *Modern Türkiye'de Siyasî Düşünce*, 4], İstanbul: İletişim Yayınları 2002.
Hendrich, Béatrice: *Milla – millet – Nation: Von der Religionsgemeinschaft zur Nation? Über die Veränderung eines Wortes und die Wandlung eines Staates*, Frankfurt am Main: Lang 2003.
Hoffmann, Carsten: »TRT-6, be xer be. Türkei erhält kurdischen Sender«. In: *n-tv*, 2.1.2009. <http://www.n-tv.de/politik/dossier/Tuerkei-erhaelt-kurdischen-Sender-article45197.html> (10.5.2011).
Holtz, Uwe (Hrsg.): *50 Jahre Europarat* [= Schriften des Zentrums für Europäische Integrationsforschung, 17], Baden-Baden: Nomos 2000.
Human Rights Watch (Hrsg.): *Violations of Free Expression in Turkey*, New York 1999.
Hürriyet
– »Üst kimlik polemiği«. In: *Hürriyet*, 22.11.2005. <http://hurarsiv.hurriyet.com.tr/goster/haber.aspx?id=3552198&tarih=2005-11-22> (10.5.2011).
İçduygu, Ahmet / Romano, David / Sirkeci, Ibrahim: »The Ethnic Question in an Environment of Insecurity: the Kurds in Turkey«. In: *Ethnic and Racial Studies*, 22, 1999: 991–1010.
Johanson, Lars: »Türkeitürkisch«. In: Nina Janich / Albrecht Greule (Hrsg.): *Sprachkulturen in Europa. Ein internationales Handbuch*, Tübingen: Narr 2002: 311–315.
Mardin Artuklu Üniversitesi: »Zinciriye Medresesi'nde Kürtçe eğitim zili çaldı«. 2010. <http://www.artuklu.edu.tr/Etkinlikler.asp?Id=90> (10.5.2011).
FAZ = *Frankfurter Allgemeine Zeitung*
– »Die halbe Initiative«. In: *Frankfurter Allgemeine Zeitung*, 22.6.2010. <http://www.faz.net/aktuell/politik/ausland/tuerkei-die-halbe-initiative-1996755.html> (10.5.2011).
Meier, Michael / Berktaş, Aylin: *Die Verfassungsreform 2010* [= *Fokus Türkei*, 17], Istanbul: Friedrich-Ebert-Stiftung 2010.
NZZ = *Neue Zürcher Zeitung*
– »Kurdisch als Amtssprache ausgeschlossen«. In: *Neue Zürcher Zeitung*, 30.12.2010. <http://www.nzz.ch/_1.8943433.html> (10.5.2011).
– »Die ›kurdische Initiative‹ – ein Scherbenhaufen«. In: *Neue Zürcher Zeitung*, 29.7.2010. <http://www.nzz.ch/_1.6962457.html> (10.5.2011).
– »Türkische Kurdenpolitik in der Sackgasse«. In: *Neue Zürcher Zeitung*, 8.10.2010. <http://www.nzz.ch/nachrichten/politik/international/die_tuerkische_kurdenpolitik_in_der_sackgasse_1.7896564.html> (28.9.2011).
Rumpf, Christian: *Einführung in das türkische Recht*, München: Beck 2004.

– »Türkei: Verfassung und EU«. In: Ernst-Joachim Mestmäcker / Wernhard Möschel / Martin Nettesheim (Hrsg.): *Verfassung und Politik im Prozess der europäischen Integration*, Baden-Baden: Nomos 2008: 285–304.

Rumpf, Christian / Steinbach, Udo: »Das politische System der Türkei«. In: Wolfgang Ismayr / Solveig Richter / Markus Soldner (Hrsg.): *Die politischen Systeme Osteuropas*, Wiesbaden: VS Verlag für Sozialwissenschaften ^{3}2010: 1053–1097.

Sabah

– »Erdoğan: ›Kürt sorunu Türkiye'nin sorunu‹«. In: *Sabah*, 12.8.2005. <http://arsiv.sabah.com.tr/2005/08/12/siy94.html> (10.5.2011).

– »Kürt açılımı'nda ilk açıklama bugün«. In: *Sabah*, 29.7.2009a. <http://www.sabah.com.tr/Siyaset/2009/07/29/kurt_aciliminda_ilk_aciklama_bugun> (10.5.2011).

– »Beşir Atalay'dan önemli açıklama«. In: *Sabah*, 29.7.2009b. <http://www.sabah.com.tr/Siyaset/2009/07/29/siyasi_partiler_cozum_surecine_katilmali> (10.5.2011).

– »Mardin Artuklu Üniversitesi Kürtçe derslerine başlıyor«. In: *Sabah*, 20.7.2010. <http://www.sabah.com.tr/Gundem/2010/07/20/mardin_artuklu_universitesi_kurtce_derslerine_basliyor> (10.5.2011).

– »Meclis'te Kürtçe konuştu«. In: *Sabah*, 22.2.2011. <http://www.sabah.com.tr/Gundem/2011/02/22/mecliste_kurtce_konustu> (10.5.2011).

SZ = *Süddeutsche Zeitung*

– »Ein Märchen so grausam«. In: *Süddeutsche Zeitung*, 26.4.2010. <http://www.sueddeutsche.de/kultur/im-kino-min-dit-ein-maerchen-so-grausam-1.936090> (10.5.2011).

Seufert, Günter: »Religiöse Minderheiten in der Türkei«. In: *Aus Politik und Zeitgeschichte*, 26, 2008: 20–26.

Skutnabb-Kangas, Tove / Bucak, Sertaç: »Killing a Mother Tongue – How the Kurds are Deprived of Linguistic Human Rights«. In: Tove Skutnabb-Kangas / Robert Phillipson / Mart Rannut (Hrsg.): *Linguistic Human Rights. Overcoming Linguistic Discrimination*, Berlin/New York: de Gruyter 1995: 347–370.

Spiegel

– »Wir wollen keinen zivilen Putsch« [Interview mit Kemal Kılıçdaroğlu]. In: *Spiegel*, 34, 23.8.2010. <http://www.spiegel.de/spiegel/print/d-73388922.html> (10.5.2011).

Strohmeier, Martin / Yalçın-Heckmann, Lale: *Die Kurden. Geschichte, Politik, Kultur*, München: Beck ^{3}2010.

Katarzyna Wiśniewiecka-Brückner (Gießen)

Polen

Die ECRM als neuer Rahmen für bekannte Regelungen

Following the political and economic turning-point of 1989, minority- and regional-language policy in Poland has been distinguished by a large-scale dynamic of transformation, evident on all levels of state and society. This has not only left its imprint upon Polish legislation relating to minorities and minority-languages, but has also served permanently to alter the previously homogenous self-conception of Polish society into an increasingly heterogeneous one, thereby influencing the linguistic landscape. The ratification by Poland in 2009 of the *European Charter for Regional or Minority Languages* can therefore be seen as the crowning act of a Polish state policy, friendly towards minorities and minority-languages, which have aimed at their preservation and promotion, and which has conformed to EU principles seeking to promote linguistic and cultural diversity. This paper sets out to examine and describe the ratification situation and the implementation status of the ECRML in Poland, exploring its topicality and originality.

1. Einführung

Die Minderheiten- und Regionalsprachenpolitik in Polen zeichnet sich seit der politischen und ökonomischen Wende von 1989 durch eine sehr große Veränderungs- bzw. Wandeldynamik aus, die auf allen Ebenen des staatlichen und gesellschaftlichen Funktionierens ihre Widerspiegelung findet. Diese hat nicht nur Spuren in der polnischen Minderheiten- und Minderheitensprachengesetzgebung hinterlassen, sondern dauerhaft die homogene Selbstbetrachtung der polnischen Bevölkerung zugunsten ihrer Heterogenität verändert und so die Sprachenlandschaft beeinflusst. Die Ratifizierung der *Europäischen Charta der Regional- oder Minderheitensprachen* (ECRM) 2009 durch Polen ist daher als ein Abschlussakt einer gezielten minderheiten- und minderheitensprachenfreundlichen, auf ihren Erhalt und ihre Förderung gerichteten und mit den EU-Richtlinien im Sinne der Förderung der sprachlichen und kulturellen Vielfalt konformen Politik des polnischen Staates zu betrachten. Der vorliegende Beitrag stellt einen Versuch dar, die Ratifizierungssituation und den Implementierungsstand der ECRM in Polen unter dem Aspekt ihrer Neuerungskraft und Aktualität zu untersuchen und zu beschreiben. Der angestrebten Deskription geht eine Schilderung der in Polen vor und nach der erwähnten Wende herrschenden ethnisch-sprachlichen Situation und ihrer Wahrnehmung voran. Bevor auf die Einzelheiten des Ratifizierungsprozesses – Ratifizierungsgeschichte, ratifizierte Sprachen und Maßnahmen – eingegangen wird, wird die Entwicklung der Minderheiten- und Minderheitensprachenpolitik behandelt, indem die in Polen gültige allgemeine Gesetzeslage und die Minderheitengrundrechte skizziert und für ihre Wahrung zuständige Institutionen vorgestellt werden. Anschließend wird versucht, anhand der von Polen ratifizierten Chartamaßnahmen sowie anhand des ersten Charta-Implementierungsberichtes die Revision der Neuerungskraft ratifizierter Regelungen vorzunehmen, indem die *vor* der Ratifizierung geltenden gesetzlichen Regelungen den Chartaregelungen gegenüber gestellt werden. Die Untersuchung der Aktualität der Chartabeschlüsse wird für den Bereich des ratifizierten Sprachenspektrums unter Berücksichtigung der ökolinguistischen Situationen ausgewählter Sprachen vorgenommen.

2. Ethnisch-sprachliche Situation in Polen

Die ethnisch-sprachliche Situation in Polen kann je nach Betrachtungsweise zweierlei charakterisiert werden: als homogen oder heterogen. Unter Berücksichtigung des kleinen Minderheitenanteils an der polnischen Gesamtbevölkerung (ca. 3–5 %) kann Polen zur Kategorie ethnisch und sprachlich homogener Länder gezählt werden. Die polnische Bevölkerung bzw. Sprachgemeinschaft macht ca. 96 % der Gesamtbevölkerung aus. Sowohl im Sinne der geographischen Verbreitung des Polnischen auf dem Gebiet des polnischen Staates (sprachlandschaftlich gesehen), als auch im Sinne seiner Verbreitung in der Gesellschaftsstruktur (sprachsoziologisch gesehen) kann das Polnische als die absolut dominante Sprache bezeichnet werden (vgl. Wingender / Wiśniewiecka-Brückner 2007, 215).

Der homogenen Betrachtung der sprachlich-ethnischen Situation in Polen kann die heterogene Sicht gegenüber gestellt werden, die nicht den Minderheitenanteil an der polnischen Bevölkerung in den Vordergrund stellt, sondern die Vielfalt, die dieser recht kleine Anteil aufweist – 13 anerkannte nationale und ethnische Minderheiten samt ihren Sprachen. So gesehen kann Polen als ein multiethnischer und multilingualer Staat betrachtet werden (vgl. ebd., 215). Die multiethnische und multilinguale Sicht findet ihre Widerspiegelung auf der gesetzlich-rechtlichen Ebene.[1]

[1] Die gesetzlich-rechtliche Ebene umfasst jedoch nicht alle faktisch auf dem Territorium des polnischen Staates lebenden Minderheitengruppen und ihre Sprachen. Wicherkiewicz (2000, 181f.) führt noch weitere zu berücksichtigende Minoritäten auf, so dass das geschützte Sprachenspektrum auf über 20 Minderheitensprachen erhöht werden könnte.

2.1. *Gesetzlich anerkannte Minderheitensprachen und Regionalsprache in Polen*

Aus der gesetzlichen Anerkennung des Minderheitenstatus ergibt sich folgende Aufstellung und Aufteilung der geschützten Sprachen. Nach dem *Gesetz über die nationalen und ethnischen Minderheiten sowie die Regionalsprache* (GüneMR), das in Polen 2005 verabschiedet wurde, werden in Polen neun nationale und vier ethnische Minderheiten gezählt sowie eine Regionalsprache – Kaschubisch. Insgesamt ergibt sich hier ein breites Spektrum von 14 bzw. implizit[2] 15 relevanten Sprachen, die im Sinne des Gesetzes geschützt und gefördert werden (Art. 7–9; 12 GüneMR). Zu den geschützten Sprachen gehören seit 2005 Sprachen nationaler Minderheiten (Armenisch, Belarussisch, Deutsch, Jiddisch/Hebräisch, Litauisch, Russisch, Slowakisch, Tatarisch, Tschechisch, Ukrainisch), Sprachen ethnischer Minderheiten (Karäisch/Karaimisch, Lemkisch, Roma, Tatarisch) und das Kaschubische als Regionalsprache.[3]

2.2. *Minderheitensprachenlandschaft: demographische Daten und geographische Verteilung*

Die Gesamtheit der minoritären Sprachgemeinschaften bildet mit 3–5 % einen relativ kleinen Anteil an der polnischen Bevölkerung (vgl. Wingender / Wiśniewiecka-Brückner 2007, 215). Der Anteil der Minderheitensprachensprecher fällt gemäß den Daten des *Statistischen Hauptamtes*, die im polnischen Zensus 2002 erhoben wurden, noch kleiner aus und bildet im Falle der geschützten Sprachen einen Wert, der unter einem Prozent liegt.[4] Im Zensus wurden die Nationalität[5] der polnischen Bevölkerung erhoben sowie die Daten über den häuslichen Gebrauch der Minderheiten- oder Regionalsprache mit der Frage: »Welche Sprache sprechen Sie zu Hause?«. Zahlenmäßig können anhand der Daten die Sprecher des Deutschen als die größte Gruppe klassifiziert werden (204.537), ge-

---

2 Den Unterschied macht die Sprache bzw. machen die Sprachen der jüdischen Minderheit aus. Jiddisch und Hebräisch tauchen explizit erst in der von Polen ratifizierten Charta-Version 2009 auf. Im GüneMR (Art. 3,2) wird auf die Sprache der *jüdischen* Minderheit referiert, realisiert wird faktisch seit 2005 die Förderung *beider* Sprachen (vgl. *Raport dotyczący sytuacji mniejszości narodowych i etnicznych oraz języka regionalnego w Rzeczpospolitej Polskiej*, 29).

3 Zur Spezifik der Kaschuben und des Kaschubischen exhaustiv in Hentschel (2000a, b), Lubaś (2002) und Porębska (2006).

4 Der Wert unter einem Prozent beruht auf Eigenberechnungen anhand der Zensusangaben des polnischen Statistischen Hauptamtes von 2002 (vgl. *Wyniki Narodowego Spisu Powszechnego Ludności i Mieszkań*, <http://demografia.stat.gov.pl/BazaDemografia/NSP2002.-aspx>).

5 Unter ›Nationalität‹ (poln. *narodowość*) im Sinne der in Zensusbögen enthaltenen Antworten wird die Eigeneinschätzung und nicht die Staatsbürgerschaft verstanden. Zur Diskussion über die Stellung der Nationalitätsfrage vgl. z.B. Adamczuk (2006) oder Łodziński (2006).

folgt von den Sprechern des Kaschubischen (52.665) und des Belarussischen (40.650). An vierter Stelle ist die ukrainische Sprachgemeinschaft (22.698) größenmäßig zu erwähnen, an fünfter die Roma (15.778), an sechster Stelle die Russen (15.299), an siebter die Litauer (5.838), gefolgt von den Sprechern des Lemkischen (5.627), und an neunter Stelle die Tschechen (1.482). Die übrigen Sprachen der geschützten Minderheiten – Slowakisch, Armenisch, Jiddisch, Hebräisch und Tatarisch – werden jeweils von weniger als tausend Personen gesprochen. Eine Ausnahme bildet hier das Karäische/Karaimische. Der häusliche Gebrauch dieser Sprache wurde von keinem Respondenten deklariert (Tab. 1).

Nationale und ethnische Minderheiten und Sprecher der Regionalsprache	**Häuslicher Gebrauch der Minderheiten- oder Regionalsprache**
Deutsche	204.537
Belarussen	40.650
Ukrainer	22.689
Roma	15.778
Russen	15.299
Litauer	5.838
Lemken	5.627
Tschechen	1.482
Slowaken	921
Armenier	872
Juden (darunter 225 Jiddisch- u. 37 Hebräischsprechende)	262
Tataren	11
Karäer	--
Kaschuben	52.665
Gesamt	*366.641*

Tab. 1: Deklaration über den häuslichen Gebrauch der Minderheitensprachen und Regionalsprache laut Zensus 2002, nach Angaben des polnischen *Statistischen Hauptamtes.*

Die Heterogenität des Minderheitenanteils kann mit Hilfe einer graphischen Erfassung der geographischen Verteilung der einzelnen Minderheiten und ihrer Sprachen auf dem Gebiet des polnischen Staates veranschaulicht werden (Abb.). Ein kumulatives, auf ein oder mehrere gemeinsame Territorien verteiltes Auftreten der Sprecher der einzelnen Minderheitensprachen ist für zehn davon

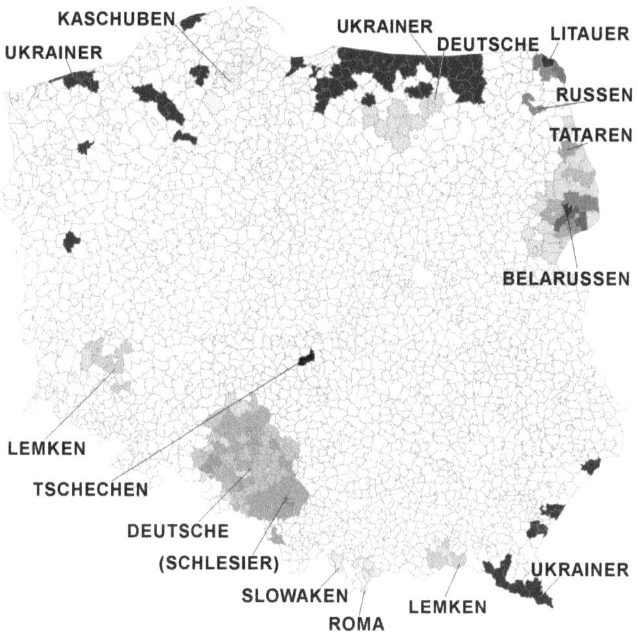

Abb.: Geographisch-administrative Verteilung der Minderheitensprachen auf dem polnischen Staatsgebiet.

zu verzeichnen: Belarussisch, Deutsch, Lemkisch, Litauisch, Russisch, Slowakisch, Tatarisch, Tschechisch, Ukrainisch und Kaschubisch. Die genannten Sprachen werden aufgrund des kumulativen Charakters ihres Auftretens in die ratifizierte polnische Chartaversion als ›territoriale Sprachen‹ aufgenommen (vgl. *Oświadczenie, które złożyła Rzeczpospolita Polska do Europejskiej karty języków regionalnych lub mniejszościowych*).[6] Zu den als nicht territorial aufgefassten Sprachen zählen dagegen fünf: Karäisch/Karaimisch, Armenisch, Roma, Jiddisch und Hebräisch. Armenisch, Roma, Jiddisch und Hebräisch werden verstreut in allen polnischen Woiwodschaften gesprochen (vgl. *I Raport dla Sekretarza Rady Europy z realizacji przez Polskę postanowień Europejskiej karty języków regionalnych lub mniejszościowych*).[7]

Die ethnische karäische Minderheit wird in Polen von 43 Karäern gebildet und kann somit als die kleinste gesetzlich anerkannte Minderheit klassifiziert werden. Karäer bewohnen aktuell drei polnische Woiwodschaften: Warschau und die Umgebung, im Süden Breslau und im Norden die Dreistadt (Danzig, Gdingen, Zoppot). Im Laufe der Zeit haben sie ihre Sprachkompetenz verloren [sic!] (Tab. 1).

---

6 <http://www.mswia.gov.pl/portal/pl/584/7525/Oswiadczenie_ktore_zlozyla_Rzeczpospolita_Polska_do_Europejskiej_karty_jezykow_r.html>.

7 <http://www.mswia.gov.pl/download.php?s=1&id=12285>.

Die angeführte Heterogenitätsanerkennung bzw. Heterogenitätsauffassung war, politisch bedingt, nicht immer möglich und nicht immer der Fall. Lange mussten die polnischen Minderheiten mit Ignoranz und sogar Feindlichkeit kämpfen (vgl. Łodziński 2010, 13–34).

3. Entwicklung der Minderheiten- und Minderheitensprachenpolitik in Polen

Zur Zeit des Kalten Krieges dominierte in Polen die Betrachtung Homogenität der Bevölkerung. Ideologisch bedingt, mussten alle Bürger des Landes gleich sein, d.h. Polen, und sie mussten Polnisch sprechen. Die Minderheiten- und Minderheitensprachenpolitik Polens zeichnete sich durch ihren diskriminierenden und restriktiven Charakter aus. Minderheiten wurden als ein Negativum und eine Gefahr für das politische System angesehen:

> Die ethnische und sprachliche Sonderstellung der Kaschuben wurde nicht anerkannt; kulturelle Institutionen, die sich der Pflege kaschubischer Sitten und Traditionen verschrieben hatten, waren inoffiziell verboten, und die kaschubische Sprache wurde offiziell als Dialekt des Polnischen klassifiziert, was wiederum die Kultivierung des Kaschubischen als Minderheitensprache verhinderte (Wingender / Wiśniewiecka-Brückner 2007, 216).

Im Falle anderer Minderheiten wurde lediglich die folkloristische Tätigkeit geduldet und als Forum zur Verbreitung kommunistischer Parolen unter strenger Bewachung genutzt. Der allgemeine politische Kurs nach 1945 bedeutete Assimilierungsbestreben in Bezug auf die Minderheiten. *De jure* erkannte die Volksrepublik Polen die Andersartigkeit ihrer Bürger. Ihre Nationalität galt demnach als ihre private Angelegenheit. *De facto* wurde jedoch intensiv assimiliert, oder man musste den Weg der Emigration gehen. Kurz nach dem Krieg war der Gedanke des ›kommunistischen Internationalismus‹ präsent. Diese noch relativ günstige Einstellung endete 1956, als sich im Zuge der Abrechnung mit der Vergangenheit und der Suche nach dem Sündenbock für politisches Misslingen der stalinistischen Ära die Situation der Minderheiten verschlechterte. Die Kontrollvorgänge wurden verschärft. Die Minderheiten und ihre Sprachen, v.a. aber ihre Sprecher, gerieten in Gefahr (vgl. z.B. Łodziński 2010, 17–23). Teilweise wurden diese zum Verlassen des Landes veranlasst. Mit der Wende von 1989 öffnete sich Polen nach Westen, was nicht nur national-politische und national-wirtschaftliche Folgen hatte, sondern zur Anerkennung der Heterogenität der eigenen Bevölkerung führte. Hierzu hat auch das Aufheben der Zensur beigetragen. Inhalte mit Minderheiten- und Minderheitensprachenproblematik konnten uneingeschränkt und unzensiert erscheinen. Ihre Blütezeit erlebten in dieser Zeit die Kaschuben und das Kaschubische.[8] Mit der Wende hat sich die

---

[8] Die Bemühungen um die Anerkennung des Kaschubischen als eigenständige Sprache (und nicht als Dialekt des Polnischen, wie bisher gelehrt, vgl. Dejna 1993) haben eine über 100-

Situation nicht nur in Bezug auf das Kaschubische, sondern auch in Hinsicht auf alle anderen minoritären Gruppen verändert (vgl. ebd. 24–34).

Im Rahmen des Angleichens an die internationale Rechtsordnung hat Polen die Menschenrechte anerkannt, indem es 1991 die *Konvention zum Schutze der Menschenrechte und Grundfreiheiten* unterzeichnet und 1993 ratifiziert hat. 1991 ist Polen auch dem Europarat beigetreten. Die Anerkennung der internationalen Menschenrechte war die Voraussetzung für den Beitritt. Der EU-Beitritt ist als Katalysator für die positiven Veränderungen im Bereich der Minderheiten- und Minderheitensprachenpolitik Polens zu betrachten. Schon davor im Zuge der Erfüllung geplanter Arbeitsschritte versuchte Polen, die von der Europäischen Union betriebene Politik der kulturellen und sprachlichen Vielfalt einzuführen und umzusetzen. 2001 hat Polen das europäische *Rahmenübereinkommen zum Schutz nationaler Minderheiten* unterschrieben. Einen Meilenstein in der Umsetzung der europäischen Minderheitenpolitik stellt das 2005 verabschiedete GüneMR dar, auf das im Einzelnen nach der Skizze der Entwicklung der allgemeinen Gesetzeslage eingegangen wird.

3.1 Gesetzeslage – die wichtigsten Gesetze im Bereich der Minderheitensprachen

Die erwähnten Veränderungen in Polens Minderheiten- und Minderheitensprachenpolitik finden ihre Widerspiegelung nicht nur auf der Ebene der groben gesetzlichen Richtlinien, sondern umfassen detailliert das polnische Rechtssystem. Seit der Wende von 1989 ist eine ganze Reihe von Gesetzen und Regelungen in Bezug auf Minderheiten allgemein und ihre Sprachen im Besonderen verabschiedet worden.[9] Die intensivste Arbeitsphase an der minderheiten- und

---

jährige Geschichte, die mit der gesetzlichen Anerkennung des Kaschubischen als Regionalsprache 2005 erfolgreich abgeschlossen wurde. Betrachtet man die Kaschuben und ihre Sprache, so dürfen im Kontext der polnischen Minderheitensprachenpolitik auch die Schlesier und ihre Sprache nicht unerwähnt bleiben. Bestrebungen nach Anerkennung des eigenen Idioms als Regionalsprache gibt es auch seitens der schlesischen Sprachgemeinschaft (mehr zum Schlesischen und seiner Situation in Hentschel 2002). Das schlesische Idiom wird aktuell, ähnlich der früheren Auffassung über das Kaschubische, als ein Dialekt des Polnischen klassifiziert (vgl. ebd.). Die Schlesische Gemeinschaft ist sehr um die gesetzliche Anerkennung ihrer Sprache als Regionalsprache und ihres Status als Minderheitensprache bemüht. Diese ist bisher jedoch ausgeblieben. Die gesetzliche Anerkennung des Kaschubischen als der ersten Regionalsprache in Polen überhaupt ist insofern von Relevanz, als sie zur Entstehung eines Präzedenzfalls geführt hat, auf den permanent seitens der schlesischen Gemeinschaft als paradigmatische Entwicklung hingewiesen wird und der exemplarisch für den positiven Wandel in der Einstellung des polnischen Staates gegenüber den Minderheiten und ihren Sprachen charakteristisch ist. Mehr dazu vgl. in Wingender / Wiśniewiecka-Brückner 2007 und Wiśniewiecka-Brückner 2009.

9 Eine exhaustive Auflistung der referierten Gesetzesveränderungen wurde 2007 als ein 101 Seiten umfassender Anhang im Rahmen der zweijährlichen Berichterstattung über die Implementierung des GüneMR auf den Seiten des polnischen *Innenministeriums* veröffent-

minderheitensprachenfördernden Rechtsgrundlage erfolgte in den Jahren 1989–2005. In dieser Zeitperiode, noch lange vor der Ratifizierung der Charta durch Polen 2009, wurden die wichtigsten Gesetze verabschiedet, womit eine solide Sprachschutzrechtsgrundlage für Minderheitensprachen sowie für die Regionalsprache Kaschubisch geschaffen wurde. Da aus Platzgründen nicht auf alle Regelungen im Einzelnen eingegangen werden kann, werden hier exemplarisch die wichtigsten Gesetzesänderungen und die damit einhergehenden Minderheiten- und Minderheitensprachenrechte genannt: Sowohl vom polnischen *Grundgesetz* (KRP) von 1997 (Art. 35,1) als auch vom GüneMR (Art. 8) wird das Recht der Minderheiten auf Bewahrung und Entwicklung der eigenen Sprache garantiert. Das Recht auf das Erlernen *der* Minderheitensprache und das Lernen *in* der Minderheitensprache wird vom polnischen *Bildungsgesetz* von 1991 (Art. 13; 58) eingeleitet und vom GüneMR (Art. 8,4) bekräftigt; das Recht auf Gründung eigener Bildungs- und Kulturinstitutionen wird im Rahmen des Grundgesetzes (Art. 35,2) und des Bildungsgesetzes (Art. 13) gesichert; das Recht auf Entwicklung und Bewahrung der eigenen Sitten, Traditionen und Kultur und das Recht auf Teilhabe an den Entscheidungen, die die eigene kulturelle Identität betreffen, werden ebenfalls vom Artikel 35,2 des polnischen *Grundgesetzes* und von den Artikeln 23–30 des GüneMR garantiert und können durch Wahlprivilegien für Wahlkomitees von Minderheitenorganisationen (z.B. Befreiung von der *5-Prozent-Klausel*) kraft der polnischen *Wahlverordnung* von 2001 (Art. 134) realisiert werden. Die allgemeine Entwicklung der Minderheiten und der Minderheitensprachen wird durch das Diskriminierungsverbot und Verbot von Organisationen, deren Programme und Tätigkeit Rassenhass oder Hass gegen andere Nationalitäten beinhalten oder zulassen, begünstigt (vgl. Art. 13 KRP; Art. 6 des *Gesetzes »Über die Gewährleistung der Gewissens- und Konfessionsfreiheit«*; Art. 119; 256; 257 des polnischen *Strafgesetzbuches*; Art. 5; 6 GüneMR).

Die Wahrung der Minderheiten- und Minderheitensprachenrechte wurde kraft des GüneMR in den Zuständigkeitsbereich des polnischen Innenministeriums gegeben. Mehrere Abteilungen und Subabteilungen[10] sowie die einberufene *Gemeinsame Kommission der Regierung und der Nationalen und Ethnischen Minderheiten* (GKRNEM) des polnischen Innenministeriums sind im Sinne der Gewährleistung der genannten Minderheiten- und Minderheitensprachenrechte kooperativ tätig.

---

licht (vgl. *Raport dotyczący sytuacji mniejszości narodowych i etnicznych oraz języka regionalnego w Rzeczpospolitej Polskiej*, Anhang 1, 1–101).

10 Abteilung für nationale und ethnische Minderheiten, Referat für nationale und ethnische Minderheiten der Abteilung für religiöse Konfessionen sowie nationale und ethnische Minderheiten, Arbeitsgruppe für Angelegenheiten der Kultur der nationalen und ethnischen Minderheiten der Abteilung für religiöse Konfessionen sowie nationale und ethnische Minderheiten, Unterarbeitsgruppe für Bildungsangelegenheiten der nationalen Minderheiten, Unterarbeitsgruppe für die Angelegenheiten der Roma (vgl. *Ministerstwo Spraw Wewnętrznych i Administracji, Religie i mniejszości narodowe, Podstawowe prawa*, <http://www.mswia.gov.pl/portal/pl/61/38/Podstawowe_prawa.html>).

Die dargestellte, bereits vor der Ratifizierung der Charta geschaffene gesetzliche Lage in Polen darf als eine sehr günstige und mit der europäischen Politik konforme bezeichnet werden. Bereits 2005 waren die Minderheitensprachen geschützt und konnten in allen Lebensbereichen gepflegt werden. Alle Gesetzesnovellierungen und -änderungen sowie neue Gesetze zielten auf die Schaffung öffentlicher Entwicklungsräume für die Minderheiten. Eine besondere Stellung kommt angesichts der angeführten Gesetzesauflistung dem GüneMR zu. Das Gesetz sichert Schutz nicht nur den Minderheiten selbst. Es beinhaltet auch zahlreiche explizite Sprachschutzbestimmungen in Bezug auf die Sprachen der nationalen und ethnischen Minderheiten sowie die Regionalsprache Kaschubisch, weswegen auf das Gesetz näher eingegangen wird.

3.2 Das Gesetz über nationale und ethnische Minderheiten sowie die Regionalsprache

Bereits im Rahmen dieses Gesetzes wird die Sprachenfrage exhaustiv behandelt und der Gebrauch der Minderheitensprachen sowie der Regionalsprache Kaschubisch fördernd geregelt: Artikel 8 des Gesetzes garantiert das Recht auf freie Verwendung der Minderheitensprachen und der Regionalsprache im öffentlichen und privaten Leben, das Recht auf Verbreitung und Austausch von Informationen in den Minderheitensprachen und der Regionalsprache, das Recht auf Anbringen von Informationen privaten Charakters in den Minderheitensprachen oder in der Regionalsprache sowie das erwähnte Recht auf Erlernen *der* Minderheitensprachen und *der* Regionalsprache und das Lernen *in* den Minderheitensprachen und der Regionalsprache. Demnach ist der Gebrauch der Minderheitensprachen und der Regionalsprache auch in öffentlichen Bereichen wie Schulen, Ämter, Behörden und Massenmedien zulässig. Die jeweilige Minderheitensprache darf auf Ämtern als Hilfssprache auf Antrag unter der Erfüllungsvoraussetzung der *20-Prozent-Klausel* eingeführt werden (vgl. Art. 9,2 GüneMR). Minderheiten wird das Recht auf Sendemöglichkeiten und Sendezeit in den öffentlichen Medien zuerkannt (genauere Regelungen über die Sendemöglichkeit und Sendezeit wurden entsprechend erlassen) (vgl. Art. 21,1 Pkt. 8a des *Gesetzes über den Rundfunk und das Fernsehen*). In Schulen darf der Unterricht *der* Minderheitensprache stattfinden und Unterricht *in* der Minderheitensprache geführt werden (vgl. Art. 8 GüneMR). Das Gesetz gestattet die Aufstellung zweisprachiger Ortsnamensschilder sowie zweisprachiger physiographischer Bezeichnungen (vgl. Art. 12 ebd.) und die Transliteration der Eigennamen in die jeweilige Minderheitensprache oder ins Kaschubische (vgl. Art. 7 ebd.).

Neben der ECRM gehört eben dieses Gesetz zu den wichtigsten und umfangreichsten Dokumenten, welche die Wahrung der kulturellen und sprachlichen Vielfalt in Polen sichern. Die erwähnten zuständigen Organe sind zu einer regelmäßigen, alle zwei Jahre stattfindenden Berichterstattung gesetzlich verpflichtet. Die Realisierung des Gesetzes wird in den 2007 und 2009 erschienenen Berichten dokumentiert, denen man eine rege Aktivität der polnischen

Regierung und der Minderheiten- und Regionalsprachenvertreter im Bereich der Sprachwahrung entnehmen kann. Bereits im ersten Bericht von 2007 konnten mehrere zweisprachige Gemeinden nachgewiesen werden sowie die Einrichtung zahlreicher Minderheiteninstitutionen, darunter sprachfördernder Bibliotheken, die Durchführung sprachfördernder Veranstaltungen (Sprachwettbewerbe, Festivals), die Veröffentlichung gedruckter Periodika mit finanzieller Unterstützung der polnischen Regierung usw. (vgl. *Raport dotyczący sytuacji mniejszości narodowych i etnicznych oraz języka regionalnego w Rzeczpospolitej Polskiej*).[11]

4. Die ECRM in Polen

4.1. Ratifizierung der ECRM

Die Unterzeichnung der ECRM durch Polen hat im Jahre 2003 stattgefunden. 2009 wurde die Ratifizierung der Charta mehr oder weniger auf Wunsch der Minderheitenvertreter und Regionalsprachenvertreter selbst und nach mehreren Aufforderungen des Europarates vollzogen, worauf vom damaligen Innenminister Belka in der Begründung des Antrags auf Ratifizierung der Charta an das polnische *Parlament* verwiesen wird (vgl. *Druk nr 4158*).[12] Ebenfalls im Begründungsschreiben wird auf das GüneMR verwiesen, und seine Bedeutung für sprachliche Regulierungen wird unterstrichen. Offen zugestanden wird im Antragsschreiben die Übernahme nur der Charta-Beschlüsse, die bereits von der polnischen Legislative geregelt wurden, was weitere rechtliche Anpassungsprozesse unnötig mache, wodurch die Ratifizierung nur geringe Umschulungskosten für Regierungsmitarbeiter verursachen würde (vgl. ebd.). Gemäß der vom Innenminister Belka im Begründungsschreiben enthaltenen Argumente kann die von Polen ratifizierte Charta-Version als eine Kopie der bestehenden und schon 2005 mit dem GüneMR eingeführten Regelungen gesehen werden. Die Tatsache der statischen Übertragung der Minderheitensprachengesetzeslage in den europäischen Charta-Rahmen lässt sich schon an dem Spektrum der ratifizierten Sprachen erkennen, die beim genaueren Hinsehen eine Aufzählung der Sprachen der vom GüneMR geschützten Minderheiten sind. Zu den 15 in die polnische Version der Charta aufgenommenen Sprachen zählen: Armenisch, Belarussisch, Deutsch, Lemkisch, Litauisch, Russisch, Slowakisch, Tatarisch, Tschechisch, Ukrainisch und Kaschubisch als territoriale Sprachen und Jiddisch, Hebräisch, Karäisch und Roma als nicht-territoriale Sprachen. Das ratifizierte Spektrum weist auf eine bloße Übernahme der bestehenden Regelungen hin, ohne entsprechender, realitätsbezogener Aktualisierung derselben. Unter

---

11 <http://www.mswia.gov.pl/portal/pl/178/2958/Ustawa_o_mniejszosciach_narodowych_i_etnicznych_oraz_o_jezyku_regionalnym.html>.

12 <http://www.senat.gov.pl/k5/dok/sejm/kosz/4158.pdf>.

den von der Charta geschützten Sprachen finden wir demnach Sprachen, die in Polen keine Sprecher mehr haben – wie z.B. das Karäische (Tab. 1), das ohne einen einzigen Sprecher mit allen ratifizierten Maßnahmen unterstützt und gefördert werden soll. Ebenfalls problematisch erscheint die Anwendung aller ratifizierten Maßnahmen z.B. auf das Tatarische, das von wenigen älteren Sprachträgern gesprochen wird und daher unmöglich im Kindergarten oder in der Schule gefördert werden kann. Die bloße Übernahme des Sprachenspektrums aus dem GüneMR hat zu einer Situation geführt, in der nicht mehr gesprochene Sprachen geschützt werden und gesprochene Idiome bzw. Sprachen wie das Schlesische weder geschützt noch unterstützt werden. Obwohl das Schlesische eigentlich mit 56.643 Sprechern (ebd.) zu den drei meist gesprochenen Sprachen neben dem Polnischen gehört und seine Sprecher seit langem um seine Anerkennung als Regionalsprache kämpfen (vgl. Wiśniewiecka-Brückner 2009, 261f.), wurde das Idiom nicht von der Ratifizierung erfasst, was zusätzlich die statische, indifferente, nicht an die ökolinguistische Situation der einzelnen Sprachen angepasste Herangehensweise des polnischen Staates in der Nutzung des Neuerungspotentials der Charta für die Verbesserung der Minderheitensprachensituation unterstreicht. Weitere auf dem polnischen Gebiet gesprochene Minderheitensprachen, die berücksichtigt hätten werden können (wie das Wilmesaurische, das immerhin mehr Sprecher als das Jiddische oder das Tatarische aufweist), wurden ebenfalls ausgelassen. Ähnlich der Angelegenheit mit den ratifizierten Sprachen hat Polen – wie aus dem angesprochenem Begründungsschreiben des Innenministers Belka ersichtlich ist – nur die Maßnahmen ratifiziert, die bereits vom polnischen Gesetz geregelt wurden, erneut ohne das Potential der Charta als dynamisches Instrument auszuschöpfen. Folgende Artikel, Absätze und Punkte der ECRM wurden von Polen ratifiziert: Artikel 8,1a i, b i, c i, d iii, e ii, g, h, i; Artikel 8,2; Artikel 9,2a; Artikel 10,2b, g; Artikel 10,5; Artikel 11,1a ii, iii, b ii, c ii, d, e i, f ii, g; Artikel 11,2; Artikel 11,3; Artikel 12,1a, b, c, d, e, f, g; Artikel 12,2; Artikel 12,3; Artikel 13,1b, c, d; Artikel 13,2b; Artikel 14b (vgl. *Oświadczenie, które złożyła Rzeczpospolita Polska do Europejskiej karty języków regionalnych lub mniejszościowych*). Charakteristisch für den Ratifizierungsvorgang in Polen ist darüber hinaus die Ratifizierung der genannten Punkte gleichermaßen für alle Sprachen ohne die mögliche sprachsituationsspezifische Differenzierung, wie es am Beispiel des Karäischen oder des Tatarischen beschrieben wurde.

4.2. Implementierung der ECRM

Der erste offizielle Implementierungsbericht ist im Oktober 2010, 16 Monate nach der Ratifizierung der ECRM veröffentlicht worden. Der Bericht umfasst 77 Seiten und fünf Anhänge. Er wurde vom polnischen Innenminister in Kooperation und Absprache mit weiteren Regierungseinheiten und in Absprache mit der erwähnten GKRNEM angefertigt. Die online-Veröffentlichung enthält die Bekanntgabe der Implementierungsvorgänge und kann kommentiert werden.

Die eingegangenen Kommentare und Anmerkungen werden gemäß dem Procedere von der Expertenkommission, die nach der polnischen Berichterstattung eine Evaluierung des Implementierungsstandes vornimmt, begutachtet und berücksichtigt. Der Evaluierungsbericht der Expertenkommission für Polen wurde im Mai 2011 eingereicht, jedoch noch nicht veröffentlicht. Die Empfehlungen des Ministerkomitees zum ersten Implementierungsbericht stehen ebenfalls noch aus.

Formal lässt sich der erste polnische Implementierungsbericht als sehr allgemein gehalten, kompilatorisch ohne Einzelbetrachtung der Implementierungsmaßnahmen für die jeweiligen Sprachen konzipiert, charakterisieren. Im Vergleich zu den Implementierungsberichten des GüneMR in den Jahren 2007 und 2009 (vgl. *Raport dotyczący sytuacji mniejszości narodowych i etnicznych oraz języka regionalnego w Rzeczpospolitej Polskiej* und *Drugi raport dotyczący sytuacji mniejszości narodowych i etnicznych oraz języka regionalnego w Rzeczpospolitej Polskiej*[13]) kann sein Umfang als gering konstatiert werden (77 Seiten im Vergleich zu 144 Seiten, die die beiden Gesetzesimplementierungsberichte insgesamt zu bieten haben) und als eine Extraktion der in diesen Gesetzesimplementierungsberichten enthaltenen Informationen klassifiziert werden. Mit der Tatsache, dass es im GüneMR um die allgemeinen Entwicklungsbedingungen der Minderheiten geht und nicht nur um ihre Sprachen, lässt sich der Charta-Implementierungsberichtsumfang nicht erklären, da die in den Gesetzesberichten enthaltenen Informationen zum größten Teil als Angaben über Sprachentwicklungsbedingungen und -tätigkeiten aufzufassen sind. Die implizite Bezugnahme auf die vorhandenen Berichte geht teilweise soweit, dass diese mit Unstimmigkeiten kopiert werden. Gleich auf den ersten Seiten des Charta-Implementierungsberichtes werden fehlerhafte Sprecherzahlen zu den Minderheitensprachen nach dem Gesetzesimplementierungsbericht von 2007 (vgl. *Raport dotyczący sytuacji mniejszości narodowych i etnicznych oraz języka regionalnego w Rzeczpospolitej Polskiej*, 5) genannt (Tab. 2):

Nationale und ethnische Minderheiten und Sprecher der Regionalsprache	**Minderheitensprachen- und Regionalsprachesprecherzahlen laut Zensus 2002**	**Minderheitensprachen- und Regionalsprachesprecherzahlen laut Chartaimplementierungsbericht 2010**
Deutsche	204.537	196.841
Belarussen	40.650	40.226
Ukrainer	22.689	21.055
Roma	15.778	15.657
Russen	15.299	12.125
Litauer	5.838	5.696

13 <http://www.mswia.gov.pl/portal.php?serwis=pl&dzial=417&id=4862>.

Nationale und ethnische Minderheiten und Sprecher der Regionalsprache	**Minderheitensprachen- und Regionalsprachesprecherzahlen laut Zensus 2002**	**Minderheitensprachen- und Regionalsprachesprecherzahlen laut Chartaimplementierungsbericht 2010**
Lemken	5.627	5.605
Tschechen	1.482	1.226
Slowaken	921	794
Armenier	872	321
Juden	262 (darunter 225 Jiddisch- u. 37 Hebräischsprechende)	243 (keine Angaben zur Sprecheraufteilung)
Tataren	11	9
Karäer	--	--
Kaschuben	52.665	52.665
Gesamt	*366.641*	*352.463*

Tab. 2: Quellenvergleich: Minderheiten- und Regionalsprachesprecherzahlen.

Alle offiziellen Dokumente der polnischen *Regierung* und des *Innenministeriums* verweisen als Quellengrundlage auf die Daten des *Statistischen Hauptamtes*, die im Zensus 2002 gesammelt worden sind. Die Daten der Volkszählung sind sowohl gedruckt als auch online zugänglich. In Anlehnung an die erhobenen Zahlen ist auch das GüneMR entstanden. Zahlreiche wissenschaftliche Publikationen und Regierungsberichte stützen sich darauf. Umso mehr erscheint die Tatsache überraschend, dass die im Charta-Implementierungsbericht genannten Zahlen (Tab. 2, rechte Spalte) nicht mit den Zahlen in den vom Innenministerium in Kooperation mit weiteren zuständigen Organen angegeben Quellen übereinstimmen. Sie sind bis auf zwei Ausnahmen – Kaschubisch und Karäisch – immer niedriger als die Daten des Statistischen Hauptamtes (Tab. 2, linke Spalte). Die Unstimmigkeiten betreffen demnach die Angaben über Sprecherzahlen im Falle von 13 Minderheitensprachen. Eine eingehende Auseinandersetzung und der Vergleich der vorhandenen Quellen lassen feststellen, dass die Sprecherzahlendaten eine Wiederholung der Angaben aus dem ersten Bericht über die Situation der ethnischen und nationalen Minderheiten und der Regionalsprache von 2007 ist. In diesem Bericht werden zum ersten Mal die fehlerhaften Zahlen genannt. Diese werden dann in den Charta-Implementierungsbericht übernommen, ohne Berücksichtigung jedoch mit der Bezugnahme auf die allgemein zugänglichen Zensusdaten von 2002. Vervielfältigt, wie anhand der Berichtsdaten zu sehen ist, werden demnach nicht nur Sprachen- und Maßnahmenbereiche, sondern auch die in der geleisteten Berichtsarbeit vorhandenen Fehler.

Anhand des ausgewählten Bereiches *Verwaltungsbehörden und öffentliche Dienstleistungsbetriebe* soll die Unterbringung alter Regelungen in einem neuen Rahmen illustriert werden. Aus Platzgründen können Analogien in anderen ratifizierten Bereichen nicht vorgestellt werden.

4.3. Verwaltungsbehörden und öffentliche Dienstleistungsbetriebe (Art. 10 des Charta-Implementierungsberichtes)

Kraft des Artikels 9 des GüneMR können sowohl Minderheitssprachen als auch die Regionalsprache Kaschubisch als Hilfssprache neben der offiziellen Amtssprache Polnisch vor Organen der Gemeinden verwendet werden. Die Hilfssprache kann gemäß der gesetzlichen Verordnung in den Gemeinden gebraucht werden, in denen die Zahl der Gemeindeeinwohner, die der Minderheit angehören und deren Sprache als Hilfssprache gebraucht werden soll, nicht kleiner als 20 % der gesamten Einwohnerzahl der Gemeinde ist, und die in das Amtsregister der Gemeinden, in denen die Hilfssprache gebraucht wird, eingetragen sind. Die Möglichkeit der Einführung der Minderheiten- oder Regionalsprache als Hilfssprache bedeutet, dass die einer Minderheit angehörenden Personen sich an die Organe der Gemeinde in der Hilfssprache in schriftlicher oder mündlicher Form wenden können; auf ausdrücklichen Antrag Antworten auch in der Hilfssprache in schriftlicher und mündlicher Form erhalten dürfen; Gesuche in der Hilfssprache einreichen können, wobei das Einreichen des Gesuchs in der Hilfssprache keinen Mangel darstellt, der die Nichtüberprüfung des Gesuchs zur Folge hätte. Die polnische Gesetzgebung behält sich dabei vor, Berufungsverfahren ausschließlich in der Amtssprache erfolgen zu lassen (vgl. Art. 9 GüneMR).

Ebenfalls vom GüneMR wird die Kostenfrage der Einführung der Minderheiten- oder Regionalsprache als Hilfssprache geklärt und in den Zuständigkeitsbereich des polnischen Staates überführt. Die Realisierung der genannten Regelungen wird durch die Möglichkeit des Lohnzuschlags für die die Hilfssprachen beherrschenden Angestellten gefördert, die ebenfalls gesetzlich geregelt wird (vgl. Art. 11,1 GüneMR; Art.14,1 *Rozporządzenia rady ministrów w sprawie zasad wynagradzania pracowników samorządowych zatrudnionych w jednostkach organizacyjnych jednostek samorządu terytorialnego*).[14] Laut Volkszählung 2002 haben 51 Gemeinden die Möglichkeit, die Minderheiten- oder Regionalsprache als Amtssprache zu beantragen und sich in das Amtsregister als zweisprachige Gemeinden eintragen zu lassen. Von diesem Recht haben bis Mai 2010 30 von 51 Gemeinden Gebrauch gemacht. Vertreten als Hilfssprachen sind Deutsch (22 Gemeinden), Belarussisch (fünf Gemeinden), Kaschubisch (drei Gemeinden) und Litauisch (eine Gemeinde) (vgl. *Załącznik nr 2 do I Raportu dla Sekretarza Rady Europy z realizacji przez Polskę posta-*

---

14 <http://www.abc.com.pl/serwis/du/2005/1222.htm>.

nowień Europejskiej karty języków regionalnych lub mniejszościowych).[15] Die erste zweisprachige Gemeinde wurde 2006 mit der Hilfssprache Deutsch eingetragen. In den genannten 30 Gemeinden hat sowohl schriftliche als auch mündliche Kommunikation in der Regionalsprache oder den Minderheitensprachen stattgefunden.

Außer dem Recht auf die Verwendung der Minderheitensprache auf Ämtern garantiert das GüneMR das Recht auf Aufstellung der Straßen- und Ortsschilder mit den Bezeichnungen in der jeweiligen Minderheitensprache sowie das Recht, die Beschilderung der physiographischen Objekte in der jeweiligen Minderheiten- oder Regionalsprache vorzunehmen. Im Falle der zweisprachigen Beschilderung gilt die erwähnte *20-Prozent-Klausel* oder die Befürwortung der Maßnahme durch die Mehrheit der Bevölkerung bei Nichterfüllung der 20-Prozent-Voraussetzung. Die Bezeichnungen dürfen nicht eigenständig, sondern immer nur in Kombination mit dem Polnischen verwendet werden. Im Falle der Maßnahme ist es auch erforderlich, einen Eintrag in das Amtsregister der Gemeinden mit Minderheitensprachenverwendung in dem Bereich zu beantragen (vgl. Art. 12 GüneMR).

Von dem Recht, zweisprachige Schilder für Ortsbezeichnungen aufzustellen, haben bis Mai 2010 33 von 51 Gemeinden, in denen die Möglichkeit bestünde, Gebrauch gemacht. Die Beschilderung beschränkte sich auf die Einführung zweisprachiger Ortsschilder und die Beschilderung physiographischer Objekte. Keine einzige Gemeinde hat bisher einheitlich zweisprachige Straßenschilder eingeführt. Die Kosten der Umsetzung dieser Maßnahme werden aufgrund gesetzlicher Regelung ebenfalls vom polnischen Staat gedeckt.

Polnische Bürger, die den Minderheiten angehören, haben das Recht, ihre Namen in der Minderheiten- oder Regionalsprache zu schreiben. Namen in einem anderen als dem lateinischen Alphabet werden transliteriert. Die hierfür geschaffene Gesetzeslage ist ebenfalls vor der Ratifizierung der ECRM entstanden: Das Recht wird durch das *Gesetz über die Änderung der Vornamen und Nachnamen* von 2008 (vgl. *Ustawa o zmianie imienia i nazwiska*), durch das GüneMR (vgl. Art. 8), durch die *Verordnung des Innenministers über Transliteration der Namen der den nationalen und ethnischen Minderheiten angehörenden Personen, die in einem anderen Alphabet als das Lateinische verschriftlicht werden* von 2005 (vgl. *Rozporządzenie Ministra spraw wewnętrznych i administracji w sprawie sposobu transliteracji imion i nazwisk osób należących do mniejszości narodowych i etnicznych zapisanych w alfabecie innym niż alfabet łaciński*)[16] sowie durch eine Reihe bilateraler Abkommen mit Belarus, Deutschland, Litauen und der Ukraine garantiert. Wie gezeigt, wurden für den Artikel 10 der ECRM von Polen nur diejenigen Maßnahmen ratifiziert, die

---

15 Lista gmin wpisanych na podstawie Art. 10 ustawy z dn. 6 stycznia 2005 roku o mniejszościach narodowych i etnicznych oraz o języku regionalnym (Dz. U. Nr 17, poz. 141, z późn. zm.) do Urzedowego Rejestru Gmin, w których jest używany język pomocniczy, <http://www.mswia.gov.pl/portal/pl/584/8785/I_Raport_dla_Sekretarza_Generalnego_Rady_Europy_z_realizacji_przez_Rzeczpospolit.html>.

16 <http://www.mswia.gov.pl/portal/pl/238/3483>.

ohnehin rechtlich Bestand hatten. Ähnliches kann für weitere ratifizierte Charta-Bereiche konstatiert werden: *Bildung* (vgl. Art. 8 ECRM), *Justizbehörden* (vgl. Art. 9 ebd.), *Medien* (vgl. Art. 11 ebd.), *kulturelle Tätigkeit und Einrichtungen* (vgl. Art. 12 ebd.), *Wirtschaftliches und Soziales* (vgl. Art. 13 ebd.) und für den Bereich des *grenzübergreifenden Austauschs* (vgl. Art. 14 ebd.).

5. Zusammenfassung

Wie gezeigt, hat Polen nach der Wende günstige Entwicklungsbedingungen für Minderheitensprachen und die Regionalsprache entwickeln können. Diese sind jedoch nicht auf die Ratifizierung der Charta von 2009 zurückzuführen, sondern primär auf das GüneMR von 2005, das als ihre Vervielfältigungsgrundlage klassifiziert werden kann. Die indifferente Überführung der vorhandenen Gesetzesbestimmungen von 2005 in die Charta-Bestimmungen ohne ihre Aktualisierung gemäß dem ökolinguistischen Zustand der ratifizierten Sprachen erzeugte, wie am Beispiel des Karäischen oder des Tatarischen gezeigt, paradox realitätsfremde Fördersituationen. Während nicht mehr gesprochene Sprachen Schutz und Förderung erfahren dürfen, werden faktisch weit verbreitete Idiome wie das Schlesische gesetzlich nicht berücksichtigt. Das Innovationspotential der Charta wurde in Polen nicht genutzt. Wie gezeigt, wurde weder die vorhandene gesetzliche Lage in Bezug auf das geschützte Sprachenspektrum aktualisiert noch wurde die Maßnahmenanwendung an den Zustand der jeweiligen Minderheitensprache im Zuge des Ratifizierungsprozesses angepasst, genauso wenig wurden die zum Teil dargestellten Fördermaßnahmen über die schon gesetzlich vorhandenen erweitert.

Diese Nachteile ändern jedoch nichts an der Tatsache, dass Polen in der Anerkennung seiner Multilingualität und Multiethnizität innerhalb von 20 Jahren große Fortschritte gemacht hat: von diskriminierender und assimilierender Minderheitensprachenpolitik hin zu tolerantem, förderndem und verantwortungsvollem Umgang mit Multikulturalität in allen ihren Ausprägungen.

6. Bibliographie

6.1. Quellen

Europarat: *Rahmenübereinkommen zum Schutz nationaler Minderheiten*, 1.2.1995.
Europarat: *Konvention zum Schutze der Menschenrechte und Grundfreiheiten*, 4.11.1950.
Gesetz »Über die Gewährleistung der Gewissens- und Konfessionsfreiheit«, 17.5.1989.
Gesetz über nationale und ethnische Minderheiten sowie die Regionalsprache, 6.1.2005.
Kodeks karny, 6.6.1997.
Konstytucja Rzeczypospolitej Polskiej, 2.4.1997.
Rada Europy: *Europejska Karta języków regionalnych i mniejszościowych*, 5.11.1992.

Ustawa o gwarancjach wolności sumienia i wyznania, 12.4.2001.
Ustawa o radiofonii i telewizji, 29.12.1992.
Ustawa o systemie oświaty, 7.9.1991.
Ustawa o zmianie imienia i nazwiska, 17.10.2008.

6.2. Literatur

I Raport dla Sekretarza Rady Europy z realizacji przez Polskę postanowień Europejskiej karty języków regionalnych lub mniejszościowych, 2010. <http://www.mswia.gov.pl/download.php?s=1&id=12285> (6.6.2011).

Adamczuk, Lucjan / Łodziński, Sławomir (Hrsg.): *Mniejszości narodowe w Polsce w świetle Narodowego Spisu Powszechnego z 2002 roku*, Warszawa: Scholar 2006.

Adamczuk, Lucjan: »Koncepcje metodologiczne badania ›narodowości‹ w polskich spisach powszechnych (1921–2002)«. In: Lucjan Adamczuk / Sławomir Łodziński (Hrsg.), 2006: 63–88.

Dejna, Karol: *Dialekty polskie*, Wrocław/Warszawa/Kraków/Gdańsk: Ossolineum 1993.

Drugi raport dotyczący sytuacji mniejszości narodowych i etnicznych oraz języka regionalnego w Rzeczpospolitej Polskiej, 2009. <http://www.mswia.gov.pl/portal.php?serwis=pl&dzial=417&id=4862> (22.6.2011).

Druk nr 4158: *Projekt Ustawy o ratyfikacji Europejskiej karty języków regionalnych lub mniejszościowych, sporządzonej w Strasburgu dnia 5 listopada 1992 r.*, 2005. <http://www.senat.gov.pl/k5/dok/sejm/kosz/4158.pdf> (20.6.2011).

Hentschel, Gerd: »Schlesisch«. In: Miloš Okuka (Hrsg.), 2002: 437–441.

– »Regionalsprachen in Polen – zum Schlesischen und Kaschubischen«. In: Baldur Panzer (Hrsg.): *Die sprachliche Situation in der Slavia zehn Jahre nach der Wende*, Frankfurt am Main: Lang 2000: 155–164.

– »Zum ›sprachlichen Separatismus‹ im heutigen Polen – Vergleichende Beobachtungen zum Schlesischen und Kaschubischen«. In: Lew Zybatow (Hrsg.): *Sprachwandel in der Slavia. Die slavischen Sprachen an der Schwelle des 21. Jahrhunderts*, Frankfurt am Main: Lang 2000: 893–909.

Łodziński, Sławomir: »Trauma i władza liczb. Wybrane problemy społecznego odbioru pytania o ›narodowość‹ w Narodowym Spisie Powszechnym z 2002 roku«. In: Lucjan Adamczuk / Sławomir Łodziński (Hrsg.), 2006: 171–208.

– »Polityka wobec mniejszości narodowych i etnicznych w Polsce w latach 1945–2008«. In: Stefan Dudra / Bernadetta Nitschke (Hrsg.): *Mniejszości narodowe i etniczne w Polsce po II wojnie światowej. Wybrane elementy polityki państwa*, Kraków: Nomos 2010: 13–34.

Lubaś, Władisław: »Kaschubisch«. In: Miloš Okuka (Hrsg.), 2002: 437–441.

Ministerstwo Spraw Wewnętrznych i Administracji: *Podstawowe prawa*. <http://www.mswia.gov.pl/portal/pl/61/38/Podstawowe_prawa.html> (20.6.2001).

Nijakowski, Lech: »Status grup etnicznych oraz mniejszości narodowych i etnicznych w Polsce w świetle wyników Narodowego Spisu powszechnego z 2002 roku«. In: Lucjan Adamczuk / Sławomir Łodziński (Hrsg.), 2006: 143–170.

Okuka, Miloš / Krenn, Gerald (Hrsg.): *Lexikon der Sprachen des europäischen Ostens* [= *Wieser Enzyklopädie des europäischen Ostens*, 10], Klagenfurt: Wieser Verlag 2002.

Oświadczenie, które złożyła Rzeczpospolita Polska do Europejskiej karty języków regionalnych lub mniejszościowych, 2009. <http://www.mswia.gov.pl/portal/pl/584/7525/Oswiadczenie_ktore_zlozyla_Rzeczpospolita_Polska_do_Europejskiej_karty_jezykow_r.html> (30.6.2011).

Porębska, Marlena: *Das Kaschubische: Sprachtod oder Revitalisierung? Empirische Studien zur ethnolinguistischen Vitalität einer Sprachminderheit in Polen*, München: Verlag Otto Sagner 2006.

Raport dotyczący sytuacji mniejszości narodowych i etnicznych oraz języka regionalnego w Rzeczpospolitej Polskiej, 2007.

<http://www.mswia.gov.pl/portal/pl/178/2958/Ustawa_o_mniejszosciach_narodowych_i_etnicznych_oraz_o_jezyku_regionalnym.html> (6.6.2011).

Rozporządzenie Ministra spraw wewnętrznych i administracji w sprawie sposobu transliteracji imion i nazwisk osób należących do mniejszości narodowych i etnicznych zapisanych w alfabecie innym niż alfabet łaciński, 30.5.2005. <http://www.mswia.gov.pl/portal/pl/238/3483> (22.6.2011).

Rozporządzenie rady ministrów w sprawie zasad wynagradzania pracowników samorządowych zatrudnionych w jednostkach organizacyjnych jednostek samorządu terytorialnego, 2.8.2005. <http://www.abc.com.pl/serwis/du/2005/1222.htm> (18.8.2011).

Wicherkiewicz, Tomacz: »Tożsamość mniejszości językowych w Rzeczypospolitej Polskiej«. In: Teresa Kostyrko / Tadeusz Zgółka (Hrsg.): *Kultura wobec kręgów tożsamości. Kongres Kultury Polskiej. Materiały Konferencji przedkongresowej. Poznań 19–21.10.2000*, Poznań/Wrocław: Silesia 2000: 181–190.

Wingender, Monika / Wisniewiecka-Brückner, Katarzyna: »Konjunktur für Minderheitensprachen. Polens Sprachpolitik und das Kaschubische«. In: *Osteuropa*, 57/11, 2007: 211–224.

Wisniewiecka-Brückner, Katarzyna: »Kleine Sprachen und kleine Kulturen in Polen: Kaschubisch und Schlesisch: Die Rolle der Sprache in der Darstellung und Konstruktion der Identität«. In: Christian Prunitsch (Hrsg.): *Konzeptualisierung und Status kleiner Kulturen. Beiträge zur gleichnamigen Konferenz in Dresden vom 3. bis 6. März 2008*, München/Berlin: Verlag Otto Sagner 2009: 255–276.

Wyniki Narodowego Spisu Powszechnego Ludności i Mieszkań 2002: Ludność według języka używanego w kontaktach domowych i deklaracji narodowościowej w 2002 roku, 2008. <http://demografia.stat.gov.pl/BazaDemografia/NSP2002.aspx> (19.6.2011).

Załącznik nr 1 do Raportu dotyczacego sytuacji mniejszosci narodowych i etnicznych oraz jezyka regionalnego w Rzeczpospolitej Polskiej, 2007. <http://www.mswia.gov.pl/portal.php?serwis=pl&dzial=417&id=4862> (6.6.2011).

Załącznik nr 2 do I Raportu dla Sekretarza Rady Europy z realizacji przez Polskę postanowień Europejskiej karty języków regionalnych lub mniejszościowych. Lista gmin wpisanych na podstawie Art. 10 ustawy z dn. 6 stycznia 2005 roku o mniejszościach narodowych i etnicznych oraz o języku regionalnym (Dz. U. Nr 17, poz. 141, z późn. zm.) do Urzedowego Rejestru Gmin, w których jest używany język pomocniczy, 2010, bzw. <http://www.mswia.gov.pl/portal/pl/584/8785/I_Raport_dla_Sekretarza_Generalnego_Rady_Europy_z_realizacji_przez_Rzeczpospolit.html> (19.06.2011).

Załącznik nr 3 do I Raportu dla Sekretarza Rady Europy z realizacji przez Polskę postanowień Europejskiej karty języków regionalnych lub mniejszościowych. Lista gmin wpisanych na podstawie Art. 12 ustawy z dn. 6 stycznia 2005 roku o mniejszościach narodowych i etnicznych oraz o języku regionalnym (Dz. U. Nr 17, poz. 141, z późn. zm.) do Rejestru Gmin, na których obszarze używane są nazwy w języku mniejszości, 2010, bzw. <http://www.mswia.gov.pl/portal/pl/584/8785/I_Raport_dla_Sekretarza_Generalnego_Rady_Europy_z_realizacji_przez_Rzeczpospolit.html> (19.06.2011).

Alain Viaut (Bordeaux)

Ukraine

La protection des langues minoritaires et la gestion de la faible distance linguistique à la lumière de la CELRM

Ukrainian is brought to assert itself against two similar languages: Russian and Ruthenian. The management of this linguistic proximity appears implicitly in the implementation by Ukraine of the *European Charter for Regional or Minority Languages* of the Council of Europe. Russian is put on a par with the other languages of »minorities« while it is controlled and used in different ways by a majority of the population exclusively or together with Ukrainian. Yet the prestige and efficiency of the Russian as a language of wider communication makes it difficult for the Ukrainian language to access its declared function of state language and, in fact, national language. At the same time, on the western periphery of Ukraine, on the basis of the ethnonym »Ruthenian«, historically synonymous with that of »Ukrainian«, an eponymous language *Ausbau* has emerged which is yet little standardized and represents only a modest number of speakers. Ruthenian covers a geolinguistic border unit with the surrounding countries of the Carpathian area. Two contrasting situations of brother languages of modern Ukrainian thus represents a sociolinguistic configuration for which the European Charter acts as a mirror and as a forum for debates to manage the short linguistic distance in a context highly characterized by questions of identity.

La *Charte Européenne des Langues Régionales ou Minoritaires* (CELRM) du Conseil de l'Europe, en vigueur depuis 1998, est maintenant une convention dont on peut mesurer les effets et l'efficacité. 25 pays l'ont à ce jour ratifiée, le dernier en date étant la Bosnie-Herzégovine, soit plus de la moitié des 47 États membres du Conseil de l'Europe et aussi des 27 qui composent l'Union européenne.[1] Les effets positifs retenus par le Conseil de l'Europe une dizaine d'années le début de sa mise en application, furent en particulier ceux de favoriser la »coexistence amicale et raisonnable des langues officielles et des langes régionales ou minoritaires«.[2] Nous avions déjà remarqué que l'un des autres effets, secondaires ou collatéraux, étaient celui d'avoir indirectement favorisé l'émergence à l'état sociolinguistique de langue des expressions linguistiques

---

1 16 pays membres de l'Union européenne ont ratifié ce texte à ce jour, le dernier ayant été la Pologne en 2009.

2 »L'application de la Charte est organisée sur la base d'une coexistence amicale et raisonnable des langues officielles et des langes régionales ou minoritaires. Elles sont perçues comme se renforçant mutuellement dans un contexte de multilinguisme et de pluralisme culturel, et non pas en termes de concurrence ou d'antagonisme. Cette approche vise à favoriser l'ouverture à d'autres identités culturelles à travers la prise de conscience de sa propre identité« (*Rapport biennal du Secrétaire général à l'Assemblée parlementaire*, décembre 2009, Doc. 12300).

auparavant ou autrement perçues comme des dialectes ou variantes (primaires, voire secondaires). La non-prise en compte des dialectes des langues officielles (art. 1a) et aussi, de fait, des langues éligibles à la Charte (*Rapport explicatif*, par. 32) constituent un des éléments d'explication. D'autres sont indépendants de la Charte et relèvent de contextes culturels ou politiques de notre époque. L'apparition de nouvelles langues officielles éponymes (croate, serbe, bosniaque, monténégrin) dans les États héritiers de l'ex-Yougoslavie, a découlé d'un conflit armé. Le macédonien, le slovaque, l'ukrainien, le biélorusse ou, plus récemment, l'asturien en Espagne ont également émergé ou sont parvenus au terme d'un processus d'individuation à la faveur d'événements politiques moins dramatiques mais relevant du volontarisme politique ou politico-culturel. Ces apparitions de langues par élaboration (*Ausbausprachen*) comme langues officielles d'État ou langues tout court ont eu pour corollaire celles de langues non officielles répondant à la catégorie large des langues régionales ou minoritaires du Conseil de l'Europe.

Le corse, en 1974[3] en France, s'était aussi affranchi à l'issue d'une démarche également volontariste de la coiffure linguistique (*Dachsprache*) potentiellement et logiquement possible ou naturelle de l'italien standard en devenant une des langues de France[4] employées traditionnellement sur le sol de ce pays. Dans le même ordre d'idée, l'asturien et l'aragonais, en Espagne, ont également suivi cette voie à partir de la fin des années 1970. Le galicien avait déjà acquis ce statut de langue par élaboration par rapport au portugais depuis plus longtemps. Le cheminement qui concerna en France l'ensemble linguistique d'oïl commença dans les années 1980 en partant de l'idée selon laquelle les langues d'oïl s'étaient détachées de leur variété standard dénommée »français«. L'écart, selon Bernard Cerquiglini, auteur en 1999 du rapport *Les langues de France,* destiné aux ministres de l'Éducation nationale et de la Culture en vue de la ratification par la France de la Charte des langues, n'avait eu de cesse de se creuser entre le français et les variétés de la langue d'oïl, que l'on ne saurait considérer aujourd'hui comme des »dialectes du français« (Cerquiglini 1999, par. 4). Dans le même temps, ce qui a donné lieu, à tout le moins en France, à ce phénomène pour le corse et les langues d'oïl, a abouti dans la Communauté française de

---

3 *Décret n° 74–33 du 16 janvier 1974 relatif à l'enseignement des langues et dialectes locaux* a rendu applicable dans la zone d'influence du corse les articles 2 à 9 inclus de la *Loi du 11 janvier 1951* et le *Décret du 10 juillet 1970.* A partir de ce moment, le corse a pu faire l'objet des mêmes mesures que celles qui jusque là avaient concerné d'autres langues dans cette situation (basque, breton, catalan, occitan).

4 L'appellation »langues de France« est d'abord apparue dans le Rapport remis par le linguiste Bernard Cerquiglini (1999) aux ministres de l'Éducation nationale et de la Culture, qui l'avaient eux-mêmes formulée ainsi dans leur lettre de mission, en vue de la ratification par la France de la Charte du Conseil de l'Europe. Ce terme englobant les langues régionales et celles qui sont sans territoire ou qui sont d'origine étrangère a ensuite été consacré par le *Décret n°2001-950 du 16 octobre 2001* modifiant le *Décret n° 89–403 du 2 juin 1989.* Entre autres nouveautés, celui-ci fit évoluer la Délégation générale à la langue française, organe du ministère de la Culture, en Délégation générale à la langue française et aux langues de France (Sibille 2010, 87–92).

Belgique à la notion de langue régionale endogène pour le wallon et, de fait, pour d'autres langues d'oïl, le picard principalement, et aussi pour le francique mosellan (luxembourgeois), aucune n'étant expressément nommée dans le *Décret du 24 décembre 1990*.[5] Auparavant, le *Décret relatif au recours à un dialecte de Wallonie dans l'enseignement primaire et secondaire* voté le 24.12.1983 par le Conseil de la Communauté française n'évoquait pas l'existence de langues mais de dialectes, cela jouant d'ailleurs aussi pour le francique mosellan (luxembourgeois).[6] Cette dynamique de langues régionales ou minoritaires par élaboration, indirectement favorisées par la Charte, ne s'est pas développée en revanche en Italie sur la base des dialectes primaires du continuum italien mais elle s'est en revanche manifestée en Allemagne pour le bas-allemand, en Suède pour le *meänkieli*, en Norvège pour le *kven*, et aussi en Espagne, donc, pour l'asturien et l'aragonais.

L'Ukraine a signé la Charte en 1996 et l'a ratifiée en 2005, après une période hésitante et de vifs débats sur le sujet (Besters-Dilgers 2005, 59–61). Dans l'instrument ukrainien de ratification, la langue russe fait partie des »langues des minorités ethniques suivantes: biélorusse, bulgare, gagaouze, grecque, juive, tatare de Crimée, moldave, allemande, polonaise, russe, roumaine, slovaque et hongroise«. Deux remarques nous viennent d'emblée à l'esprit.

Nous notons que la locution »langue de minorité ethnique« ne qualifie pas directement un type de langue mais exprime d'abord un lien avec un groupe humain alors que la Charte protège des langues et non leurs locuteurs. Cette référence au groupe est encore fréquente en Europe centrale et de l'Est et n'implique pas obligatoirement que la langue considérée soit réellement connue et pratiquée. La langue que l'on déclare maternelle est parfois celle à laquelle on s'identifie en premier alors que l'on en use habituellement d'une autre que l'on connait éventuellement mieux.

Le russe, langue jumelle en position dominante de par son statut historique en Ukraine et de par sa standardisation plus ancienne, est placé au même rang que les autres langues sans considération particulière pour la réalité sociolinguistique qu'il représente. En même temps, le ruthène ou l'ensemble polydialectal reconnu sous cette appellation englobante, autre expression linguistique jumelle de l'ukrainien, présente dans la partie sud-ouest du pays, dans la région des Carpates, n'apparaît pas dans la liste des minorités associées aux langues éponymes auxquelles elles sont associées. Il est vrai que cette liste de langues est en principe destinée à la mise en application de dispositions qui relèvent de la partie III de la Charte alors que le ruthène peut toujours être concerné par la

---

5 Cf. l'art. 2: »Les langues régionales endogènes font partie du patrimoine culturel de la Communauté. Cette dernière a donc le devoir de les préserver, d'en favoriser l'usage et l'étude scientifique, soit comme outil de communication, soit comme moyen d'expression«.

6 Cf. l'étude sur la Belgique de Felix Tacke dans ce même volume.

partie II, obligatoire, même s'il n'est pas nommé dans l'instrument de ratification.

D'un côté, une langue répandue, standardisée et prestigieuse, de l'autre une langue peu répandue, très peu standardisée et sans prestige apparent. Au milieu, une langue qui tente de s'affirmer au moyen d'une politique linguistique qui lui offre l'occasion d'assumer des fonctions régaliennes de communication.

Au-delà de la valeur hautement symbolique desdites fonctions, l'affirmation de l'ukrainien se négocie entre le poids du réel et le recours au symbole. La reconnaissance a minima du russe, seule langue officielle d'État jusqu'à 1989 (cf. *infra*), et l'ignorance du ruthène, qui participe de la base historique de l'ukrainien, signe les difficultés de l'émergence de cette dernière langue non seulement pour se hisser à un échelon de fonctionnalité correspondant à son statut proclamé mais aussi pour consacrer son capital d'élaboration dans son individuation par rapport au russe d'abord, pour s'affirmer face à lui, et au ruthène, secondairement, dans son éventuelle tendance, d'ailleurs logique, à en coiffer tout au moins les variétés utilisées en Ukraine.

L'ukrainien, parent pauvre du russe, tente d'affirmer honorablement sa place face à lui. Le russe, désormais parent riche de l'ukrainien mais maintenant mis sous tutelle, et le ruthène, parent pauvre de l'ukrainien, telle est la situation.

1. Les données de base de la proximité linguistique

Sur les 47,2 millions d'habitants qui peuplent l'Ukraine selon le dernier recensement de 2001, 67,2 % vivent dans des centres urbains. Les villes les plus importantes sont situées dans la partie orientale et centrale. C'est le cas de la capitale Kiev avec environ trois millions habitants. La partie orientale est aussi la plus industrialisée. Même si l'ukrainien est considéré comme étant présent sur l'ensemble du territoire, il demeure très minoritaire en Crimée, quoique les chiffres le placent devant le tatar, et peut passer nettement derrière le russe dans la partie est (oblasts de Kharkiv, Louhansk, Donetsk, Zaporijjia) ainsi qu'à Kiev. Pour autant, si l'ukrainien se porte bien dans l'enseignement de la partie ouest, il a incontestablement progressé dans les autres parties de l'Ukraine. Si le russe reste une langue incontournable de l'économie et d'une bonne partie des échanges quotidiens, l'ukrainien s'affirme également, outre comme langue nationale pour une partie importante de la population, comme langue administrativement et politiquement utile ou nécessaire.

La loi linguistique du 28.10.1989, avant l'indépendance de l'Ukraine en 1991, présente en trois articles clés, les bases de la place difficile à cerner pour le russe et, de là, l'ambiguïté de sa situation légale:

- article 2: l'ukrainien est la seule langue d'État.
- article 4: le russe à côté de l'ukrainien et d'autres langues est une des langues de la communication interethnique.

- article 27: le russe – à côté de l'ukrainien – est obligatoire dans toutes les écoles d'enseignement général, indépendamment de la langue d'enseignement.

Aux termes de la *Constitution de 1996*, l'ukrainien est clairement devenu la seule langue d'État. L'article 10 définit en même temps le cadre général où la disposition favorable concédée au russe est, en fait, de le placer en tête et à part des langues des minorités:

> En Ukraine, la langue d'État est l'ukrainien. L'État assure le développement à tous égards, de la langue ukrainienne et son emploi dans toutes les sphères de la vie sociale sur l'ensemble du territoire ukrainien. En Ukraine, le libre développement, l'emploi et la protection du russe et d'autres langues de minorités nationales d'Ukraine sont garantis. L'État favorise l'apprentissage des langues de communication internationale. L'utilisation des langues en Ukraine est garantie par la Constitution de l'Ukraine et est régie par la loi.

Des données démolinguistiques disponibles, nous retiendrons les suivantes:

- dans le Recensement de 2001, le russe apparaît comme langue maternelle d'environ 30 % de la population;
- au-delà de la place officielle de l'ukrainien et de son utilisation dans l'écrit formel, des pourcentages à peu près équivalents de locuteurs, approchant respectivement les 40 % utiliseraient en famille pour les uns l'ukrainien et pour les autres le russe, et entre 20 et 30 % s'exprimeraient indifféremment dans les deux langues;
- environ 10 % des déclarés ukrainiens, utilisent le russe comme langue première;
- le *suržik* (cf. *infra*), variété orale, surtout urbaine (mélange de langues proches, phénomène comparable en Biélorussie entre biélorusse et russe ou, par exemple aussi, dans les Asturies avec l'»*amestau*«), constitue une réalité incontournable;
- selon une enquête réalisée en 2005 par l'Institut international de sociologie de Kiev, 58 % de la population serait favorable à l'adoption du russe comme seconde langue d'État (Bonnard 2007, 93).

Nous ajouterons que, selon le recensement de 2001, en dehors de la Crimée et de la ville de Sébastopol, plus de 70 % des citoyens de l'Ukraine s'étaient déclarés Ukrainiens. Une tendance est généralement relevée selon laquelle 85,2 % des Ukrainiens de nationalité ukrainienne avaient déclaré avoir l'ukrainien comme langue maternelle, et les russophones de nationalité russe étaient, eux, 95,9 % à dire avoir le russe comme langue maternelle. Or, s'il apparaît en Ukraine que cette différence soit ressentie comme significative (Pashchenko 2005, 49), elle ne nous semble pas telle, objectivement. Elle le serait si les prochains chiffres confirmaient cet écart avec une différence accrue entre ces deux pourcentages. La question qui, véritablement, se pose à nos yeux est celle de savoir si ces chiffres peuvent rendre compte d'une auto-conscience linguistique, ou sociolinguistique, des recensés renvoyant aux contours identificateurs de l'ukrainien et à sa distance linguistique et, aussi bien, dans ce cas, sociolinguistique, par rapport au russe dont il est proche. Cela se joue bien sûr donc par rapport au russe mais concerne ainsi et peut-être d'abord le *suržik*, perçu comme un langage résultant d'un mélange de russe et d'ukrainien et par conséquent »incorrect« et de nature à brouiller la perception de l'indépendance de l'ukrainien par rapport au russe (Sériot 2010 [2005], 172–174).

Une question de fond demeurera sans doute pour longtemps présente dans ce qu'il convient bien de nommer le débat sur la langue nationale. Il s'agit de celle qui résulte du choix de faire reposer un des fondements principaux – sinon le principal (la langue comme »âme« de la nation) – de la construction nationale sur la langue alors que celle-ci est a priori peu unificatrice par rapport à une majorité de la population qui pratique de fait le russe ou le *suržik*. Cette représentation de la langue pousse, bien évidemment, à continuer à élaborer très légitimement un ukrainien standard, doté par conséquent d'une capacité séparatrice par rapport au russe, et à le diffuser en s'appuyant sur des dispositions étatiques. Il découle forcément de cela un décalage entre la situation réelle de l'ukrainien malgré, cependant, sa progression et celle des usages linguistiques. En outre, d'un côté, comme le montrent les enquêtes (cf. *supra*), le sentiment d'appartenance à l'Ukraine n'est pas toujours en adéquation avec le fait de pratiquer l'ukrainien et, d'un autre, ces mêmes chiffres, certes issus d'enquêtes déclaratives, font état de pourcentages globalement favorables à l'ukrainien.

Quoi qu'il en soit, ce lien entre langue et nation n'a rien de nouveau mais il met ici en jeu des représentations opposées, les unes affirmant que la langue d'État doit être la langue qui unifie la nation, soit la seule »vraie« langue nationale, et les autres revendiquant le droit à la différence linguistique et à une répartition plus réaliste de la légitimité nationale. En effet, tant l'adhésion à la nation ukrainienne paraît être un fait acquis, y compris en Crimée, tant le lien entre nation, langue et identité n'en finit pas de poser problème. Le projet étatique s'est fondé sur une identité conçue comme étant globale et devant passer par une langue en laquelle une partie significative de la population ne se reconnait pas au premier chef.

L'argumentation qui repose sur un passé de domination russe vaut effectivement pour l'histoire et tient lieu d'expérience pour le présent et le futur. Rien n'indique pour autant que l'ukrainien fasse l'objet, à l'est du pays, d'un rejet frontal, peut-être aussi à cause de la faible distance linguistique entre lui et le russe. La coexistence entre l'ukrainien et le russe, qui n'a pas débouché sur des conflits ouverts, est cependant devenue partie intégrante du débat politique et elle est utilisée à des fins identitaires dans la construction des bases légitimantes de la nation ukrainienne.

Vu de l'extérieur, la solution pourrait paraître évidente et suppose, pour reprendre Christian Lagarde, à propos de la Bolivie et du Pérou, »qu'un véritable projet national intégrateur ne peut passer que par la co-officialisation des langues et la considération, sur une base égalitaire, des cultures« (Lagarde 2008, 94). Vu de plus près, les choses ne sont certainement pas aussi évidentes. La différence vient entre autres, à notre sens, du paramètre de la distance linguistique, véritable casse-tête ukrainien. Cette distance est grande entre l'espagnol et les langues amérindiennes, comme elle l'a été entre l'anglais et l'irlandais, alors qu'elle est faible, voire très faible entre russe, ukrainien et ruthène. L'affirmation de l'ukrainien s'en trouve complexifiée et la tentation de se retrancher derrière les prérogatives étatiques est grande. Elle s'auto-justifie par la nécessité de protéger. Le cas des médias est en effet significatif où la télévision publique émet en ukrainien mais où les chaînes en russe passent par-dessus les frontières et où les radios privées ukrainiennes émettent beaucoup en russe.

De là à régler cette question en mettant le russe à la même place que les langues authentiquement minoritaires ainsi que c'est le cas dans l'instrument de ratification de la Charte européenne des langues, le risque est pris de trop miser sur la langue pour envisager l'émergence d'une mentalité nationale et de transformer la question linguistique en un champ de bataille politicien. Des solutions qui, dans d'autres contextes, paraîtraient mesurées ou adaptées, telle que celle d'un statut de deuxième langue d'État pour le russe devient là synonyme d'une atteinte à l'intégrité nationale. Dans tous les cas, l'option »pro-russe« d'établir le russe comme deuxième langue officielle en Ukraine demanderait d'amender la Constitution. Or, il faudrait pour cela recueillir l'approbation des deux tiers des députés du Parlement. Face à cette difficulté, après les élections présidentielles de 2010, le président Viktor Ianoukovitch avait proposé d'appliquer la Charte des langues à l'égard du russe de telle façon qu'il devienne une deuxième langue officielle du pays mais au niveau régional. Cela pourrait aller dans le sens de la tendance russophile dans l'est du pays tout en évitant l'obstacle constitutionnel qui concerne le niveau étatique de l'officialité linguistique. Si cela se produisait, il en résulterait une nouvelle interprétation de la notion de lange régionale en général et aussi en référence directe à la Charte des langues.

Au-delà, une question portant sur la légitimation linguistique de l'ukrainien est posée: celle qui est liée à son parcours sociolinguistique au cours duquel il a été conçu et construit à partir du XIXe siècle, symboliquement d'abord, puis plus concrètement, comme une entité indépendante du russe. En même temps, la base géolinguistique occidentale de son actuel territoire politique sur laquelle il s'est appuyé dans cette quête a vu se développer sur sa périphérie carpatique un processus de type »*Ausbau*« avec l'émergence du ruthène. La configuration de cette périphérie linguistique est notamment caractérisée par des frontières propres à favoriser des représentations et des imaginaires linguistiques eux-mêmes particularisants. Le territoire de la langue ruthène peut d'ailleurs être vu comme un ensemble transfrontalier qui enjambe les frontières ukraino-polonaise, ukraino-slovaque, ukraino-hongroise et ukraino-roumaine, en ajoutant notamment la petite enclave ruthène de Voïvodine[7] en Serbie. Il peut aussi être perçu comme une conjonction de marges linguistiques du type »frange« (Viaut 2010, 42–43; 2011), chacune à l'intersection d'un territoire étatique et d'un territoire linguistique.

Ces frontières ont incontestablement contribué à favoriser des processus d'élaboration linguistique, son effet frontière comme élément séparateur pour

---

7 Limitée aux communes de Vrbas, Žabalj et Kula.

une expression linguistique telle que le ruthène par rapport à l'ukrainien. Cet effet frontière est d'autant plus significatif par rapport au propre processus d'émergence de l'ukrainien comme langue concrètement engagée dans un processus de standardisation depuis les années 1920 tandis que, dans ce dernier cas, les frontières agissent également mais d'une façon différente, non par leur aspect bien concret mais peut-être plutôt par la difficulté qu'il y aurait encore, tout au moins dans les mentalités, à les établir sûrement.

Par rapport à ces premières considérations, la question du ruthène est objectivement mineure. Elle représente un faible nombre de personnes. Selon les divers rapports de suivi de l'application de la Charte des langues, étatiques ou d'évaluation, cela représente quelques milliers de locuteurs répartis sur les pays appliquant la Charte. L'Ukraine, quant à elle, signalait dans le premier rapport d'évaluation de la Charte (2010) que 10.200 Transcarpatiens s'identifiaient comme étant des Ruthènes, sans une question plus précise quant à la langue elle-même. La question du ruthène n'en reste pas moins significative du point de vue de la typologie sociolinguistique et suscite la question des limites des processus d'élaboration linguistique (*Ausbausprache*) et du couple besoin linguistique/fonction linguistique.

2. Le nom de la langue

Selon le Trésor de la langue française,[8] le mot »ruthène« résulte d'un emprunt au latin ecclésiastique *Rut(h)enus*, nom propre pour »Russe« (XIe–XIIe siècle). Il a fini par désigner en français, de même que le mot »*Rusyn*« (»*Russyn*« en Ukraine), dérivé du mot slave lui-même »*Rus'*« (*Русь*), »*Ruthenian*« en anglais, la variété de slave oriental utilisée dans les Carpates orientales. Entre temps, cette base lexicale »ruthène« a pu être un équivalent de »russe«. Elle a néanmoins désigné l'ensemble constitué par le réseau dialectal ruthène qui comprenait, à travers ses Ruthénies blanche, rouge et noire, les sous-ensembles biélorusse et ukrainien. L'ukrainien actuel apparaissait lui-même autrefois sous ce nom. Le sous-ensemble identifié de nos jours sous le glottonyme de »ruthène« n'étant qu'un autre des segments du réseau initial (Djordjević 2006, 108).

»Petit russe«, »russe méridional«, »ruthène«, »russien« et enfin, »ukrainien«, autant de noms qui ont été attribués à un même réseau dialectal ou *Mundartbund* à des époques différentes et par des pouvoirs différents. Quoi qu'il en soit, depuis le XIXe siècle, les signifiés de ces dénominations se sont distingués entre eux au fur et à mesure que leur significations respectives se sont chargées de traits sémiques provenant de leur environnement communicationnel et politique. Or, cet environnement et l'usage fait de ces appellations ont participé d'un faisceau terminologique qui a contribué à identifier l'entité politique émergente qu'a été l'Ukraine et une hypothétique Ruthénie.

8 <http://atilf.atilf.fr/>.

La construction nationale impliquait une autre dénomination à tout le moins sociolinguistique sur la base de signifiants différenciateurs. »Ukraine« et »ukrainien«, dont l'emploi paraît remonter au Moyen Âge comme une des terres de la Russie kiévienne, étaient a priori plus rentables de ce point de vue que les autres glottonymes. Alors que ces derniers étaient pourtant tout aussi historiques et consistants et rendaient compte d'une continuité et d'une proximité aussi réelles que l'était l'émergence certes complexe de la nation ukrainienne et la »naissance à la langue« de l'ukrainien, le mot lui-même »ukrainien« était par nature plus éloigné que »ruthène« ou »*Rusyn*« de son grand frère dominant »russe« (*руссий язык*).

2.1. Le ruthène en Ukraine et autour de l'Ukraine

La langue qui est identifiée comme ruthène par les locuteurs, par ceux qui s'identifient à elle, ou également par ceux qui en observent les contours et les perspectives, apparaît à travers plusieurs variétés diatopiques constitutives. Sans reprendre toutes les appellations, utilisées seules ou concurremment avec celle de ruthène, nous retiendrons les plus communément identifiées. En Ukraine, tout d'abord, avec ou à côté de ruthène, apparaissent selon les zones, dans l'angle sud-ouest correspondant principalement aux anciennes régions historiques de Galicie et de Transcarpatie autrefois sous gouvernement austro-hongrois, polonais, tchécoslovaque et russe (Sériot 2010 [2006], 224–226), les dénominations de *boyko* et de *hutsule* ainsi que celles de ruthène transcarpatique. Dans les pays voisins apparaissent parfois les mêmes glottonymes et d'autres. Ainsi en va-t-il en Pologne avec le *lemk* principalement et, dans une moindre mesure, le *boyko*, en Roumanie avec le *hutsule*, et en Serbie (Voïvodine) avec le *batchka*. Le désignant correspondant à »ruthène« ressort de son côté en Slovaquie et en Hongrie et de plus en plus en Ukraine. Ces différents termes sont éponymes de communautés dont le sentiment d'identité intrinsèquement ruthène ne laisse pas d'être nuancé ou complexe dans la mesure où il n'est pas toujours exclusif comme c'est le cas par exemple avec le *hutsule*, ainsi qu'avec le *boyko* et le *lemk* dans une moindre mesure, en Ukraine. Il a pu ou peut encore, en effet, se conjuguer aussi bien avec le glottonyme »ukrainien«, en particulier en Ukraine, en Roumanie ou en Slovaquie.

Cette diversité de termes est significative de la situation du ruthène, expression linguistique émergente et engagée de fait dans un processus complexe d'élaboration linguistique. Processus incertain qui a toutefois acquis une reconnaissance à travers l'attribution du statut de langue officielle à un niveau local en Serbie (Voïvodine), et, en droit, de langue régionale ou minoritaire dans les pays concernés par lui qui appliquent à ce jour la CERLM, à savoir la Bosnie-Herzégovine, la Croatie, la Pologne, la Roumanie, la Serbie et la Slovaquie. De fait, la Hongrie et l'Ukraine elle-même emploient aussi ce terme en référence à la Charte dans les rapports périodiques de suivi de l'application de cette convention. Il convient enfin de mentionner le cas des Ruthènes de la République tchèque, dispersés dans le pays, qui ont été enregistrés comme un sous-groupe des Ukrainiens lors du recensement de 2001. Les Ruthènes y sont reconnus comme minorité nationale par la législation et bénéficient comme tels d'aides minimales pour leur culture et leur langue. Leur existence est ainsi évoquée sans que le nom de la langue ruthène soit explicitement mentionné, dans le premier Rapport de suivi de l'application de la Charte des experts du Conseil de l'Europe publié en avril 2009 (49–54).

Dans les textes officiels en français et en anglais des déclarations accompagnant les instruments de ratification de la Charte, six pays mentionnent le ruthène sous des appellations diverses parmi lesquelles celles qui reposent sur le mot »ruthène« dominent. Ils lui ont destiné un nombre de dispositions variable (un minimum de 35) qui relèvent de la partie III de cette convention, hormis pour la Roumanie qui a inclus la »langue ruthénienne« dans une liste des langues spécifique relevant uniquement de la partir II, obligatoire, de la Charte. Le ruthène est associé à l'ukrainien dans la déclaration slovaque pour un nombre des dispositions identique, si ce n'est l'article 14b,[9] retenu pour le seul ukrainien. Le ruthène apparaît aussi en dehors des déclarations de ratification, au titre de la seule partie II de la Charte, dès le premier rapport étatique de la Hongrie de 1999. Il apparaît aussi dans le premier rapport d'évaluation de l'application de la Charte en Ukraine, publié en 2010.

Si l'on décompte les signifiants choisis par chaque État concerné, le radical »ruthène« se détache donc et se retrouve directement sous cette forme dans les déclarations de La Croatie et de la Serbie, et à travers le dérivé »ruthénien« dans celle de la Roumanie et de la Slovaquie qui l'utilisent en fait sous sa forme adjectivale dans »langue ruthénienne«. La Bosnie-Herzégovine a opté pour la forme »*rysin*« (*sic*), équivalant à celle de »*Rusyn*«, retenue en anglais et, aussi à »*Ruthenian*«/»ruthénien«. La Pologne a choisi, quant à elle, le désignant régional »lemk«.

Dans les rapports remis par les États, la dénomination »ruthène« se dégage également. Elle apparaît en outre dans celui de la Hongrie au titre de la mise en application de la partir II, minimale, de la Charte. Il en va dans le premier rapport d'évaluation contresigné par l'Ukraine en 2010. Le rapport d'État en anglais (seule version disponible) remis par la Pologne en 2010 mentionne aussi l'appellation »*Rusyn-lemkos language*«, apparemment perçue comme étant équivalente de celle de »*Lemkos language*«.

---

9 »Les parties s'engagent: dans l'intérêt des langues régionales ou minoritaires, à faciliter et/ou à promouvoir la coopération à travers les frontières, notamment entre collectivités régionales ou locales sur le territoire desquelles la même langue est pratiquée de façon identique ou proche.« Parmi les hypothèses susceptibles d'être évoquées pour expliquer les raisons de cette exclusive, nous en mentionnerons prudemment deux qui correspondent à cette configuration particulière du ruthène, à savoir celle du faible degré de standardisation du ruthène ou, autrement, d'un processus de fait tendant à sa polystandardisation, et/ou celle d'un choix de non-implication de la part de la Slovaquie dans la question de l'unité de la communauté culturelle (nationale?) dont il constitue le volet linguistique. Enfin, des demandes émanant de la base ont également pu être trop peu significatives.

La Charte des langues a donc tendance à valider la dénomination »ruthène/*Rusyn*«. Cela ne règle pas cependant la gestion de la diversité interne de cette langue. Celle-ci se décline en deux grandes variantes supra-dialectales: le carpato-ruthène, le plus proche de l'ukrainien et du russe actuels, et le ruthéno-pannonien, se rapprochant du slave occidental, en particulier du slovaque. Si l'emploi de l'alphabet cyrillique contribue à l'intégration des variantes ruthènes, les processus de standardisation sont surtout avancés pour le ruthène de Serbie (Voïvodine), localement officiel, et pour celui de Slovaquie, codifié depuis 1995. Dans les pays qui font bénéficier le ruthène de la partie III de la Charte des langues, ce fait est sans conteste propre à favoriser non seulement tout processus de standardisation mais va aussi dans le sens d'une harmonisation des solutions retenues. Rappelons, de plus, que la Charte favorise les relations transfrontalières et invite des États ratifiants à gommer tout obstacle à la protection de langues qui aurait pour origine des frontières ou des limites administratives (art. 7,1b; 7.1i; 14).

2.2. *Le ruthène à la lumière de la Charte des langues en Ukraine*

Langue *Ausbau* dans le continuum ukrainien, également identifiée localement à travers les variétés régionales notamment *lemkovienne* (Pologne et Ukraine) et *hutsule* (Ukraine, Roumanie), non identifiée dans l'instrument de ratification de la Charte européenne des langues par l'Ukraine en 2005, ni dans son premier rapport gouvernemental de 2007, le ruthène apparaît, ainsi, comme nous l'avons déjà relevé, dans le premier rapport d'évaluation de 2010 au titre de la mise en application de la partie II de la Charte:

> Art. 64. Par ailleurs, le Comité d'experts invite les autorités à préciser si la langue ruthène peut être considérée comme une langue régionale ou minoritaire en Ukraine:
> Le Comité d'experts encourage les autorités ukrainiennes préciser, en coopération avec les locuteurs, si l'arménien, le kara, le krymchak, le romani, le ruthène, le tatar et le tchèque doivent être considérés comme des langues régionales ou minoritaires en vertu de l'article 1 de la Charte.

La réponse de l'État ukrainien apparaît dans le même rapport. Certaines langues qui auraient pu l'être n'étaient pas mentionnées dans l'instrument de ratification de l'Ukraine. Quoi qu'il en soit, elles demeurent éligibles à la partie II de la Charte. Il en irait ainsi de l'arménien, du tchèque, du *kara*, du *krymchak*, du romani, du ruthène, par conséquent, et le tatar. Le Comité d'experts a invité les autorités ukrainiennes »à mettre en place une politique ferme de soutien des langues vulnérables, comme le *kara*, le *krymchak* et le yiddish«. Toujours dans le même rapport (sous »Z«):

> S'agissant des mesures de soutien au ruthène, il convient de noter que pour diverses raisons historiques, des groupes ethniques locaux d'Ukrainiens (groupes subethniques) sont apparus par le passé et existent encore partiellement sur le territoire ukrainien. Ces groupes ont conservé pendant longtemps certaines différences de culture, de vie familiale, de coutumes

et de traditions. Il s'agit des Lemks, des Boyks, des Houtsoules, des Litvines, des Polishchouks et des Ruthènes.
Au moment du recensement national de 2001, 10.200 habitants de Transcarpatie s'identifiaient comme Ruthènes. Conformément aux faits scientifiquement établis par des experts en histoire, ethnologie et linguistique, nous pouvons avancer que les habitants slaves orientaux de Transcarpatie, appelés Ruthènes, sont une partie de la population ukrainienne originelle présentant des particularités de culture, de langue et de vie familiale, mais qu'ils ne constituent pas une minorité nationale.

En réponse dans ce rapport (sous »Z«):

L'État ukrainien apprécie et promeut l'identité culturelle de la population autochtone de Transcarpatie; il maintient les traditions existantes et protège l'identité nationale de ceux qui se désignent depuis des siècles comme les »Ruthènes« ou »Rous'«, et qui ont aidé à préserver la mémoire de l'ancienne Rous'Ukraine.

Cette réponse à la question portant sur la protection du ruthène en tant que langue évoque des groupes humains et non la langue, niant implicitement la validité de son engagement dans un processus volontariste, certes complexe et nuancé, d'élaboration linguistique. Elle emploie le mot »ruthène« sans tenir compte du fait qu'il est susceptible d'englober aussi les précédents ethnonymes (»*Lemk, Boyk*«, etc.) tout en incluant leur part d'originalité. Enfin, le lien sémantique historique connu entre »Ruthène« et Rus' de Kiev est évoqué pour le ramener à une légitimation de l'Ukraine et de son nom en mettant en exergue la »Rous'Ukraine«.

3. Bibliographie

3.1. Sources

Assemblée Parlementaire: *Rapport biennal du Secrétaire général à l'Assemblée parlementaire. Décembre 2009*, Doc. 12300, 22.6.2010.
Conseil de l'Europe: *Charte Européenne des Langues Régionales ou Minoritaires*, 5.11.1992.
Conseil de l'Europe: *Charte Européenne des Langues Régionales ou Minoritaires. Rapport explicatif*, 1.2.1995.
Décret n° 70-650 du 10 juillet 1970 concernant l'enseignement des langues et dialectes locaux, 10.7.1970.
Décret n° 74–33 du 16 janvier 1974 relatif à l'enseignement des langues et dialectes locaux, 16.1.1974.
Décret relatif au recours à un dialecte de Wallonie dans l'enseignement primaire et secondaire, 24.12.1983.
Décret relatif aux langues régionales endogènes de la Communauté française, 24.12.1990.
Décret n° 2001-950 du 16 octobre 2001 modifiant le décret n° 89-403 du 2 juin 1989 instituant un Conseil supérieur de la langue française et une délégation générale à la langue française.
Loi n° 51-46 du 11 janvier 1951 relative à l'enseignement des langues et des dialectes locaux, 11.1.1951.
Vidomosti Verkhovnoyi Rady Ukrayiny: *Loi sur les langues de la RSS d'Ukraine*, 1989.
Vidomosti Verkhovnoyi Rady Ukrayiny: *Constitution de 1996*, 28.6.1996.

3.2. Œuvres Citées

Besters-Dilger: »Le facteur linguistique dans le processus de construction nationale en Ukraine«. In: Lepesant, Gilles (ed.): *L'Ukraine dans la nouvelle Europe*, Paris: CNRS 2005: 41–81.

Bonnard, Pascal: »Ukraine, enjeux du débat sur le statut de la langue russe«. In: *Le courrier des pays de l'Est*, 1060, 2007: 87–98.

Cerquiglini, Bernard: *Les langues de France. Rapport au Ministre de l'Éducation nationale, de la recherche et de la technologie et à la Ministre de la culture et de la communication*, Avril 1999.

Djordjevic, Ksenija: »Frontières, territoires et enclaves linguistiques et culturelles: langues trans- et intrafrontalières«. In: *Lengas. Revue de sociolinguistique*, 60, 2006: 97–113.

Lagarde, Christian: *Identité, langue et nation. Qu'est-ce qui se joue avec les langues?*, Perpignan: Trabucaire 2008.

Pashchenko, Anna: »Les tendances nationalistes et la protection de la langue officielle en Ukraine: bilinguisme ou diglossie?« In: Ksenija Djordjevic / Jovan Kostov et.al. (ed.): *À l'Est, du nouveau? La (re)production d'identités collectives et les questions linguistiques dans l'Europe post-communiste*. Paris: L'Harmattan 2005: 45–65.

Sériot, Patrick: »Droit au nom et droit du nom: les Ruthènes sont-ils une minorité?«. In: Id.: *Les langues ne sont pas des choses. Discours sur la langue et souffrance identitaire en Europe centrale et orientale*, Paris: Petra 2010: 223–239 [*Slavica Occitania*: Hommages à Roger Comtet, 22, 2006: 207–233].

Sériot, Patrick: »Diglossie, bilinguisme ou mélange des langues: le cas du suržyk en Ukraine«. In: Id.: *Les langues ne sont pas des choses. Discours sur la langue et souffrance identitaire en Europe centrale et orientale*, Paris: Petra 2010: 161–175 [*La linguistique*, Paris: PUF, 41, fasc. 2, 2005: 37–52].

Sibille, Jean: »Langues de France et territoires: raisons des choix et des dénominations«. In: Alain Viaut / Pailhé, Joël (ed.): *Langue et espace*, Bordeaux: Maison des Sciences de l'Homme d'Aquitaine 2010: 84–107.

Viaut, Alain: »Approche sociolinguistique de la dimension spatiale des langues et de ses déclinaisons«. In: Alain Viaut / Pailhé, Joël (ed.): *Langue et espace*, Bordeaux: Maison des Sciences de l'Homme d'Aquitaine 2010: 23–50.

Viaut, Alain: »Marge linguistique et espace: première approche«. Dans: *International Philological Conference*, Actes du colloque (Saint-Pétersbourg, Université d'État, 14–19.3.2011), à paraître.

Monika Wingender (Gießen)

Russisch als neue Minderheitensprache im östlichen Europa

Die ECRM und die Diskussion um das Russische in Nachfolgestaaten der UdSSR

The situation of minority languages in Eastern Europe has been shaped by the fact that, in many places, the political transformations of 1989/91 brought about a complete role reversal in the relationship between dominant and dominated languages. A prominent case in the linguistic landscape of present day Europe is that of Russian as a new minority language in the successor states of the USSR, which hold three different legal positions in relation to the *European Charter for Regional or Minority Languages*: Non-Signatory States (Example: The Baltic States), Signatory States (Example: Azerbaijan), and Ratifying States (Example: Armenia). This sociolinguistic article demonstrates how the differing historical developments and current language politics in the successor states of the USSR have shaped the discussions on Russian as a minority language in the light of the ECRML.

1. Das Russische im östlichen Europa und den Nachfolgestaaten der Sowjetunion

Während die *Europäische Charta der Regional- oder Minderheitensprachen* (ECRM) zunächst im Wesentlichen von westlichen Mitgliedstaaten des Europarates unterzeichnet und ratifiziert wurde, gewann sie unter den östlichen Mitgliedstaaten v.a. ab der Jahrtausendwende und im Zuge der EU-Osterweiterung zunehmend an Bedeutung,[1] da der Regelung von Minderheiten- und Minderheitssprachenfragen in der Verhandlung mit europäischen Institutionen großes Gewicht zukam. Die beiden Runden der EU-Osterweiterung in den Jahren 2004 und 2007 und die damit verbundenen Beitrittsverhandlungen mit der EU sowie die von ihr aufgestellten Bedingungen zum Minderheitenschutz haben in den Beitrittsländern zu vielfältiger rechtlicher und sprachpolitischer Aktivität geführt.[2]

> Die Rangliste der Staaten ließ 2001 noch ein gewisses Ost-West-Gefälle [...] im Minderheitenschutz Europas erkennen, das jedoch keine krasse Zäsur, sondern fließende Übergänge aufwies. Dieses Gefälle ist bis 2006 etwas abgeflacht, da nicht wenige mittel- und osteuropäische Staaten mit westeuropäischen gleichgezogen oder diese sogar überholt ha-

---

1 Vgl. die Daten der Unterzeichnungen und Ratifizierungen im folgenden Absatz.

2 Zum Einfluss der EU auf die Minderheitengesetzgebung in Mittel- und Osteuropa vgl. Schimmelfennig / Schwellnus (2007), zur Frage um die Auswirkungen der EU-Beitrittsverhandlungen auf Sprachenfragen im Baltikum vgl. Adrey (2005), Hogan-Brun (2005; 2006). Umfangreiche Informationen enthält die Internet-Publikation *Minderheitenschutz im östlichen Europa* des Instituts für Ostrecht der Universität Köln.

ben, während sich umgekehrt unter den Schlusslichtern auch west- und südeuropäische Staaten befinden (Pan 2006c, 647).

Insgesamt 25 Mitgliedstaaten des Europarates haben die ECRM mittlerweile ratifiziert. Davon sind fast die Hälfte (zwölf) östliche Staaten[3] bzw. Staaten des postkommunistischen Raumes (die letzten Ratifizierungsländer waren Polen 2009 sowie Bosnien und Herzegowina 2010). Vgl. die Daten zur ECRM:

- *Ratifizierungsländer:* Armenien (2002), Bosnien und Herzegowina (2010), Kroatien (1997), Montenegro (2006), Polen (2009), Rumänien (2008), Serbien (2006), Slowakei (2001), Slowenien (2000), Tschechien (2006), Ukraine (2005), Ungarn (1995);
- *Unterzeichnerländer:* Aserbaidschan (2001), Mazedonien (1996), Moldawien (2002), Russische Föderation (2001);
- *Nicht-Unterzeichner-Länder:* Bulgarien, Estland, Georgien, Lettland, Litauen.

Für die aktuellen Minderheitssprachenfragen im östlichen Europa ist insbesondere relevant, dass sich mit der politischen Wende von 1989/91 das Verhältnis dominierender zu dominierten Sprachen[4] vielerorts umgedreht hat. So gewinnen die ECRM und die mit ihr verbundenen Aushandlungsprozesse besondere Relevanz in Bezug auf den Zerfall der multinationalen Staatenverbände und die Gründung von sprachbasierten Staaten im östlichen Europa. Einen besonders komplexen und in der heutigen europäischen Sprachenlandschaft herausragenden Fall stellt hier das Russische als neue Minderheitensprache in den Nachfolgestaaten der UdSSR dar, in denen (außerhalb der Russischen Föderation) nach dem Zerfall der Sowjetunion ca. 25 Mio. Russen in die Rolle der Minderheit gerieten. Die folgende soziolinguistische Betrachtung setzt sich zum Ziel, die Diskussion um das Russische als Minderheitensprache im Kontext der Ratifizierung und Implementierung der ECRM zu untersuchen.

Streng genommen, ist Russisch keine *neue* Minderheitensprache,[5] da es auch schon vor der politischen Wende Minderheitensprache war (z.B. in Polen). Als *neu* kann die russische Minderheit und Minderheitensprache im Hinblick auf die Nachfolgestaaten der ehemaligen Sowjetunion bezeichnet werden, die im öffentlichen Diskurs Russlands als *bližnee zarubež'e* (›nahes Ausland‹) bezeichnet werden und in denen die Russen zur Minderheit im politischen Sinn wurden. Im numerischen Sinn lebte die russische Ethnie auch zu Zeiten der Sowjetunion in den 14 Sowjetrepubliken außerhalb der Russischen Sozialistischen Föderativen

[3] Es sei betont, dass in diesem Beitrag zur ECRM die Mitgliedstaaten des Europarates betrachtet werden und hier somit nicht ein geographischer Europabegriff gemeint ist.

[4] Vgl. dazu auch Steinke (2007).

[5] Vgl. die auf den neuen Status der Russen referierenden Publikationen, von denen hier als ein Beispiel *The New Russian Diaspora: Minority Protection in the Soviet Successor States* (Kolstø 1993) erwähnt sei. Vgl. auch das Kapitel »Russians as a new national minority« in Brubaker (1996, 48ff.).

Sowjetrepublik, verglichen mit der jeweiligen Titularethnie, als Minderheit[6], aber aufgrund ihrer Rolle im Staat und der Rolle der russischen Kultur sowie der russischen Sprache als *de facto*-Staatssprache galt sie als dominierende Mehrheit.[7]

Die russische Sprache konnte in der Sowjetunion *de iure* nicht als Staatssprache deklariert werden, da die sowjetische Sprachenpolitik von der Ideologie der Gleichheit der Nationalitätensprachen getragen wurde (Russisch bekam erst 1990 den Status der offiziellen Sprache der Sowjetunion).[8] In der traditionellen soziolinguistischen Klassifikation der Sprachen der UdSSR nach Junus Dešeriev jedoch kam allein dem Russischen der höchste Status zu – der einer ›Inter-Nationalitätensprache‹ (*jazyk mežnacional'nogo obščenija*, vgl. Haarmann 1979, 359). *De facto* war Russisch die Staatssprache der UdSSR.

Die starke Position, die das Russische insgesamt im östlichen Europa inne hatte, gründete sich auf verschiedene Pfeiler: Russisch war (und ist) die einzige slavische Sprache, die zu den Weltsprachen gehört und in internationalen Institutionen wie den Vereinten Nationen vertreten ist,[9] Russisch war viele Jahrzehnte lang die uneingeschränkte *lingua franca* der Sowjetunion, Ausbildungs- und Kommandosprache der sowjetischen Armee und zudem erste und obligatorische Fremdsprache des sogenannten Ostblocks. Seit der politischen Wende im östlichen Europa ist das Russische diejenige Sprache, welche die drastischsten Statusveränderungen erfuhr (vgl. den Überblick in Wingender / Schuster 2008). In Bezug auf die Nachfolgestaaten der Sowjetunion ergibt sich folgendes Bild zum heutigen Status des Russischen:[10]

- *Minderheitensprache:* in Armenien, Georgien, Litauen, Usbekistan und der Ukraine;
- *Fremdsprache:* in Estland und Lettland;
- *Inter-Nationalitätensprache:* in Aserbaidschan, Tadschikistan und Turkmenistan;
- *Offizielle Sprache:* in Kasachstan, Kirgisistan und Moldawien;

---

6 Im Hinblick auf den Anteil der russischen Ethnie an der Gesamtbevölkerung der Sowjetrepubliken ragte die Kasachische Sowjetrepublik heraus, in der kurz vor dem Zerfall der Sowjetunion die russische und die kasachische Bevölkerung nahezu gleich große Gruppen bildeten (1989: Kasachen – 39,7 %, Russen – 37,8 %).

7 »›Russianness‹ suffused the entire state; it was too big, too general to be encoded in the system of institutionalized nationality as one among many. Russianness, like ›whiteness‹ in the US, was in a sense invisible; it was experienced not as a particular nationality but as the general norm, the zero-value, the universal condition against which other nationalities existed as particular, and particularist, ›deviations‹« (Brubaker 1996, 49).

8 Vgl. dazu die Ausführungen und die Literaturhinweise in Köhler (2005, 13).

9 Anzumerken bleibt, dass seit der EU-Osterweiterung mehrere slavische Sprachen zu den Amtssprachen der EU gehören.

10 Vgl. Federal'naja celevaja programma »Russkij jazyk« (2008). In Belarus, Kasachstan, Kirgisien, Tadschikistan, Turkmenistan, in der Ukraine und in der Russischen Föderation ist der Status des Russischen gesetzlich geregelt – in den Verfassungen der anderen Staaten nicht.

– *Staatssprache:* in der Russischen Föderation und in Belarus (neben dem Belarussischen).

Um die in diesem Artikel zu skizzierenden Diskussionen um die ECRM und das Russische als Minderheitensprache in den Nachfolgestaaten der UdSSR nachvollziehen zu können, muss man sich vergegenwärtigen, wie und in welchem Maße das Russische über viele Jahrzehnte die Sprachsituationen in der Sowjetunion prägte.[11] Die lange sowjetische Sprachrealität mit der *lingua franca* Russisch wirkt bis heute nach und beeinflusst die Grundlagen der aktuellen Sprachenpolitik in den heutigen Nachfolgestaaten, die nach der Erlangung der Unabhängigkeit darauf reagierten. Worin besteht das Erbe der sowjetischen Sprachenpolitik für die heutigen Nachfolgestaaten? Grundlegend ist hier sicherlich die Asymmetrie der Bilingualismus-Situationen: Die von der sowjetischen Sprachenpolitik v.a. ab den 60er Jahren des 20. Jahrhunderts propagierte Massenzweisprachigkeit, und hier insbesondere die ›national-russische Zweisprachigkeit‹ (*nacional'no-russkoe dvujazyčie*, Haarmann 1999, 848), war v.a. in der nichtrussischen Bevölkerung verbreitet, während die russische Bevölkerung nahezu komplett einsprachig russisch war. Die weite Verbreitung des Russischen in den Sowjetrepubliken und sein *de-facto*-Status als Staatssprache führten dazu, dass viele andere Nationalsprachen in bestimmten Sphären nur defizitär ausgebaut wurden (z.B. in wissenschaftlichen und administrativen Funktionalstilen). Als Ausnahme dürfen die Titularsprachen der drei baltischen Sowjetrepubliken gelten, die bereits vor der Sowjetzeit vergleichsweise gut ausgebaut waren und über hohes Prestige verfügten, so dass sie dem situationellen Druck und dem kontaktlinguistischen Einfluss des Russischen besser standhielten als andere Nationalsprachen (vgl. z.B. Verschik 2008, 28). Neben den erwähnten Defiziten in der Standardisierung vieler Nationalsprachen ist ein ständiger Rückgang in der Beherrschung der nicht-russischen Nationalsprachen zu verzeichnen. Den Wechsel zum Russischen deklarierte die offizielle Sprachenpolitik nicht als Sprachverlust, sondern als Wechsel zur zweiten Muttersprache.[12]

Mit dem Zerfall der Sowjetunion und der Gründung souveräner Nachfolgestaaten wurde das sprachpolitische Erbe offenkundig: Die neuen Staaten erkannten die identitätsbildende Funktion der Sprachen im *nation-state building*[13] und erhoben ihre jeweilige Titularsprache zur Staatssprache; viele der neuen Staatssprachen konnten jedoch ihre Funktionen aufgrund sowohl mangelnder Verbreitung als auch defizitärer Standardisierung nicht im vollen Umfang ausfüllen (vgl. Wingender 2008). Umfangreiche sprachplanerische Tätigkeiten zum Ausbau und zur Verbreitung der neuen Staatssprachen wurden notwendig.

---

[11] In der ehemaligen Sowjetunion waren ca. 130 verschiedene Sprachen beheimatet, die eine große genetische Vielfalt aufweisen: Die Sprachen der ehemaligen UdSSR gehören einer bemerkenswerten Zahl von unterschiedlichen Sprachfamilien an, zu denen neben dem Indoeuropäischen auch Turksprachen sowie tungusische, finnougrische, paläoasiatische, kaukasische Sprachen u.a. zählen (vgl. Comrie 1999).

[12] Vgl. die Überblicksdarstellungen zur Sprachenpolitik in Comrie (1999), Haarmann (1999).

[13] Zur Unterstreichung der Dynamik des Prozesses verwendet Brubaker (1996) den Terminus *nationalizing state*.

Etwas besser war die Situation für die drei baltischen Republiken mit ihren Titularsprachen, die vergleichsweise gut ausgebaut waren.

In dieser Situation beginnt in denjenigen Nachfolgestaaten der UdSSR, die Mitgliedstaaten des Europarates sind, die Diskussion um den Minderheitensprachenschutz und die ECRM, die auf folgende Minderheitensprachen abzielt:

> For the purposes of this Charter:
> a) »regional or minority languages« means languages that are:
> i) traditionally used within a given territory of a State by nationals of that State who form a group numerically smaller than the rest of the State's population; and
> ii) different from the official language(s) of that State;
> it does not include either dialects of the official language(s) of the State or the languages of migrants [...] (Teil I, Art. 1a ECRM).

Punkt ii) bedeutet für die Sprachsituation in den Nachfolgestaaten der UdSSR folgendes: Während es die neuen Staatssprachen in den Nachfolgestaaten sind, die Förderung benötigen, sie aber als offizielle Sprachen nicht Gegenstand der Sprachen-Charta sind, gerät durch die ECRM und den Schutz von Minderheitensprachen vielmehr die *neue* Minderheitensprache Russisch in den Wirkungskreis der Charta. Zudem besagt die Präambel der ECRM u.a. folgendes:

> Considering that the protection of the historical regional or minority languages of Europe, some of which are in danger of eventual extinction, contributes to the maintenance and development of Europe's cultural wealth and traditions.

Auch im Weiteren ist von Schutz und Förderung der Regional- und Minderheitensprachen die Rede, und an dieser Stelle wird bereits deutlich, dass das Russische als Weltsprache diesem Begriff von Minderheitensprache nicht entspricht. Es ist gerade dieser Aspekt, der auch in den Diskussionen um das Russische in den verschiedenen Sprachgemeinschaften immer wieder betont wird, worauf unten noch eingegangen wird. Um es zu wiederholen, Korpus-, Status- und Prestigeplanung benötig(t)en die neuen Staatssprachen in den Nachfolgestaaten der UdSSR, nicht aber das im Russischen Reich und der Sowjetunion dominierende Russische. Hier zeigt sich eine mit den Sprachgemeinschaften im westlichen Europa nicht zu vergleichende Situation.[14] Daher rühren viele Diskussionen um den Status des Russischen als Minderheitensprache; bisher haben folgende Mitgliedsstaaten des Europarates, die die ECRM ratifiziert haben, das Russische als Minderheitensprache aufgenommen: Armenien, Finnland, Rumänien und die Ukraine.

Die *veränderte Rolle des Russischen und der russischen Minderheit* hat eine große Quantität an Publikationen in verschiedenen Disziplinen hervorgebracht (z.B. Kolstoe 1995), die wie Chinn / Kaiser (1996) oder Shlapentokh / Sendich / Payin (1994) explizit auf die Rolle der Russen als »*the new minority*« bzw. »*the new Diaspora*« verweisen. In der Linguistik hat sich die Forschung zum *Russischen als Diasporasprache* verstärkt, dies sowohl unter Berücksichtigung der

---

14 Vgl. dazu auch das Kapitel »Rollentausch zwischen Mehrheit und Minderheit« in Pan (2006c, 637f.).

verschiedenen Emigrationswellen (vgl. z.B. Čepurnych 2005, Isurin 2011) als auch im Hinblick auf die *Diaspora in den Nachfolgestaaten der UdSSR*: z.B. Belousov / Grigorjan (1996), Derevjanko / Kudelina / Tiskova (2007), Fouse (2000), Michal'čenko (2000), Mustajoki / Protassova (2004), Orusbaev (2005). Mit der Situation des Russischen in den Nachfolgestaaten der UdSSR beschäftigt sich auch der Überblicksartikel zu »Multilingualism in Post-Soviet Countries« von Pavlenko in dem vor ihr herausgegebenen Band (Pavlenko 2008). Im Zusammenhang mit der Situation des Russischen ist auch das Forschungsfeld zur *Sprachenpolitik und sprachlichen Situation im östlichen Europa bzw. in den Nachfolgestaaten der UdSSR* zu nennen (z.B. Andrews 2008, Wright 2000). Im Hinblick auf die Entwicklungen nach dem Zerfall der Sowjetunion wird immer wieder der Zusammenhang von Sprache und Identität betont, was sich in einer reichhaltigen Literatur zur *Identitätsforschung* und zum *nation-state building in den Nachfolgestaaten der UdSSR* niederschlägt, für die hier stellvertretend Laitin (1998) und Melvin (1995) genannt seien. Da der überwiegende Teil der östlichen Mitgliedsstaaten des Europarates die ECRM nach der Jahrtausendwende unterzeichnete bzw. ratifizierte, rückt die ECRM nun auch zunehmend in das Blickfeld der *slavistischen Linguistik* (vgl. den Überblicksartikel zu den slavischen Sprachen von Dunn (2008) und zu den slavischen Mikrostandardsprachen von Gustavsson (2006); des Weiteren s. Besters-Dilger (2010) mit einer Untersuchung von Stärken und Schwächen der ECRM).

Vor dem Hintergrund der oben beschriebenen Sprachsituation seien im Folgenden einige Fallbeispiele im Lichte der ECRM betrachtet. Da Georgien und der Ukraine im vorliegenden Tagungsband eigene Beiträge gewidmet sind, werden in diesem Artikel die anderen Nachfolgestaaten der UdSSR betrachtet, die Mitglieder des Europarates sind und sich entsprechend mit der ECRM auseinanderzusetzen haben:[15] Hierunter sind drei verschiedene Vertragssituationen vertreten:

- das Baltikum mit den drei Nicht-Unterzeichner-Ländern Estland, Lettland und Litauen,
- die kaukasische Republik Aserbaidschan als Unterzeichnerland und
- die kaukasische Republik Armenien als Ratifizierungsland.

Wenn in diesem Artikel die Rede vom östlichen Europa ist, dann wird, z.B. im Hinblick auf die Kaukasusrepubliken Armenien und Aserbaidschan, der institutionelle Begriff des Europarates zugrunde gelegt, zu dessen Mitgliedstaaten diese beiden Republiken gehören.

Die genannten Nachfolgestaaten mit ihren unterschiedlichen ECRM-Vertragssituationen unterscheiden sich grundsätzlich durch ihre politische und wirtschaftliche Orientierung, da die drei baltischen Republiken nach dem Zerfall der UdSSR bald in Beitrittsverhandlungen mit der EU eintraten und somit nicht nur

---

[15] Im Hinblick auf die Diskussionen um das Russische sei insbesondere auf den Beitrag zur Ukraine von Viaut in diesem Band verwiesen, der die sprachliche Nähe zwischen dem Urainischen und Russischen thematisiert.

als Mitglied des Europarates, sondern auch durch die EU zu Maßnahmen im Minderheitenschutz veranlasst wurden. Die folgende Beschreibung der Sprachsituationen in den Fallbeispielen mit unterschiedlichen ECRM-Vertragssituationen berücksichtigt jeweils drei Faktoren:

- *demographische* (zur Abbildung der ethnischen Heterogenität bzw. Homogenität der Republiken),
- *historische* (Hintergründe v.a. im Hinblick auf das Zusammenleben von russischer und Titularethnie),
- *sprachpolitische* (Sprachenrecht, Prinzipien der Sprachpolitik u.a.).

Vorab sei angemerkt, dass auch im östlichen Europa Diskussionen zur Terminologie und Begrifflichkeit der Charta geführt werden, [16] die v.a. folgende Aspekte betreffen:

- Diskussionen um die Begriffe Minderheiten- und Regionalsprache (z.B. um das Kaschubische in Polen);
- Diskussionen zur Klassifizierung von Sprachen als Dialekt resp. eigene Sprache (Hamans 2008, Kap. 7). Dunn (2008, 5) nennt das Beispiel des Ruthenischen;
- Diskussionen um Sprachbezeichnungen (*Ruthenian – Rusyn*, *Byelorussian – Belarusian* (ebd., 4));
- Fragen zum Verhältnis von Migrantensprache und Sprache einer autochthonen Minderheit bzw. Minderheitensprache, verbunden mit der Frage nach den bestimmenden Faktoren, wann eine Migrantensprache als Minderheitensprache anzuerkennen ist. In dieser Frage gibt es Unterschiede in den Nachfolgestaaten der UdSSR gegenüber dem übrigen Europa: Im Baltikum bspw. sind Russen eine sehr heterogene Gruppe (vgl. Verschik 2008, 25ff.), die sowohl Minderheiten wie die ersten russischen Siedler (Kaufleute, Handwerker u.a.) ab dem 16. Jahrhundert und die Altgläubigen im 17. Jahrhundert als auch die große Zahl der in der Sowjetzeit Immigrierten umfasst. Die Beziehung der Minderheitensprache Russisch zu den neuen Staatssprachen der Nachfolgestaaten der UdSSR ist unterschiedlich. Wie schon angemerkt, brauchen viele der neuen Staatssprachen Schutz und Förderung, so dass aus der Sicht der betroffenen Sprachgemeinschaften die Frage der Förderung des Russischen als Minderheitensprache durch die ECRM alles andere als vorrangig ist.

---

16 Zur Begrifflichkeit der ECRM siehe den Beitrag von Lebsanft in diesem Band. Vgl. des Weiteren Gustavsson (2006), der die slavischen Mikrostandardsprachen in Bezug auf ihre Behandlung in der ECRM beschreibt.

2. Nicht-Unterzeichner-Länder: Estland, Lettland, Litauen

Die Minderheitensituation in den baltischen Staaten gilt als komplex und teils immer noch angespannt. Die Sprachsituationen wurden in den letzten Jahren in einer Vielzahl von (sozio-)linguistischen Untersuchungen beschrieben. An Arbeiten zum Baltikum insgesamt (auf die einzelnen baltischen Republiken wird unten eingegangen) sind hier insbesondere die Arbeiten von Hogan-Brun (2003; 2005), der faktenreiche Überblicksartikel zur Sprachenpolitik in Geschichte und Gegenwart von Hogan-Brun / Ozolins / Ramonienė / Rannut (2008) mit umfangreicher Bibliographie und die Analyse der verschiedenen Stufen der Sprachgesetzgebung und -kämpfe im Baltikum von Järve (2003) zu nennen. Laitin (1998) untersucht die unterschiedlichen Wege der Identitätsbildung der russischsprachigen Minderheit im Baltikum, in Kasachstan und in der Ukraine.

Die baltischen Staaten zeichnen sich durch einen im EU-Vergleich hohen Minderheitenanteil aus; dies betrifft v.a. zwei baltische Staaten: In Estland liegt der Minderheitenanteil bei insgesamt 31 % und in Lettland bei 42 %, während er in Litauen unter 20 % beträgt. Kurz vor dem Ende der Sowjetunion waren die baltischen Länder die ersten, die neue Sprachengesetze beschlossen (1989) und ihre jeweilige Titularsprache als Staatssprache einsetzten. Alle baltischen Republiken sind Mitglieder des Europarates und ratifizierten das *Rahmenübereinkommen zum Schutz nationaler Minderheiten.*[17] Die Sprachen-Charta haben die baltischen Länder bis heute nicht unterzeichnet. Der vorliegende Beitrag wird aus soziolinguistischer Sicht Hintergründe der Diskussion um die ECRM beschreiben.

In Estland und Lettland bestand und besteht eine komplexe bzw. schwierige Situation in Bezug auf den Erwerb der Staatsbürgerschaft, die in Litauen nicht so restriktiv geregelt ist. In Estland und Lettland ist immer noch ein beträchtlicher Anteil der Bevölkerung staatenlos (vgl. Pan 2006a, b; Pfeil 2006).

> Doch ist die Verleihung der lettischen Staatsangehörigkeit für ethnische Nichtletten an umfangreiche Sprachtests und eine Reihe weiterer Prüfungen gebunden, die v.a. für Angehörige der russischsprachigen Gemeinschaften, die vor 1991 nicht in die lettische Gesellschaft integriert waren, eine gewaltige Hürde darstellen (Schmied-Kowarzik 2008, 95).

Bei gemeinsamen Problemen und Entwicklungen zeichnen sich die drei baltischen Staaten auch durch eine Reihe von Unterschieden aus, von denen hier stichpunktartig einige genannt seien: Dazu gehören die unterschiedliche historische Entwicklung der baltischen Länder, die Zugehörigkeit der Sprachen zu verschiedenen Sprachfamilien (Litauisch und Lettisch sind baltische Sprachen, Estnisch gehört zu den finno-ugrischen Sprachen) oder auch kulturelle und religiöse Unterschiede zwischen den drei baltischen Ländern.

Im Hinblick auf die Rolle der Titularsprachen als Staatssprachen ist die Situation in den drei baltischen Staaten günstiger als in anderen UdSSR-Nach-

---

[17] Die Europarats-Verträge, das Rahmenübereinkommen und die ECRM, stehen in einem komplementären Verhältnis zueinander (vgl. Köhler 2005, 24; Pan 2006b, 636).

folgestaaten, da die drei baltischen Titularsprachen auch zu Sowjetzeiten gut ausgebaut waren. Auch waren sie in der Sowjetunion keinem Alphabetwechsel unterlegen – manch andere sowjetische Republiken wie Aserbaidschan (siehe unten) waren innerhalb eines Jahrhunderts gleich von mehreren Alphabetwechseln betroffen. Da ungeachtet dieser im Baltikum besseren Startbedingungen für die neuen Staatssprachen eine weitere intensive Förderung der Titularsprachen notwendig war, schufen die baltischen Staaten, wie andere UdSSR-Nachfolgestaaten auch, entsprechende Sprachgesetze und Programme: Hierin unterscheiden sich die heutigen Sprachsituationen des östlichen von denen des westlichen Europas, da abgesehen vom Minderheitensprachenschutz eben auch Defizite in der Verbreitung und den Funktionen der neuen Staatssprachen zu beseitigen sind.

2.1. Estland[18]

Nach dem Zerfall der Sowjetunion führte die Welle der Emigration v.a. der russischsprachigen Bevölkerung aus Estland zu einer Veränderung in der Bevölkerungsstruktur, die folgende Zahlen belegen.

Demographische Faktoren (vgl. Pan 2006a, 148):

- 1989: Bevölkerung insgesamt: 1,57 Mio., davon 61,5 % Esten, 30,3 % Russen;
- 2000: Bevölkerung insgesamt: 1,37 Mio., davon 66,5 % Esten, 25,2 % Russen, weitere größere Minderheitengruppen sind: Ukrainer, Weißrussen und Ingrier.

Historische Faktoren (vgl. Druviete 2006, Isakov 2008, Poljakov 2000, Rannut 2008): Mit dem Nordischen Krieg (1700–1721) gehörte Estland für ca. 200 Jahre zum Russischen Zarenreich. Unter Peter dem Großen hatte es Bedeutung als ›Fenster zum Westen‹. Die Verbreitung des Russischen in Estland v.a. ab dem 19. Jahrhundert war durch die beginnende Industrialisierung und die Russifizierungspolitik Alexander des III. bedingt, wodurch das Russische auch Amtssprache in Estland wurde. Nach der Oktoberrevolution erlangte Estland von 1918 bis 1940 eine kurze staatliche Unabhängigkeit, bevor es von der Sowjetunion besetzt wurde. Es folgten die deutsche Besetzung des Baltikums sowie nach Kriegsende Deportationen und Repressalien. Estland gehörte anschließend für gut 50 Jahre zur Sowjetunion und erlangte 1991 die Unabhängigkeit wieder. In der Sowjetunion erfolgte eine gezielte Ansiedlung von Russen und weiteren Russischsprachigen: Dies war mit dem Industrialisierungsprozess verbunden. In der Regel assimilierten sich die Russen nicht, und die russische Sprache war

---

[18] Vgl. die umfangreiche Studie von Hogan-Brun / Ozolins / Ramonienė / Rannut (2008) zu allen drei baltischen Ländern; zu Estland des Weiteren Lauristin / Heidmets (2002), Rannut (2004; 2007; 2008) und die Arbeiten von Verschik (2005a, b; 2008; 2010). Vgl. auch den Bericht und die Dokumentation zur Minderheitensituation von Schmidt (2004).

aufgrund der sowjetischen Sprachenpolitik in vielen Bereichen dominant. Obwohl nach dem Zerfall der Sowjetunion und mit der Unabhängigkeit Estlands eine Emigrationswelle von Russischsprachigen einsetzte, ist der Anteil Russischsprachiger nach wie vor hoch. 1993 wurde Estland Mitglied des Europarates. 1997 ratifizierte Estland das Rahmenübereinkommen. Es wurde 2004 in die EU aufgenommen.

Sprachpolitische Faktoren: Im Zerfallsprozess der UdSSR war Estland die erste sowjetische Republik – andere Sowjetrepubliken, darunter auch die beiden anderen baltischen, folgten nach – die 1989 ihre Titularsprache zur Staatssprache erhob. In diesem Gesetz wurde dem Russischen kein offizieller Status zugestanden, wobei es ansonsten im Gesetz vergleichsweise breit beachtet wurde (vgl. Järve 2003, 78). Bereits dieses Sprachgesetz stellte die weitgehend monolinguale russische Bevölkerung Estlands vor die Notwendigkeit des Erlernens des Estnischen. Nach Erlangung der Unabhängigkeit erließ Estland 1995 ein neues Staatssprachengesetz, in dem Russisch und den anderen Minderheitensprachen der Status einer Fremdsprache zukommt. Im Zuge der Beitrittsverhandlungen mit der EU und im damit einhergehenden Monitoring modifizierte Estland seine Gesetze und Bestimmungen – im Blickfeld der EU lagen nicht zuletzt die monolinguale russischsprachige Bevölkerung und Fragen ihrer Staatsbürgerschaft sowie sprachlichen Integration (vgl. Rannut 2007, 32f.). Neben Sprachgesetzen entwickelte Estland Sprachprogramme zur Stärkung der Titularsprache.

2.2. *Lettland*[19]

Der Minderheitenanteil in Lettland liegt bei über 40 % und ist damit »einer der höchsten Europas« (Pfeil 2006, 257).

Demographische Faktoren (vgl. ebd., 270):

- 1989: Bevölkerung insgesamt: 2,67 Mio., davon 52 % Letten, 33,9 % Russen;
- 2000: Bevölkerung insgesamt: 2,5 Mio., davon 55,8 % Letten, 28,6 % Russen, weitere größere Minderheitengruppen sind: Weißrussen, Ukrainer, Polen, Litauer.

Historische Faktoren (vgl. Druviete 2006, Poljakov 2000): Mit dem Nordischen Krieg und im weiteren 18. Jahrhundert fielen die Gebiete Lettlands an das Russische Reich. Auch Lettland war im 19. Jahrhundert von der Russifizierungspolitik des Zaren Alexanders des III. betroffen. Nach der Oktoberrevolution erlangte Lettland von 1918–1940 die staatliche Eigenständigkeit. Es wurde 1940

[19] Vgl. die umfangreiche Studie von Hogan-Brun / Ozolins / Ramonienė / Rannut (2008) zu allen drei baltischen Ländern, zu Lettland des Weiteren Rupp (2007) und die detailreiche soziolinguistische Studie *Break-out of Latvian* von Apinis / Baltins (2008). Vgl. auch den Bericht und die Dokumentation zur Minderheitensituation von Schmidt (2005a).

von der Sowjetunion besetzt und gehörte bis 1990 als Lettische Sowjetrepublik zur UdSSR. Im Zuge des wirtschaftlichen und insbesondere Industrialisierungsprozesses kam es auch in Lettland zur massenhaften Ansiedlung von Russischsprachigen, die ideologisch mit der Bindung der baltischen Völker an die UdSSR begründet wurde. Mit Beginn der Unabhängigkeit im Jahr 1991 waren ca. 42 % der Bevölkerung Russischsprachige, so dass die Letten zu dieser Zeit fast zur Minderheit geworden sind. Seit 1995 ist Lettland Mitglied des Europarates. 2005 ratifizierte Lettland das Rahmenübereinkommen. Es wurde 2004 in die EU aufgenommen.

Sprachpolitische Faktoren: 1989 kurz vor dem Zerfall der Sowjetunion erließ Lettland ein vergleichbares Gesetz wie Estland und Litauen: Lettisch wurde als Staatssprache deklariert. Im Unterschied zu den beiden anderen baltischen Republiken modifizierte Lettland das Gesetz bereits 1992, und explizite Verweise auf das Russische wurden entfernt (vgl. Järve 2003, 80). Wie in den beiden anderen baltischen Republiken werden monolinguale Russischsprecher so in die Lage versetzt, sich Lettisch-Kenntnisse im Sinne eines lettisch-russischen Bilingualismus anzueignen. Das neue Staatssprachengesetz wurde hier später (1999) als in den anderen baltischen Republiken erlassen. Es betrachtet mit Ausnahme des Livischen (und natürlich der Staatssprache Lettisch) alle anderen in Lettland verwendeten Sprachen, darunter das Russische, als Fremdsprachen (vgl. Republic of Latvia: *Official Language Law*).[20]

Die sprachbezogene Politik in den beiden baltischen Republiken Estland und Lettland fasst Järve (2003) übersichtlich in folgender Tabelle zusammen:

Time period	Official agenda	Additional agenda
1989–1992	Restoring of the status of titular languages and preservation of national culture and identity	Exclusion of monolingual Russian-speakers from top jobs and achieving of political dominance by titular nation
1992–1999	Establishment of naturalization procedures with titular language proficiency tests	Stimulation of remigration of Soviet-era settlers to their former homelands
1999–	Introduction of national integration programmes with an emphasis on the learning/teaching of the state language as the main agent of integration	Continuation of previous citizenship and language policies in order to control the access of non-titular groups to political power

Tab.: »Language-Related Policy Agendas in Estonia and Latvia« (Järve 2003, 82).

20 <http://unpan1.un.org/intradoc/groups/public/documents/UNTC/UNPAN018409.pdf>.

2.3. *Litauen*[21]

Mit einem Minderheitenanteil von unter 20 % unterscheidet sich die ethnische Situation in Litauen von der in Estland und Lettland.

Demographische Faktoren (vgl. Pan 2006, 286):

- 1989: Bevölkerung insgesamt: 3,7 Mio., davon 79,6 % Litauer, 9,4 % Russen;
- 2001: Bevölkerung insgesamt: 3,5 Mio., davon 83,5 % Litauer, 6,3 % Russen, weitere größere Minderheitengruppen sind: Polen, Weißrussen, Ukrainer.

Historische Faktoren (vgl. Druviete 2006, Poljakov 2000): Die Staatsbildung in Litauen geht auf das 13. Jahrhundert zurück. In der Personalunion (ab 1386) und dann in der Realunion mit Polen (ab 1569) war die Geschichte Litauens und Polens verknüpft. Später als Lettland und Estland kam Litauen erst 1795 unter russische Herrschaft. Auch Litauen war wie die anderen baltischen Länder im 19. Jahrhundert der Russifizierung ausgesetzt. Von 1918 bis 1940 bestand die Republik Litauen. 1940 wurde Litauen von der Sowjetunion besetzt, 1944 wurde es Sowjetrepublik. Da Litauen im Unterschied zu den beiden anderen baltischen Ländern vorwiegend Agrarland war, waren hier Zuwanderungen aus ostslavischen Gebieten geringer als in Estland und Lettland, die stärker vom Industrialisierungsprozess betroffen waren. Seit 1991 ist Litauen wieder unabhängig. Litauen ist seit 1993 Mitglied des Europarates. Im Jahr 2000 ratifizierte es das Rahmenübereinkommen. Litauen wurde 2004 in die EU aufgenommen.

Sprachpolitische Faktoren:[22] Seit 1989 ist Litauisch Staatssprache. Litauen sah eine Übergangsperiode zur Umstellung von bisher durch das Russische dominierten Bereichen auf das Litauische vor (vgl. Järve 2003, 80). Die in Litauen verwendeten Sprachen werden – abgesehen vom Litauischen – vom Sprachengesetz von 1995 als Minderheitensprachen betrachtet, dort aber nicht speziell geregelt. In der Sprachenpolitik Litauens ist in den letzten Jahren infolge des EU-Beitritts eine stärkere Ausrichtung auf Multikulturalismus und -lingualismus erkennbar (vgl. Bulajeva / Hogan-Brun 2008, 144).

2.4. *Zusammenfassende Bemerkungen zum Baltikum*

Seit dem Zerfall der UdSSR wurden Minderheiten- und Minderheitensprachenfragen in Litauen weniger heftig diskutiert als in den beiden anderen baltischen

---

21 Vgl. die umfangreiche Studie von Hogan-Brun u.a. (2008) zu allen drei baltischen Ländern und von Andrlík (2009) zu Litauen. Vgl. auch den Bericht und die Dokumentation zur Minderheitensituation von Schmidt (2005b).

22 Vgl. die Beschreibung der Prinzipien der Sprachenpolitik unter besonderer Berücksichtigung des Bildungswesens in Bulajeva / Hogan-Brun (2008).

Staaten,[23] da hier der Minderheitenanteil geringer ist und Litauen eine liberalere Staatsbürgerschafts- und Minderheitenregelung traf. In zwei von drei baltischen Staaten ist die Mehrheit nur knapp eine Mehrheit (Estland, Lettland) – am Ende der Sowjetunion drohte sich das Verhältnis von Titularethnie und Minderheiten fast umzudrehen.

In den Diskussionen um Minderheitenfragen spielen im Baltikum zudem historische Faktoren eine Rolle, darunter die relativ kurze staatliche Eigenständigkeit der baltischen Staaten (mit Ausnahme von Litauen und seiner mittelalterlichen Geschichte), der eine längere Zugehörigkeit zum Russischen Reich und zur Sowjetunion gegenüber steht.

Russisch ist im Baltikum noch recht weit verbreitet, v.a. in den Städten. Über die russische Minderheit hinaus gibt es die umfangreiche Gruppe der Russischsprachigen (Vertreter verschiedener Nationalitäten), die Russisch als Verkehrssprache benutzen, so dass Russisch teilweise immer noch als dominant wahrgenommen wird.

Die baltischen Republiken mit ihren Sprachgesetzen beim und nach dem Zerfall der UdSSR belegen die Rolle der Titularsprachen im Prozess des *nation-building* und *nation-state building* deutlich. Hierdurch erklärt sich eine Reihe von Attitüden der baltischen Sprachgemeinschaften in Bezug auf die Sprachen-Charta und generell in Bezug auf Minderheitensprachen, darunter insbesondere auf das Russische. Es ist darauf zu verweisen, dass die Übertragung internationaler Gesetze auf Gesellschaften, die Besetzung und Kolonisation unterlegen waren, besondere Betrachtung benötigt und Minderheiten- sowie ethnische Fragen der jeweiligen Historie der sprachlichen Situationen im östlichen Europa Rechnung tragen müssen (vgl. dazu Hogan-Brun 2005, 372 und 374). Warum der westliche Minderheitenschutz zurzeit noch insbesondere in den ehemaligen Sowjetrepubliken an seine Grenzen stößt, zeigt folgendes Zitat aus Hogan-Brun (2005, 372):

> [...] the titular nations feel that they have been victimized by their (previously dominant) minorities, and there is a fear that the latter lack loyalty, and that they will collaborate with their powerful kin-state (i.e. Russia). Hence, a more centralized model of the nation-state may persist for some time to come in view of Moscow's ongoing interest in internal developments in the Baltic Republics. Consequently, many local domestic issues may well, for the time being, remain outside the remit of the current frameworks as proposed by the international community.

Weitere immer wieder zu findende Einstellungen sind:[24]

---

23 Hogan-Brun (2006, 323ff.) zeigt anhand der öffentlichen Diskurse um die Bildungsreform in Lettland von 2004 die konfrontativen Einstellungen in der lettisch- und der russischsprachigen Presse auf.

24 Vgl. auch die verschiedenen Einstellungen in Poleshchuk (2003). Hogan-Brun u.a. (2008) gehen in ihrer umfangreichen Analyse der Sprachenpolitik im Baltikum in Geschichte und Gegenwart an verschiedenen Stellen der Darstellung auf Einstellungen sowohl der Titularethnie als auch der russischsprachigen Bevölkerung zu Sprachenfragen ein.

- Angst vor Separatismus (vgl. Zitat in Dunn 2008, 7);
- Vermischung von Sprachförderung und Förderung einer Ethnie: Die Förderung der russischen Ethnie (um die es aber in der ECRM nicht geht!) widerspräche dem *nation-buildung* im Baltikum;
- Furcht vor der Dominanz der russischsprachigen Minderheit;[25]
- Betrachtung der Russen als Kolonisatoren (vgl. Hamans 2008, Kapitel 9), eine Attitüde, die insbesondere die Sowjetzeit und die (negative) Einstellung zum Russischen prägte, so dass die baltischen Titularsprachen umgekehrt ihr (positives) Prestige bewahrten (vgl. Verschik 2008, 28);
- Ansicht, dass Russisch als Weltsprache nicht geschützt werden muss (hier werden die Korpusförderung einerseits und die Verwendung einer Minderheitensprache in Sphären eines Staates vermischt);
- Vermeidung internationaler Kontrolle bzw. der Einmischung von außen, was durch das Monitoring-Konzept der ECRM gegeben wäre.

In Bezug auf das Baltikum und die ECRM fasst Hamans (2008, Kap. 9) zusammen:

> In the case of the Baltic States this means that there was not only a certain nationalism involved in the attitude of Estonians and Latvians towards Russian, but also feelings of resentment against the former colonists plaid a role. (Joseph 2006:11) That is why the Baltic States, although being members of the Council of Europe, never considered signing and ratifying of the Charter to be an option. Nation building which involved standardization of their oppressed national languages and negative feelings towards Russians and Russian prevented them of doing so.

3. Unterzeichnerland Aserbaidschan[26]

In Bezug auf das Verhältnis von Mehrheit und Minderheiten gehört Aserbaidschan zu denjenigen Nachfolgestaaten der UdSSR, in denen die Titularethnie die große Mehrheit bildete und bildet, vgl.:

- 1989: Bevölkerung insgesamt: 7 Mio., davon 82,68 % Aserbaidschaner, 5,59 % Russen;

---

[25] So schreiben Lauristin / Heidmets (2002, 15) in ihrem Vorwort: »The Russian minority was internally, as well as internationally, considered to be a threat to the stable and democratic development of Estonia rather than a positive challenge for developing a new multicultural community«.

[26] Das *International Journal of the Sociology of Language* widmete der Soziolinguistik in Aserbaidschan 2009 ein Heft (Garibova 2009). Des Weiteren sei auf die Monographie von Abdullaev / Gamidov (2005) verwiesen, die u.a. Einstellungen der aserbaidschanischen und der russischen Elite gegenüber der Sprache und Kultur der jeweils anderen zusammenstellt, und auf die Monographie zur Sprachenpolitik in den muslimischen Nachfolgestaaten der UdSSR von Landau / Kellner-Heinkele (2001).

- 1999: Bevölkerung insgesamt: 7,95 Mio., davon 90,6 % Aserbaidschaner, 1,78 % Russen, weitere größere Minderheitengruppen sind: Lesgier, Talyschen, Armenier, Awaren, Türken, Tataren, Ukrainer.

Historische Faktoren (vgl. Landau / Kellner-Heinkele 2001):[27] Durch die Russisch-Persischen Kriege (1804–1813 und 1826–1828) verlor Iran den nördlichen Teil Aserbaidschans an Russland. Damit begann der Zustrom russischer Siedler nach Aserbaidschan. Die Entwicklung Aserbaidschans ab dem 19. Jahrhundert ist durch die Industrialisierung und insbesondere die Ölindustrie geprägt. 1918 folgte mit der Ausrufung der Aserbaidschanischen Demokratischen Republik eine kurze Phase der Unabhängigkeit, die 23 Monate Bestand hatte. Nach der Eroberung Aserbaidschans durch die Rote Armee gehörte das Land ab 1922 zunächst im Rahmen der Transkaukasischen Sowjetrepublik, ab 1936 dann als Aserbaidschanische Sowjetrepublik zur UdSSR. Nach dem Zerfall der Sowjetunion erlangte Aserbaidschan 1991 die Unabhängigkeit. Es wurde 2001 Mitglied des Europarates. Das Rahmenübereinkommen ratifizierte Aserbaidschan im Jahr 2000. Ein Jahr später unterzeichnete es die ECRM.

Sprachpolitische Faktoren (vgl. ebd.; Garibova 2009a): Aserbaidschanisch gehört zu den Türksprachen. In der Sowjetunion konnten nur Aserbaidschan, Armenien und Georgien in ihren Verfassungen die jeweilige Titularsprache als Republiksprache durchsetzen, was ihnen bei der Verfassungsreform von 1978 zu verteidigen gelang. Nach dem Zerfall der Sowjetunion war die Sprachenpolitik in Aserbaidschan v.a. von zwei Fragen bestimmt: der nach dem Namen der Sprache (Türkisch, Aserbaidschanisch oder Aserbaidschanisch-Türkisch) und nach dem Alphabet (vgl. Garibova 2009a, 15f.). Aserbaidschanisch gehört zu denjenigen Sprachen der ehemaligen Sowjetunion, die im 20. Jahrhundert mehrere Alphabetwechsel vollzogen haben, die als Ausdruck der jeweiligen Sprachenpolitik gelten können: Bis 1929 wurde die arabische Schrift verwendet, ab 1929 die lateinische Schrift, ab dem Ende der 30er Jahre die kyrillische Schrift und seit 1992 eine modifizierte Version des Lateinalphabets (vgl. Hatcher 2008). In der Verfassung von 1995 wurde Aserbaidschanisch als Staatssprache festgeschrieben. Der neue Staatssprachenstatus war mit intensiver Korpusplanung und insgesamt einer starken Förderung des Aserbaidschanischen im Bildungswesen und anderen gesellschaftlichen Bereichen verbunden. Sprachpolitik war auch hier ein wesentlicher Bestandteil des *nation-state building*. Auch hier stellt sich also die Frage, wie ein neuer Staat, der zunächst seine Titularsprache als Staatssprache fördern muss, sich gegenüber Minderheitensprachen verhält. In Bezug auf das Russische schreibt Garibova (2009a, 25):

> Although allowing no discrimination against Russian, the earlier policy of the present ruling party was more active in demonstrating Azerbaijan's independence from Russia. Russian was viewed more as equal with other foreign languages rather than as a language with a special status in Azerbaijan. Under the Presidential Decree of 2000, the Russian Language and Literature Institute in Baku was renamed Slavic University, indicating an abandonment of the permanent Russian presence.

---

27 Vgl. auch <http://ru.wikipedia.org/wiki/История_Азербайджана>.

Dem Russischen kommt zwar in der Verfassung kein spezieller Status zu, doch funktioniert es in Aserbaidschan noch als Inter-Nationalitätensprache. Sein Gebrauch variiert allerdings in Abhängigkeit von verschiedenen Faktoren: den Regionen, dem Alter und Geschlecht der Sprecher u.a. (vgl. Zuercher 2009). Garibova (2009a, 26) konstatiert für die neuere Periode positive Attitüden gegenüber dem Russischen z.B. auf Seiten der politischen Elite und im Hinblick auf den kulturellen Bereich.

Dass Aserbaidschan die ECRM ratifizieren wird, davon ist gemäß den Informationen in verschiedenen Online-Zeitungen (vgl. z.B. *Regnum* 3.10.2011) und gemäß dem *ECRI Report on Azerbaijan* (2011, 11) auszugehen. Warum die Ratifizierung bis heute nicht erfolgt ist, wird u.a. mit den damit verbundenen umfangreichen (finanziellen, personellen usw.) Verpflichtungen im Hinblick auf das Minderheitssprachenangebot z.B. im Bildungsbereich begründet.

4. Ratifizierungsland Armenien

Der Anteil der Titularethnie an der Bevölkerung lag im 20. Jahrhundert konstant bei ca. 90 % und ist seit dem Zensus von 1989 auf deutlich über 90 % gestiegen. Der Anteil der Minderheiten an der Bevölkerung liegt bei 2,2 %. Damit hat Armenien unter den Nachfolgestaaten der UdSSR den geringsten Minderheitenanteil.

Demographische Faktoren:

- 1989[28]: Bevölkerung insgesamt: 3,3 Mio., davon 93,3 % Armenier, 1,5 % Russen;
- 2001[29]: Bevölkerung insgesamt: 3,2 Mio., davon 97,8 % Armenier, 0,46 % Russen. Weitere Minderheiten sind: 1,26 % Jesiden, 0,11 % Assyrer, 0,05 % Kurden, 0,04 % Griechen, 0,27 % weitere.

Historische Faktoren:[30] Mit dem Zerfall des Osmanischen Reiches geriet Armenien unter den Einfluss des Russischen Reiches. Im Zuge der Russisch-Türkischen Kriege (1828–1829, 1877–1878) fielen Teile Armeniens an Russland. 1830 bis 1850 kamen die ersten russischen Siedler (aus Russland ausgewanderte Molokanen u.a.) nach Armenien (vgl. *The First Report of the Republic of Armenia,* Part I). Von 1918 bis 1920 bestand die Demokratische Republik Armenien. Anschließend wurde Armenien zwischen der Türkei und Russland aufgeteilt; ab 1922 gehörte Ostarmenien zunächst im Rahmen der Transkaukasischen Sowjetrepublik, dann ab 1936 als Armenische Sowjetrepublik zur UdSSR. Mit

28 <http://en.wikipedia.org/wiki/Census_in_Armenia>.

29 Vgl. den ersten Staatenbericht Armeniens im Rahmen des Monitoring zur Implementierung der ECRM.

30 <http://ru.wikipedia.org/wiki/История_Армении>, <http://de.wikipedia.org/wiki/Geschichte_Armeniens>.

der Industrialisierung der Republik ging die Verbreitung des Russischen bzw. des armenisch-russischen Bilingualismus einher. Armenien erlangte 1991 die Unabhängigkeit. Seit 2001 ist Armenien Mitglied des Europarates. Das Rahmenübereinkommen ratifizierte es 1998.

Sprachpolitische Faktoren (vgl. Karapetyan 2003, Grigorjan / Danieljan 2003, 28ff.): Armenisch kann auf eine lange Tradition zurückblicken. Bedingt durch die Aufteilung des Territoriums auf das Russische Reich/die Sowjetunion und das Osmanische Reich/die Türkei bildeten sich verschiedene Varianten (Ost- und Westarmenisch) heraus. In den Verfassungen der Armenischen Sowjetrepublik war Armenisch mit einem offiziellen Status festgeschrieben. In der UdSSR kam dem Russischen im Prozess der Industrialisierung und in verschiedenen öffentlichen Sphären eine große Rolle zu, lange Zeit war russische Sprachkompetenz mit beruflichem Aufstieg und Prestige verbunden. Mit dem Zerfall der UdSSR und zu Beginn der unabhängigen Republik Armenien zeichnete sich eine intensive Debatte um die weitere Rolle des Russischen in Armenien ab. »Supporters of the more radical measures sought to evict the Russian language from public life« (Karapetyan 2003, 148). Die ihnen gegenüber stehenden Gegner in der Debatte sehen zwar die Reformnotwendigkeit, sind aber gegen die von den Befürwortern vorgeschlagenen Maßnahmen. Dem Russischen gestehen sie folgende Rolle zu:

> Attention was drawn to the fact that the situation of the Armenian language was not as dramatic as presented by the radicals. The threat of the Russian language is imaginary; on the contrary, knowledge of Russian allows wide layers of the population to be in touch with Russian and world culture. They stated that the Russian-speaking population in Armenia is the most educated part of society. It could become the nucleus of economic and social transformations. Knowledge of Russian gives access to technical, scientific and other literature – that is, it is a guarantee for Armenia's economic, social and cultural development. In the near future, Armenia cannot afford the ›luxury‹ of translating all this enormous literature into Armenian (Karapetyan 2003, 150; eine ähnliche Darstellung zum Russischen vgl. in Grigorjan / Danieljan 2006, 6).

Im *nation-state building* der UdSSR-Nachfolgestaaten spielten nicht nur in Armenien, sondern auch in anderen Staaten negative Attitüden gegenüber dem Russischen eine Rolle, allerdings in unterschiedlichem Maße, wie oben bereits die Darstellung zu den baltischen Republiken gezeigt hat. Auch in Armenien wurden und werden oftmals ethnische, politische, sprachliche u.a. Faktoren gleichgesetzt. So fassen Grigorjan / Danieljan die in den neu gegründeten Staaten verbreitete Einstellung (Abkehr von der kommunistischen Ideologie = Abkehr von der russischen Sprache) zusammen:

> С распадом СССР во вновь образованных государствах стали раздаваться голоса, что отказ от коммунистической идеологии равносилен отказу от русского языка, языка, который в обыденном восприятии всегда ассоциировался с этой идеологией. Язык стал заложником политических амбиций (ebd.).

In der Verfassung von 1995 wird Armenisch zur Staatssprache erklärt. Nationalen Minderheiten wird das Recht auf Bewahrung und Entwicklung ihrer Sprache zugestanden, das Russische wird nicht speziell erwähnt. Maßnahmen und Programme zur Korpusplanung und insgesamt zur Förderung des Armenischen folgten. Insgesamt lässt sich festhalten, dass Russisch in Armenien auch heute noch in öffentlichen Sphären (darunter in den Massenmedien und als Wissenschaftssprache) funktioniert, seine Verbreitung allerdings rückläufig ist.[31]

Armenien und die ECRM: Mit dem Beitritt zum Europarat unterzeichnete Armenien 2001 die ECRM und ratifizierte sie nur ein Jahr später, so dass sie 2002 in Kraft trat. Dies ist insgesamt also ein zügiger Verfahrensablauf. Neben der Ukraine[32] ist Armenien bisher der einzige UdSSR-Nachfolgestaat unter den Europaratsmitgliedern, der die ECRM ratifiziert hat. Alle Dokumente zum bisherigen Monitoring im Hinblick auf die Anwendung der ECRM in Armenien sind im Internet abrufbar.[33] Die in den folgenden Ausführungen angegebenen Quellenangaben beziehen sich jeweils auf die dort gelisteten Dokumente.[34] Armenien legte mittlerweile zwei Staatenberichte vor. Der dritte, für 2011 angekündigte, Staatenbericht steht noch aus. Im ersten Staatenbericht (2003, I,2) gibt Armenien an, dass es in der Republik keine regionalen oder nicht-territorialen Sprachen gebe, sondern Minderheitensprachen, die die Sprachen der Immigranten seien. Es werden folgende fünf genannt, die durch die ECRM geschützt sind: Assyrisch, Jesidisch, Kurdisch, Griechisch und Russisch. Davon sind die ersten drei keine Staatssprachen in einem anderen Land. Es wird darauf hingewiesen, dass Griechen und Assyrer u.a. auch Russisch verwenden. Armenien schützt das Russische zusammen mit den anderen vier in der ECRM festgelegten Minderheitensprachen sowohl in Teil II (»Ziele und Grundsätze«) als auch in Teil III (»Maßnahmen zur Förderung der Minderheitensprachen«). Der erste Expertenbericht (2005, A,2.1) merkt u.a. an, dass der Staatenbericht Armeniens keine Informationen über weitere, als die fünf in der ECRM genannten, Minderheitensprache enthalte. Dies wird in den Empfehlungen des Ministerkomitees von 2006 aufgegriffen, die ansonsten die anderen in der ECRM geschützten Minderheitensprachen betreffen, nicht das Russische. Auch wünscht der Expertenbericht (vgl. ebd., 42) mehr Informationen zu Armeniens Angabe, dass es dort keine nicht-territorialen Sprachen gebe.

Im zweiten Staatenbericht (2008, 4,45ff.) liefert Armenien Informationen zu anderen Minderheitensprachen. Weiter gibt es zur Frage der nicht-territorialen Sprachen an, dass das Russische der Definition der ECRM entspräche und bereits zu den durch die ECRM geschützten fünf Minderheitensprachen zähle (ebd., 4,77). Der zweite Staatenbericht weist in diesem Zusammenhang auf die besondere Rolle des Russischen hin, das in Armenien weit verbreitet sei und auch von Angehörigen anderer Minderheiten (Juden, Polen, Ukrainer, Griechen u.a.) gesprochen werde, es also nicht im eigentlichen Sinne eine ethnisch bestimmte Minderheitensprache sei. Der im Anschluss an den zweiten Staatenbe-

---

31 Vgl. im Einzelnen die Ergebnisse der soziolinguistischen Erhebung zum Russischen in Armenien von Grigorjan / Danieljan (2003).

32 Der Ratifizierungsprozess in der Ukraine dauerte fast zehn Jahre.

33 <http://www.coe.int/t/dg4/education/minlang/Report/default_en.asp>.

34 Die das Russische betreffenden Teile der ECRM sind zusammenfassend in *Russian in Armenia* (Database for the European Charter for Regional or Minority Languages) dargestellt.

richt erstellte zweite Expertenbericht sowie die Empfehlungen des Ministerkomitees (beide von 2009) sehen es im Hinblick auf die gegebenen Informationen noch nicht als geklärt an, inwieweit die aufgezählten weiteren Sprachen zu den in Armenien traditionell gesprochenen Sprachen gehören und als Regional- oder Minderheitensprachen im Sinne der ECRM betrachtet werden können. Dies nachzuholen, geht wiederum in eine Empfehlung des Ministerkomitees ein. Weitere Empfehlungen betreffen die anderen vier geschützten Minderheitensprachen, nicht das Russische.

Vor dem Hintergrund der oben geschilderten Debatten um das Russische in anderen Republiken sei abschließend gefragt, ob das Expertenkomitee Fragen bzw. Anmerkungen zur Situation des Russischen als Minderheitensprache in Armenien hat. Mit einem Zitat aus dem zweiten (und vorerst letzten) Expertenbericht (2009, A,3.2,N) kann diese Frage verneint werden:

> The situation of the Russian language in education, the media, in relations with regional and local administration and in the cultural field is good. Complaints were received regarding textbooks, which are imported from the Russian Federation, and as a result differ from the Armenian syllabus.

Es bleibt festzuhalten, dass der Prozess der Implementierung der ECRM in Armenien, was das Russische betrifft, ohne größere Probleme verläuft.

In der Sprachgemeinschaft allerdings wird die Umsetzung der Charta im Detail und auch kritisch diskutiert: Googelt man z.B. unter den Stichworten ›*Европейская Хартия Армения*‹, trifft man auf viele Links, die Mängel bei der Umsetzung (z.B. im sozialen Bereich, im Bildungswesen u.a.) aufzeigen. Aus Platzgründen mögen hier zwei Beispiele aus jüngerer Zeit genügen: So kritisiert die Jerewaner Zeitung *Новое Время*, dass die Verwendung des Russischen in den einzelnen Bereichen nicht so reibungslos laufe, wie es die Expertenberichte nahe legen (vgl. Babadžanjan / Zaharjan 2001). Diesen Artikel nimmt wiederum eine Vertreterin der Schriftstellervereinigung *Международная Федерация русскоязычных писателей* zum Anlass für einen Beitrag über die sich verschlechternde Situation des Russischen in Armenien (vgl. Šuvaeva-Petrosjan o.J.).

5. Abschließende Bemerkungen

Die Entwicklungen im Baltikum und anderen UdSSR-Nachfolgestaaten nach dem Zerfall der Sowjetunion lassen sich vor dem Hintergrund des triadischen Modells Brubakers (1996, 55) – »*National Minorities, Nationalizing States, and External National Homelands in the New Europe*« – charakterisieren:

> Minorities' self-definition as members of distinct nations, and their claims for public rights in that capacity, may thus reinforce the »ethnicist« self-understanding and ethnocratic practices of successor state elites, may reinforce their tendency to define their own nations in

> ethnocultural rather than civic-territorial terms and to rule their states with the interests of that ethnocultural nation in mind (Brubaker 1996, 50f.).[35]

So lassen sich in den Nachfolgestaaten viele sprachpolitische Entwicklungen erklären, die sich auf die Titularsprache, nicht auf die Minderheitensprachen konzentrieren.

Die Nachfolgestaaten der UdSSR, obwohl jahrzehntelang geprägt durch gemeinsame Richtlinien der sowjetischen Sprachen- und Nationalitätenpolitik, weisen im Hinblick auf den Minderheitssprachenschutz und insbesondere auf die ECRM mit ihrem Spektrum an hier vertretenen Vertragssituationen große Unterschiede auf, die nicht ohne eine historische Betrachtung zu erklären sind. Die hier im Fokus stehenden Diskussionen um das Russische im sogenannten ›nahen Ausland‹ zeigten, dass nicht selten verschiedene Ebenen miteinander vermischt werden, so v.a. die ethnische, sprachliche und nationale. Die Einstellungen zur russischen Ethnie werden mit der Rolle, die dem Russischen als Minderheitensprache in den jeweiligen Gesellschaften zugedacht werden soll, vermengt. Dabei wird Sprachenschutz und -förderung im Sinne des Schutzes des Sprachgebrauchs in gesellschaftlichen Bereichen nicht selten mit Sprachenschutz im Sinne des Ausbaus von Sprachen vermischt. Die Minderheitensprache Russisch wird im Hinblick auf die ECRM in den Nachfolgestaaten häufig unter dem zweiten Aspekt gesehen, und es ist klar, dass aus der Sicht der einzelnen Gesellschaften unter Schutz und Förderung im Sinne von Korpusplanung v.a. die neuen Staatssprachen fallen, nicht aber das Russische. Russisch ist in den Nachfolgestaaten die neue Minderheitensprache im politischen Sinn, wird aber als Sprache der Russischsprachigen und v.a. im Hinblick auf sein Prestige und sein Funktionsspektrum nicht selten weiter als Mehrheitssprache gesehen.

Der Charta-Entwurf war vor dem politischen Wandel von 1989/91 und im Hinblick auf die Bedürfnisse der damaligen Europaratsmitglieder – so der *Explanatory Report* – ausgearbeitet worden. Dass Gegebenheiten der Mehrheits-Minderheitssprachen-Situation des westlichen Europa nicht einfach auf das östliche Europa übertragbar sind, zeigen nicht zuletzt die Diskussionen um das Russische als Minderheitensprache in den Nachfolgestaaten der UdSSR. Forschungen zu aktuellen sprachen- und nationalitätenpolitischen Fragen diskutieren zunehmend, inwieweit die ehemalige Sowjetunion als postkolonialer Raum beschrieben werden kann. Die Situation in den 14 nicht-russischen UdSSR-Nachfolgestaaten ist jedoch sehr unterschiedlich und das Verhältnis der jeweiligen Titularsprache zum Russischen in den einzelnen Staaten kaum miteinander zu vergleichen, wie der Fall des Baltikums mit vergleichsweise gut ausgebauten Titular-Staatssprachen einerseits und das Beispiel anderer Nachfolgestaaten mit förderungswürdigen Titularsprachen andererseits zeigen. Auch die generelle Bezeichnung als Diaspora für alle außerhalb der Russischen Föderation leben-

---

[35] Ausführlicher zur Wechselwirkung zwischen den drei Faktoren des triadischen Modells in Bezug auf das neue Europa vgl. Brubaker (2006, 57).

den Russen ist sehr allgemein.[36] Die Rolle des Russischen muss im jeweiligen historischen und aktuellen Kontext der einzelnen Sprachsituationen betrachtet werden – dies gilt insbesondere für die Diskussion um die Sprachen-Charta in den Nachfolgestaaten der UdSSR.

6. Bibliographie

6.1. *Quellen*

Council of Europe: *Framework Convention for the Protection of National Minorities and Explanatory Report*, 1.2.1995.

Council of Europe: »Report of the Committee of Experts on the Charter«. In: *Application of the Charter in Armenia, Initial Monitoring Cycle*, 14.6.2006. <http://www.coe.int/t/dg4/education/minlang/Report/EvaluationReports/ArmeniaECRML1_en.pdf> (9.9.2011).

– »Report of the Committee of Experts on the Charter«. In: *Application of the Charter in Armenia, 2nd Monitoring Cycle*, 23.9.2009. <http://www.coe.int/t/dg4/education/minlang/Report/EvaluationReports/ArmeniaECRML2_en.pdf> (9.9.2011).

– *Reports and Recommendations*. <http://www.coe.int/t/dg4/education/minlang/Report/default_en.asp> (9.9.2011).

European Commission against Racism and Intolerance (=ECRI): *ECRI Report on Azerbaijan (Adopted on March 2011)* [= CRI (2011)19], 31.5.2011. <http://www.coe.int/t/dghl/monitoring/ecri/Country-by-country/Azerbaijan/AZE-CbC-IV-2011-019-ENG.pdf> (17.9.2011).

Europarat: *Europäische Charta der Regional- oder Minderheitensprachen*, 5.11.1992.

Europarat: *Rahmenübereinkommen zum Schutz nationaler Minderheiten*, 1.2.1995.

Republic of Latvia: *Official Language Law*, 21.12.1999.

Second Report of the Republic of Armenia under Article 15, Paragraph 1, of the European Charter for Regional or Minority Languages [= MIN-LANG/PR (2008) 3], 15.2.2008. <http://www.coe.int/t/dg4/education/minlang/Report/PeriodicalReports/ArmeniaPR2_en.pdf> (9.9.2011).

The First Report of the Republic of Armenia According to Paragraph 1 of Article 15 of European Charter for Regional or Minority Languages [MIN-LANG/PR (2003) 7], 3.09.2003. <http://www.coe.int/t/dg4/education/minlang/Report/PeriodicalReports/ArmeniaPR1_en.pdf> (9.9.2011).

6.2. *Literatur*

Abdullaev, Kjamal / Gamidov, Il'jas: *Russkij jazyk v Azerbajdžane. Istorija, Sovremennost', Perspektivy*, Baku: Izdatel'sko-poligrafičeskij centr »Kitab aləmi« 2005.

Adrey, Jean-Bernard: »Minority Language Rights Before and After the 2004 EU Enlargement: The Copenhagen Criteria in the Baltic States«. In: *Journal of Multilingual and Multicultural Development*, 26, 5, 2005: 453–468.

---

36 Zu den verschiedenen terminologischen Differenzierungen zur Bezeichnung der Russen außerhalb der Russischen Föderation vgl. Verschik (2008, 30f. mit Literaturangaben).

Andrews, Ernest (Hrsg.): *Linguistic Changes in Post-Communist Eastern Europe and Eurasia*, New York: East European Monographs 2008.

Andrlík, Jan: *Ethnic and Language Policy of the Republic of Lithuania: Basis and Practice*, 2009. <http://alppi.eu/wp-content/uploads/2009/11/Andrlik.pdf> (17.9.11).

Apinis, Raimond / Baltins, Maris: *Break-Out of Latvian: A Sociolinguistic Study of Situation, Attitudes, Processes, and Tendencies*, Rīga: Zinātne 2008.

Babadžanjan, Nikolaj / Zaharjan, Valerija: »Язык мой – друг твой?«. 2001. <http://www.nv.am/index.php?option=co...23-34&Itemid=8> (17.9.11).

Belousov, Vjačeslav / Grigorjan, Ėdik: *Russkij jazyk v mežnacional'nom obščenii v Rossijskoj Federacii i stranach SNG (po dannym sociolingvističeskich oprosov 1990 – 1995 gg.)*, Moskva: RAN, Inst. Russ. Jazyka 1996.

Besters-Dil'ger, Juliane: »Syl'ni ta slabki storony Jevropejs'koji Chartiji regional'nyh abo minorytarnyh mov: zachidnojevropejs'kij dosvid«. In: *Movoznavstvo*, 1, 2010: 94–99.

Brubaker, Rogers: *Nationalism Reframed: Nationhood and the national question in the New Europe*, New York: Cambridge University Press 1996.

Bulajeva, Tatjana / Hogan-Brun, Gabrielle: »Language and Education Orientations in Lithuania: A Cross-Baltic Perspective Post-EU Accession«. In: *International Journal of Bilingual Education and Bilingualism*, 11, 3–4, 2008: 396–422.

Čepurnych, E. u.a. (Hrsg.): *Russkij jazyk v mire: sovremennoe sostojanie i tendencii rasprostranenija*, Vyp. 3, Moskva: Centr social'nogo prognozirovanija 2005.

Chinn, Jeff / Kaiser, Robert J. (Hrsg.): *Russians as the New Minority: Ethnicity and Nationalism in the Soviet Successor States*, Boulder: Westview Press 1996.

Comrie, Bernard: »Sowjetische und russische Sprachenpolitik«. In: Harald Jachnow (Hrsg.), 1999: 817–842.

Daftary, Farimah / Grin, François (Hrsg.): *Nation-Building, Ethnicity and Language Politics in Transition Countries*, Budapest: Open Society Institute 2003.

Database for the European Charter for Regional or Minority Languages: *Russian in Armenia*. <http://www.eokik.hu/languagecharter/sites/languages/L-Russian_in_Armenia.htm> (9.9.2011).

Druviete, Ina: »The Baltic States«. In: Ulrich Ammon u.a. (Hrsg.): *Sociolinguistics. An International Handbook of the Science of Language and Society*, Berlin/New York: de Gruyter 2006: 1864–1869.

Dunn, John: »The Slavonic Languages and European Charter for Regional or Minority Languages«. 2008. <http://www.rees.ox.ac.uk/__data/assets/pdf_file/0007/8809/Papers_to_be_presented_at_the_XIV_International_Congress_of_Slavists.pdf> (9.9.2011).

Federal'naja celevaja programma »Russkij jazyk«: *Osobennosti jazykovogo prostranstva russkogo jazyka*, 2002. <http://www.gramota.ru/book/rulang/page3_2.html> (17.9.2011).

Fouse, Gary C.: *The Languages of the Former Soviet Republics. Their History and Development*, Lanham: University Press of America 2000.

Garibova, Jala (Hrsg.): *Sociolinguistics in Azerbaijan: New Perspectives on Language and Society* [= *International Journal of the Sociology of Language*, 198], Berlin/New York: de Gruyter 2009.

– »Language Policy in Post-Soviet Azerbaijan: Political Aspects«. In: Ders., 2009a: 7–32. <http://www.deepdyve.com/browse/journals/international-journal-of-the-sociology-of-language/2009/v2009/i198> (9.9.2011).

Grigorjan, Ėduard / Danieljan, Mėri: *Russkij jazyk v respublike Aremenija. Obščestvennye funkcii*, Moskva: IC Azbukovnik 2006.

Gustavsson, Sven: »The Framework Convention for the Protection of National Minorities, the European Charter of Regional or Minority Languages, Euromosaic and the Slavic Literary Microlanguages«. In: Aleksandr Duličenko / Sven Gustavsson (Hrsg.): *Slavjanskie literaturnye mikrojazyki i jazykovye kontakty*, Tartu: Univ. Press 2006: 82–101.

Haarmann, Harald: *Elemente einer Soziologie der kleinen Sprachen Europas. Band 2: Studien zur Multilingualismusforschung und Ausbaukomparatistik*, Hamburg: Helmut Buske 1979.

– »Aspekte des Multilingualismus in der Sowjetunion und ihren Nachfolgestaaten«. In: Harald Jachnow (Hrsg.), 1999: 843–870.

Hamans, Camiel: »The Charter of Regional and Minority Languages as a Political Factor«. In: *Current Issues in Unity and Diversity of Languages: Collection of Papers Selected from the CIL 18, Held at Korea University in Seoul, on July 21–26*, Seoul: The Linguistic Society of Korea 2008. <http://dare.uva.nl/document/146702> (18.8.11).

Hatcher, Lynley: »Script Change in Azerbaijan: Acts of Identity«. In: *International Journal of the Sociology of Language*, 192, 2008: 105–116.

Hogan-Brun, Gabrielle: »Baltic National Minorities in a Transitional Setting«. In: Gabrielle Hogan-Brun / Stefan Wolff (Hrsg.): *Minority Languages in Europe. Frameworks, Status, Prospects*, Basingstoke/New York u.a: Palgrave Macmillan 2003: 120–137.

– »The Baltic Republics and Language Ideological Debates Surrounding European Union Accession«. In: *Journal of Multilingual and Multicultural Development*, 26, 5, 2005: 367–377.

– »At the Interface of Language Ideology and Practice: The Public Discourse Surrounding the 2004 Education Reform in Latvia«. In: *Language Policy*, 5, 2006: 313–333.

Hogan-Brun, Gabrielle / Ozolins, Uldis / Ramonienė, Meilutė / Rannut, Mart: »Language Politics and Practice in the Baltic States«. In: Robert B. Kaplan / Richard B. Baldauf (Hrsg.): *Language Planning and Policy in Europe. Vol. 3: The Baltic States, Ireland and Italy*, Clevedon u.a.: Multilingual Matters Ltd 2008: 31–192.

Institut für Ostrecht der Universität Köln: *Minderheitenschutz im östlichen Europa* (Forschungsprojekt), 2005. <http://www.uni-koeln.de/jur-fak/ostrecht/minderheitenschutz> (17.9.2011).

Isakov, Sergej: *Put' dlinoju v tysjaču let. Russkie v Ėstonii. Istorija kul'tury. Čast' I.*, Tallinn: INGRI 2008.

Isurin, Ludmila: *Russian Diaspora. Culture, Identity, and Language Change*, Berlin/New York: de Gruyter 2011.

Harald Jachnow (Hrsg.): *Handbuch der sprachwissenschaftlichen Russistik und ihrer Grenzdisziplinen*, Wiesbaden: Harrassowitz 1999.

Järve, Priit: »Language Battles in the Baltic States. 1989 to 2002«. In: Farimah Daftary / François Grin (Hrsg.), 2003: 73–105.

Karapetyan, Rouben: »Language Policy in the Republic of Armenia in the Transition Period«. In: Farimah Daftary / Francois Grin (Hrsg.), 2003: 139–161.

Köhler, Ulrike: *Sprachengesetzgebung in Russland*, Wien: Braumüller 2005.

Kolstø, Pål: »The New Russian Diaspora: Minority Protection in the Soviet Successor States«. In: *Journal of Peace Research*, 30, 2, 1993: 197–217.

Kolstoe, Paul: *Russians in the Former Soviet Republics. With a Contribution by Andrei Edemsky*, London: Hurst & Company 1995.

Kudelin, Aleksandr / Tiškov Valerij: *Russkij jazyk v stranach SNG i Baltii. Meždunarodnaja naučnaja konferencija, Moskva, 22–23.10.2007*, Moskva: Nauka 2007.

Laitin, David D.: *Identity in Formation. The Russian-Speaking Populations in the Near Abroad*, Ithaca/London: Cornell University Press 1998.

Landau, Jacob M. / Kellner-Heinkele, Barbara: *Politics of Language in the Ex-Soviet Muslim States. Azerbayjan, Uzbekistan, Kazakhstan, Kyrgyzstan, Turkmenistan and Tajikistan*, London: Horst and Company 2001.

Lauristin, Marju / Heidmets, Mati (Hrsg.): *The Challenge of the Russian Minority. Emerging Multicultural Democracy in Estonia*, Tartu: Tartu University Press 2002.

Melvin, Neil: *Russians beyond Russia. The Politics of National Identity*, London: Pinter 1995.

Michal'čenko, Vida Ju. u.a. (Hrsg.): *Jazyki Rossijskoj Federacii i novogo zarubež'ja: Status i funkcii*, Moskva: Editorial URSS 2000.

Mustajoki, Arto / Protassova, Ekaterina (Hrsg.): *Russkojazyčnyj čelovek v inojazyčnom okruženii*, Helsinki: Department of Slavonic and Baltic Languages and Literatures, University of Helsinki 2004.
Orusbaev, Abdykadyr u.a. (Hrsg.): *Russkij jazyk v soobščestve narodov SNG: Vystuplenija, doklady, soobščenija na Meždunarodnom kongresse v Biškeke*, Biškek: Izdatel'stvo KRSU 2004.
Pan, Christoph / Pfeil, Beate S. (Hrsg.): *Minderheitenrechte in Europa. Handbuch der europäischen Volksgruppen*, 2 Bde., Wien: Springer [2]2006.
Pan, Christoph: »Die Minderheitenrechte in Estland«. In: Christoph Pan / Beate S. Pfeil (Hrsg.), 2006a: Bd. 2: 128–148.
– »Die Minderheitenrechte in Litauen«. In: Christoph Pan / Beate S. Pfeil (Hrsg.), 2006b: Bd. 2: 271–286.
– »Zusammenfassung«. In: Christoph Pan / Beate S. Pfeil (Hrsg.), 2006c Bd. 2: 636–650.
Pavlenko, Aneta (Hrsg.): *Multilingualism in Post-Soviet Countries*, Bristol: Multilingual Matters 2008.
Pfeil, Beate S.: »Die Minderheitenrechte in Lettland«. In: Christoph Pan / Beate S. Pfeil (Hrsg.), 2006: Bd. 2: 256–270.
Poleshchuk, Vadim: *Towards Linguistic Diversity Management in the Baltic States*. ECMI Report, 49, 2003. <http://www.ecmi.de/publications/detail/49-towards-linguistic-diversity-management-in-the-baltic-states-96> (17.9.2011).
Poljakov, Oleg: »Die russische Sprache im Baltikum. Geschichte und Gegenwart«. In: Baldur Panzer (Hrsg.): *Die sprachliche Situation in der Slavia zehn Jahre nach der Wende*, Frankfurt am Main u.a.: Heidelberger Publikationen zur Slavistik 2000: 49–66.
Rannut, Mart: *Language Planning in Estonia: Past and Present* [= *Working Paper*, 16], 2004. <http://www.ciemen.org/mercator/pdf/wp16-def-ang.PDF> (9.9.2011).
– »The Linguistic Consequences of EU Enlargement for Estonia«. In: Ulrich Ammon / Klaus J. Mattheier / Peter H. Nelde (Hrsg.): *Sprachliche Folgen der EU-Erweiterung* [= *Sociolinguistica*, 21], Tübingen: Niemeyer 2007: 22–35.
– »Estonianization Efforts Post-Independence«. In: Aneta Pavlenko (Hrsg.): *Multilingualism in Post-Soviet Countries*, Bristol u.a.: Multilingual Matters 2008: 49–165.
Regnum = Информационное Агентство = News Agency
– »Nacmen'šinstva v Azerbajdžane budut učit'sja na rodnom jazyke«. In: *Regnum*, 3.10.2011. <http://www.regnum.ru/news/577797.html> (17.9.2011).
Rupp, David: *Die rußländische Föderation und die russischsprachige Minderheit in Lettland*, Stuttgart: ibidem 2007.
Schimmelfennig, Frank / Schwellnus, Guido: »Politiktransfer durch politische Konditionalität. Der Einfluss der EU auf die Nichtdiskriminierungs- und Minderheitenschutzgesetzgebung in Mittel- und Osteuropa«. In: Katharina Holzinger u.a. (Hrsg.): *Transfer, Diffusion und Konvergenz von Politiken* [= *PVS-Sonderheft*, 38], Wiesbaden: VS-Verlag 2007: 271–296.
Schmidt, Carmen: *Minderheitenschutz im östlichen Europa. Estland*, 2004. <http://www.uni-koeln.de/jur-fak/ostrecht/minderheitenschutz/Vortraege/Estland,%20Lettland,%20Litauen/Estland_Schmidt.pdf> (17.9.2011).
– *Minderheitenschutz im östlichen Europa. Lettland*, 2005a. <http://www.uni-koeln.de/jur-fak/ostrecht/minderheitenschutz/Vortraege/Estland,%20Lettland,%20Litauen/Lettland_Schmidt.pdf> (17.9.2011).
– *Minderheitenschutz im östlichen Europa. Litauen*, 2005b. <http://www.uni-koeln.de/jur-fak/ostrecht/minderheitenschutz/Vortraege/Estland,%20Lettland,%20Litauen/Litauen_Schmidt.pdf> (17.9.2011).
Schmied-Kowarzik, Robin: »Das Problem der nationalen Minderheiten im Rahmen des EU-Beitritts Lettlands«. In: *Europäisches Journal für Minderheitenfragen*, 2, 2008: 93–108.
Shlapentokh, Vladimir / Sendich, Munir / Payin, Emil: *The New Russian Diaspora. Russian Minorities in the Former Soviet Republics*, New York: M.E. Sharpe 1994.
Steinke, Klaus: »Dominante und dominierte Sprachen (von Herrschafts- zu Minderheitensprachen)«. In: *Acta Baltico Slavica*, 31, 2007: 291–298.

Šuvaeva-Petrosjan, Elena: »O realijah russkogo jazyka v Armenii«. o.J. <http://rulit.org/read/908> (17.9.11).
Verschik, Anna: »The Language Situation in Estonia«. In: *Journal of Baltic Studies*, 36, 2005a: 283–316.
– »Russian-Estonian Language Contacts, Linguistic Creativity, and Convergence: New Rules in the Making«. In: *Multilingua*, 24, 2005b: 413–429.
– *Emerging Bilingual Speech. From Monolingualism to Code-Copying*, London: Continuum 2008.
– »Contacts of Russian in the Post-Soviet Space«. In: Li Wei (Hrsg.): *Applied Linguistics Review*, Berlin/New York: de Gruyter 2010: 85–128.
Wikipedia:
– »Azerbajdzan«. <http://ru.wikipedia.org/wiki/Азербайджан> (9.9.11).
– »Census in Armenia«. <http://en.wikipedia.org/wiki/Census_in_Armenia> (9.9.11).
– »Geschichte Armeniens«. <http://de.wikipedia.org/wiki/Geschichte_Armeniens> (9.9.11).
– »Istorija Armenii«. <http://ru.wikipedia.org/wiki/История_Армении> (9.9.11).
– »Istorija Azerbajdzana«. <http://ru.wikipedia.org/wiki/История_Азербайджана> (9.9.11).
Wingender, Monika: »Slavische Standardsprachen im Spannungsfeld von Sprachpolitik und Sprachwirklichkeit. Das Russische in seinen verschiedenen Sprachsituationen«. In: Sebastian Kempgen u.a. (Hrsg.): *Deutsche Beiträge zum 14. Internationalen Slavistenkongress Ohrid 2008*, München: Verlag Otto Sagner 2008: 411–420.
Wingender, Monika / Schuster, Wilma: »Russisch. Von der lingua franca in Osteuropa zur Minderheitensprache in Deutschland«. In: *Die Welt der Slaven*, LIII, 2008: 209–229.
Wright, Sue (Hrsg.): *Language policy and language issues in the successor states of the former USSR*, Clevedon u.a: Multilingual Matters 2000.
Zuercher, Kenneth: »The Linguistic Construction of Gender in Azerbaijan: Sociodemographic Factors Influencing Russian Language Choice«. In: *International Journal of the Sociology of Language*, 198, 2009: 47–64.

Autorinnen und Autoren

RUTH BARTHOLOMÄ ist wissenschaftliche Mitarbeiterin in einem DFG-Projekt an der Professur für Turkologie der Justus-Liebig-Universität Gießen. Ihre Forschungsschwerpunkte in der Soziolinguistik sind: Sprachenpolitik in der Türkei, Sprachenpolitik und Identitätsdiskurse in den turksprachigen Regionen der ehemaligen UdSSR, v.a. der Republik Tatarstan (Russische Föderation) und der Republik Kasachstan.

ROSWITHA FISCHER ist Professorin für Englische Sprachwissenschaft an der Universität Regensburg. Ihre Forschungsschwerpunkte sind im Bereich der Sprachkulturen: Englisch als Lingua Franca, Political Correctness, Anglizismen; ferner Registerlinguistik, Sprache und Recht, Sprachwandel.

MAHULENA HOFMANN ist Inhaberin der SES Professur für Satellitenkommunikations- und Medienrecht an der Universität Luxemburg. Gleichzeitig ist sie Mitglied des Ausschusses unabhängiger Experten des Europarats unter der ECRM. Ihre Forschungspunkte im Medienrecht sind die Rechte der Minderheiten, insbesondere der Schutz der Minderheiten- und Regionalsprachen.

FRANZ LEBSANFT ist Professor für Romanische Sprachwissenschaft an der Rheinischen Friedrich-Wilhelms-Universität Bonn. Seine Forschungsschwerpunkte in der Soziolinguistik sind Sprachpolitik und Sprachplanung bzw. -kultur in Frankreich und in Spanien.

PIRKKO NUOLIJÄRVI ist Professorin und Leiterin des Forschungsinstituts der Landessprachen Finnlands (*Kotimaisten kielten tutkimuskeskus*). Ihre Forschungsschwerpunkte in der Soziolinguistik sind: Variation und Sprachdynamik des Finnischen, öffentliche Kommunikation sowie Sprachenpolitik in Finnland und Skandinavien.

DANIELA PIRAZZINI ist Professorin für Italienische und Französische Sprachwissenschaft an der Rheinischen Friedrich-Wilhelms-Universität Bonn. Ihre Forschungsschwerpunkte in der Linguistik sind: Argumentative Textstrukturen des Französischen, Italienischen und Spanischen, Metaphernvergleich in den deutschen und romanischen Sprachen und Übersetzungstheorie.

FELIX TACKE ist wissenschaftlicher Mitarbeiter am Lehrstuhl für romanische Sprachwissenschaft (Prof. Dr. Franz Lebsanft) an der Rheinischen Friedrich-Wilhelms-Universität Bonn. Er bereitet eine Dissertation zu Sprache und Raum in der Romania vor.

ALAIN VIAUT ist Professor für Vergleichende und Romanische Sprachwissenschaft (*chercheur titulaire*) am französischen *Centre national de la recherche scientifique* (FRE 3392, CNRS-Université de Bordeaux 3). Seine Forschungsschwerpunkte im Bereich der Soziolinguistik sind seit den 1990er Jahren: Sprachliche Normalisierung, die Europäische Charta der Regional- oder Minderheitensprachen und der Zusammenhang von Sprache und Raum.

TOMASZ WICHERKIEWICZ ist Dozent für Vergleichende Sprachwissenschaft, Sozio- und Ethnolinguistik an der Adam-Mickiewicz-Universität in Posen (Poznań), Polen, wo er auch die Abteilung für Sprachpolitik und Minderheitenstudien leitet. Seine Forschungsschwerpunkte in der Soziolinguistik sind: Minderheiten- und Mikrosprachen Europas und Asiens, sprachpolitische Entwicklung der Regionalsprachen in Europa und die gesamteuropäischen Instrumente der Sprachenpolitik (insbesondere die ECRM).

MONIKA WINGENDER ist Professorin für Slavische Sprachwissenschaft an der Justus-Liebig-Universität Gießen. Ihre Forschungsschwerpunkte in der Soziolinguistik sind: Sprachenpolitik im östlichen Europa seit der politischen Wende von 1989/91, Sprachenpolitik in russisch-türksprachigen Sprachgemeinschaften und Typen slavischer Standardsprachen.

KATARZYNA WIŚNIEWIECKA-BRÜCKNER ist Slavistin und als wissenschaftliche Mitarbeiterin in der Geschäftsführung des Gießener Zentrums Östliches Europa (GiZo) an der Justus-Liebig-Universität Gießen tätig. Zu ihren Forschungsschwerpunkten gehören die Sprach- und Sprachenpolitik in Polen sowie Minderheitensprachen.

Bei Fragen zur Produktsicherheit wenden Sie sich bitte an:
If you have any questions regarding product safety,
please contact:

Walter de Gruyter GmbH
Genthiner Straße 13
10785 Berlin
productsafety@degruyterbrill.com